中国出版家丛书
ZHONGGUO CHUBANJIA CONGSHU

国家出版基金项目
NATIONAL PUBLICATION FOUNDATION

郑振铎

中国出版家
Zhongguo Chubanjia

Zheng Zhenduo

柳斌杰 主编　向敏 著

人民出版社

出版说明

　　出版不仅仅是一个充满竞争的商业领域，同时，它也深深打上了"文化"和"思想"的印记。在这个文化场域中，交织着多种力量的动态关系，通过出版物的呈现和出版活动的开展，描绘了一个时代的文化风貌；而回旋折冲于其间者，则是那些幕后活跃、台前无闻的各类出版人。他们自喻"为他人做嫁衣裳"，事实上，却是国家文化传承和历史记录的主要担当者，有出版发展的参与人和见证者甚至称他们所起的作用为保存民族记忆的千秋大脑。虽然扼据出版要津之地，却少见自家行当的人物传记出版。本丛书是第一次规模化地为这个群体中的杰出者系列立传，从一个人到一群人的出版事功中，折射出近代以降出版业的俯仰变迁，同时也见证着出版参与时代文化思想缔构及其背后深广的社会历史内容。那些曾经彪炳于时的出版人，一方面安身于这个行业，以其敏锐犀利的时代洞察力，在市场、经营与创意中躬行实践，标领乃至规划了这个行业的发展，并使之成为国民经济的一个重要门类；另一方面又在"安身"之外，显现出面向社会的公共性关怀与"立命"的超越性关怀，从职业而志业的追求中，服务于民族解放、思想启蒙与文化进步的社会性经营，书写了出版人生的风采、风骨与风流。

本丛书所传写的 30 余位出版人，均为活跃于 20 世纪并已过世的出版前辈。中国古代也曾涌现了陈起、毛晋等出版大家，只是未纳入本书的传主范围。丛书在体例上，有单人独传与多人合传之分，但这并不必然意味着对传主出版贡献及其历史地位的轻重判别，许多情况下的数人合传，乃困于传主史料的阙如而不得已的选择，某些重要出版人如大东书局总经理沈骏声、儿童书局创办人张一渠等，也囿于同样情形而未能列入本丛书的传主名单，殊觉憾事。虽说隐身不等于泯灭，但这个行业固有的幕后特征多少带来了出版人身份上的隐而不显、显而不彰。本丛书的出版，固然是想通过对前辈出版事迹的阐幽发微、立传入史，能让同样为人做嫁衣者的当今出版人不至于觉得气类太孤，内心获得温暖，并昭示后来者在人生目标上，在家国情怀上，在出版境界上，追步于前贤，自觉立起一面促人警醒自鉴的镜子；同时更希望通过一个个传主微历史的场景呈现，让更多的人认识到出版在产业之外，更是一项薪火相传的社会文化事业，它对时代文化的接引与外度，使其成为一种任何人都不可忽视的"势力"，在百余年来的社会发展进程中，发挥了不可替代的作用。

故此，我们推出这套"中国出版家丛书"，以展示中国文化创造者的风采，弘扬他们的优良传统和崇高的职业精神，发掘出版史史料，丰富出版史研究和编辑史研究。

"中国出版家丛书"编辑委员会

人民出版社编辑部

二〇一六年四月

目录

前　言

　　如果今天有哪家媒体的记者对街边路人做一个随机采访，问问他们是否知道茅盾、叶圣陶、冰心、巴金、曹禺，估计大多数人都会点头，但如果问到郑振铎是谁，估计大多数人都会摇头。与今天的知者寥寥不同，郑振铎在民国可算是妇孺皆知的文化名人，例如他的"癖好"就常常为当时的杂志记者们所津津乐道：

　　　　现在主编《民主》的郑振铎，谁不知道是上海的文坛领
　　袖，他做过教授，写过文学大纲的巨著，而爱藏古书也是著名
　　的。……他的好古书，真是视之如命的。所以他写文章也与古书
　　有关，他既写文章，非放几本古书在桌上不可，他必须一边翻一
　　边写，才写得出好文章来，这也可说是怪癖吧。①

---

　　① 《郑振铎的怪癖》，《星光》1946 年第 1 期。

20 世纪 80 年代以来，国内兴起一股民国知识分子热，许多民国知识分子都被媒体与社会所热炒，而郑振铎依然是冷寂的。究其原因，恐怕正如学者所言，一是因为郑振铎走得太早（1958 年出国访问途中因飞机失事而遇难，享年 60 岁），二是因为他没有经历太多的坎坷，因而也没有了炒作的卖点，在研究界、在媒体上"热"不起来。

一

常言道"知人论世"，而了解某个历史人物生平最简单的办法就是找本辞书来翻翻，诚如北大中文系陈平原教授所言，"若想尽快进入某一特定语境，没有比借助辞书更合适的了"，因为"与'成一家之言'的专家著述不同，辞书讲究准确、简要、平实"①。笔者手头正好有一套《简明不列颠百科全书》，我们不妨先看看辞书中对郑振铎的描述。

郑振铎（1898—1958.10.17） 中国现代作家、学者。笔名西谛。原籍福建长乐，生于浙江永嘉。1917 年入北京铁路管理学校。1919 年五四运动中被选为学生代表，参加社会活动。同年和瞿秋白等创办《新社会》杂志，不久到上海商务印书馆编译所任职。他是文学研究会发起人之一。1923 年主编《小说月报》，倡导写实主义文学，主张为人生的血泪文学，并致力于译介苏联和弱小民族文学。1925 年五卅运动发生，和沈雁冰等创办《公

① 陈平原：《触摸历史与进入五四》，北京大学出版社 2005 年版，第 9 页。

理日报》，发表爱国主义作品。不久被查封。1927年蒋介石公开
反对共产党后，他离国旅居巴黎。1929年回国。1931年到燕京
大学任教。1934年仍回商务印书馆工作。后又到复旦大学任教。
曾在生活书店主编《世界文库》。1937年前后写了一些表扬民族
气节、鼓励人民抗敌的诗和小说。他还大力搜集、整理中国古典
文学史料，出版《插图本中国文学史》、《中国俗文学史》等多种
著作。上海被日军占领后，以郭源新笔名继续写作，揭露敌人和
汉奸的罪恶，并和许广平等组织复社，出版《鲁迅全集》等著作。
1949年后任文化部副部长、中国科学院文学研究所所长、考古
研究所所长等职，主持文物、考古等工作，致力编印《中国戏
曲丛刊》等书。此外还从事国际文化交流活动。1958年10月17
日率文化代表团出访时因飞机失事遇难。①

　　《简明不列颠百科全书》素以学术性、权威性而享誉读书界。这
一词条简明且较为准确地概括了郑振铎的生平。但据笔者依靠相关资
料进行的考证，该词条可能存在以下值得进一步商榷的内容：

　　（1）"1917年入北京铁路管理学校。"郑振铎进入北京铁路管理
学校的时间应该是1918年。1917年12月16日至19日是北京铁路
管理学校高等科考试的日子，郑振铎参加了此次考试，并于1918年
1月5日被录取为高等科乙班（英文班）新生，而正式开学时间则到
了1918年1月14日。

　　（2）"同年和瞿秋白等创办《新社会》杂志，不久到上海商务印

---

　　①　中国大百科全书出版社《简明不列颠百科全书》编辑部译编：《简明不列颠百科全
书》，中国大百科全书出版社1986年版，第414页。

书馆编译所任职。他是文学研究会发起人之一。"《新社会》的创办时间在 1919 年 11 月 1 日，郑振铎进入商务的时间是 1921 年 5 月 11 日，中间有一年半的时间。另外将"他是文学研究会发起人之一"放在"上海商务印书馆编译所任职"之后，可能会让人误会：郑振铎发起成立文学研究会是在进入商务印书馆工作之后。

（3）"1927 年蒋介石公开反对共产党后，他离国旅居巴黎。"限于词条篇幅，这种说法有些空泛，难以揭示两者间的内在联系。其实郑振铎远赴欧洲的缘起是 1927 年上海四一二反革命政变后，他与胡愈之等人写了一封致蔡元培、李石曾、吴稚晖三位国民党中央委员的抗议书，揭露事实真相，要求国民党严惩凶手、保证人民集会自由。抗议书后来刊登在上海《商报》上，末尾七位署名者中，郑振铎列为头名，据说是因为"郑"字笔画最多。这封抗议书触怒了吴稚晖，吴命人按名搜捕。为免遭不测，在岳父高梦旦的帮助下，郑振铎离开上海，乘船前往欧洲。由于签名者多是商务印书馆编译所人士，所以后来商务印书馆编译所所长何炳松出面，为之疏通，此事遂不了了之。

（4）"1929 年回国。"郑振铎回国的准确时间恐为 1928 年 6 月 8 日。当天下午 2 时左右郑振铎乘船抵达上海，4 时许与叶圣陶、王伯祥、徐调孚等友人在冠生园茶楼会晤，这在王伯祥 6 月 8 日的日记中有详细记载："盖预先电话约谈者。阔别经年，骤见大喜，但欲言正多，反成无语默对也。铎以初归须访亲戚，未及多坐即起去。"①

（5）"1934 年仍回商务印书馆工作。后又到复旦大学任教。"朱自清 1935 年 6 月 12 日的日记记载："振铎来访。……振铎谓何佩臣

---

① 陈福康：《郑振铎年谱》（上），三晋出版社 2008 年版，第 193 页。

将被任命为之江大学校长，他则将任中文系主任。"① 当时朱自清正在清华大学任教，可见此时郑振铎应还在北平。而 1935 年 7 月 18 日《申报》刊载的新闻《暨南大学校长何炳松正式到校任事　昨日接收大致完成》中，提到郑振铎作为暨南大学的职员参与接收。可见郑振铎离开北平回到上海的时间约在 6、7 月间。另外如上所述，1935 年郑振铎回到上海，是接受何炳松的邀请，出任国立暨南大学文学院院长，词条中并未提及。

（6）"致力编印《中国戏曲丛刊》等书"。《中国戏曲丛刊》应为《古本戏曲丛刊》之误，《古本戏曲丛刊》从 1954 年 2 月起影印出版，由郑振铎、吴晓铃、赵万里、傅惜华等人组成的"古本戏曲丛刊委员会"主编。郑振铎生前印出了三集。

辞书上每个词条、每个文字都要经过专家们的反复斟酌，真正算得上字字珠玑。这个词条一共 500 多字，值得商榷之处不少，这也许揭示出了一种现状——今人对于郑振铎的陌生感。

二

有学者曾说，在单一领域郑振铎可能算不得位列其首，但是像他那样集各种身份于一身，并能在众多领域做出骄人成绩者，在现代中国恐怕并不多见。无独有偶，胡愈之也曾评价他的这位好友是个"多面手"："在文学工作中，你是一个多面手，不论在诗歌、戏曲、散文、美术、考古、历史方面，不论在创作和翻译方面，不论是介绍世

---

① 朱乔森编：《朱自清全集》（第 9 卷），江苏教育出版社 1998 年版，第 365 页。

界文学名著或整理民族文化遗产方面，你都作出了平常一个人所很少能作到的那么多的贡献。"①这绝非应景之言或者过誉之论，我们只需罗列事实即可看出：在文学研究方面，他先后写成《文学大纲》、《插图本中国文学史》、《中国俗文学史》、《中国文学论集》、《俄国文学史略》等大部头作品，有些至今还是文学研究者的必读之书；作为著名的文物专家，他在古籍、彩绘、陶俑等方面研究颇深，据说解放后在一次座谈会上，黄炎培问周恩来，南方的文物很多，应当怎样保护处理，毛泽东插话说，"文物的事情问郑振铎好了"②；更重要的是，郑振铎为人热情豪爽，组织能力颇佳，是当时中国文坛最有能量的人物之一，许多重要团体的创立都有他的身影。"二十世纪二十年代初，我国最早的最大的新文学社团文学研究会，就是以他为核心发起组织的。三十年代初中国左翼作家联盟的前身中国著作者协会，他是最主要的组织者；后来左联解散，另行发起组织中国文艺家协会时，他也是最核心的筹划者之一。抗日战争爆发后成立的上海文化界救亡协会和中华全国文艺界抗敌协会，抗战胜利后的全国文协和新中国成立后的全国文联和作协，他都是重要领导人之一。另外，他在'五卅运动'时发起组织上海学术团体对外联合会，抗战时期在'孤岛'上海秘密发起文献保存同志会，在抗战胜利后参与筹划成立中国民主促进会，等等，都是功垂史册的。"③

---

① 胡愈之：《哭振铎》，载上海鲁迅纪念馆编：《郑振铎纪念集》，上海社会科学院出版社 2008 年版，第 24 页。

② 唐弢：《西谛先生二三事》，载上海鲁迅纪念馆编：《郑振铎纪念集》，上海社会科学院出版社 2008 年版，第 421 页。

③ 《整理者言》，载郑振铎著，陈福康编：《郑振铎日记全编》，山西古籍出版社 2006 年版，第 1 页。

或许正是因为满身才华，所以郑振铎在编辑领域的成就反而常常为人所忘记，即使如郑振铎生前同事兼好友、新中国第一任新闻出版总署署长胡愈之，评价郑振铎时似乎也遗忘了这一点。其实，郑振铎是近代编辑大家，他的儿子郑尔康说过，"从二十岁时主编《新社会》开始，在近四十年的生命历程中，虽然几经坎坷，几易其职，当过杂志主编、大学教授、作家，直到解放后担任了政府机构的领导职务，却始终未曾脱离过编辑工作。可以说，编辑工作成了父亲生命之歌中的一个主要乐章。"① 据统计，郑振铎先后编辑《北平笺谱》、《十竹斋笺谱》等图籍 17 种，编辑《文学研究会丛刊》等丛书 27 种，主编或参编报刊 45 种。② 这些编辑成果作为精神养分，曾经滋养过无数读者的心灵，例如沈从文，年轻时在湘西当兵就已经开始订阅郑振铎编的《小说月报》，并且从郑振铎编的《文学大纲》、《中国文学史》、《中国俗文学史》、《中国版画》等书中学到了许多有用知识，新中国成立后谈及这一点时依然对郑振铎深表谢意。③ 郑振铎的编辑事业还在海外产生了重要影响，如郑振铎生前编成的《中国古代木刻画选集》，1985 年由人民美术出版社正式出版，日本日中艺术研究会曾专门向他颁发金牌一枚（因郑振铎已经过世，遂由其子郑尔康代领），1986 年在莱比锡举办的世界图书博览会上，该书又荣获"世界最美图书奖"，为中国出版界争得荣誉。④

---

① 郑尔康：《编辑工作四十年——记我的父亲郑振铎》，《出版工作》1981 年第 12 期。

② 陈福康：《郑振铎年谱》（下），三晋出版社 2008 年版，第 1110—1124 页。

③ 参见沈从文：《怀念郑西谛》，载上海鲁迅纪念馆编：《郑振铎纪念集》，上海社会科学院出版社 2008 年版，第 106 页。

④ 陈福康：《郑振铎先生的最后一部奇书》，载郑振铎：《中国古代木刻画史略》，上海书店出版社 2006 年版，第 13 页。

除了出书，郑振铎的另一大贡献是"出人"。郑振铎特别关心与爱护青年作家，季羡林就曾说"西谛先生对青年人的爱护，除了鲁迅先生外，恐怕并世无二"①。王任叔（巴人）、朱湘、章靳以、端木蕻良等青年才俊都曾得到他的关心与支持。例如端木蕻良，21岁时将《科尔沁旗草原》书稿寄给当时正在燕京大学教书的郑振铎，郑振铎读完书稿后，立即写了一封热情洋溢的信给端木蕻良："我是如何地高兴啊！这将是中国十几年来最长的一部小说，且在质上，也极好。我必尽力设法，使之出版！"在信中他还提出要到天津去看端木蕻良，并打算把《科尔沁旗草原》编入他主编的文艺丛书。虽然此后因为书中存在"违碍之处"而没能及时出版，但是郑振铎的热情深深感染了端木蕻良。1935年后，端木蕻良离开北京来到上海，爱才的郑振铎鼓励他写一些短篇小说打开局面，端木蕻良写成《鹭鹭湖的忧郁》，由郑振铎拿到《文艺杂志》发表，这篇小说使得端木蕻良在文坛声名大噪，从此在上海站稳脚跟。此后郑振铎与端木蕻良虽然见面的机会少了，但是每次见面郑振铎都叮嘱端木蕻良要继续把《科尔沁旗草原》第二部、第三部写完。② 当然，郑振铎对于新人的关心爱护并不意味着无原则地迁就，巴金的经历就是一个很好的例子。1928年，文学青年巴金向《小说月报》投去长篇小说《灭亡》，郑振铎很快将之在《小说月报》中刊出，巴金自此声名大振。而成名之后的巴金再次向《小说月报》投出《死去的太阳》时，却被郑振铎退了稿。对郑振铎的做

---

① 季羡林：《西谛先生》，载上海鲁迅纪念馆编：《郑振铎纪念集》，上海社会科学院出版社2008年版，第267页。

② 端木蕻良：《追思——西谛先生逝世二十周年纪念》，载上海鲁迅纪念馆编：《郑振铎纪念集》，上海社会科学院出版社2008年版，第159—161页。

法巴金深表理解与敬佩，他曾为此感激郑振铎："编者的处理是很公平的。""为了退稿，我至今还感激《小说月报》的编者。一个人不论通过什么样的道路走进'文坛'，他需要的总是辛勤的劳动、刻苦的锻炼和认真的督促。任何的捧场都只能助长一个人的骄傲而促成他不断地后退。"①郑振铎同其他许多著名编辑一样，成为文学青年从事文学创作的试金石，起到砥砺的作用。

　　郑振铎去世已经 50 多个年头，其人其事虽很少有人再提及，但他辑印的书刊却依然流行着，并且有些早已成为收藏的热点，受到爱书之人的追捧。例如，1998 年嘉德拍卖会上曾拍过一部郑振铎与鲁迅合作辑印的《北平笺谱》，成交价为 115500 元，且不见得是初版编号本。②而 2005 年的上海嘉泰秋季艺术品拍卖会上，一部鲁迅、郑振铎签名本《北平笺谱》起拍价 150000 元，最终以 385000 元为一收藏者拍得。7 年间价格翻了 3 倍不止！再如郑振铎编辑的《中国版画史图录》，虽然较之《北平笺谱》并不算出名，但是在北京保利国际拍卖有限公司举办的 2013 年秋季艺术品拍卖会上，一套也拍出了 97750 元的高价。书比人长寿，此言着实不虚也！

---

① 巴金：《谈〈灭亡〉》，《巴金选集》(10)，四川人民出版社 1996 年版，第 116—117 页。
② 宋庆森：《书海珠尘——漫话老版本书刊》，新华出版社 2001 年版，第 91 页。

第一章

头角峥嵘

第一节　苦涩的童年

　　1898 年 12 月 19 日（阴历十一月初七），在浙江永嘉县（今温州市）乘凉桥一座名叫"盐公堂"（一说炮丁）的院子里，一户郑姓人家正在焦急地等待着，突然房间里传来一阵清脆的啼哭声，一名男婴呱呱坠地。祖父郑承晟（字允屏）为这个小生命取名"振铎"，字铎民（一作警民），这就是本书主人公郑振铎。"振铎"一词最早出自《周礼·夏官·大司马》："司马振铎，群吏作旗，车徒皆作。"祖父郑承晟以"振铎"为自己的孙儿命名，或许正是希望他日后能像大司马一样身居要职，一呼百应。不过郑家请来的算命先生说这孩子虽是大富大贵之命，但是命格中"五行缺木"，于是郑承晟便给郑振铎取了个小名叫"木官"，希望自己的孙子能够五行平衡，日后富贵安稳。当然，也有学者说起名"振铎"、字"铎民"是希望他将来能"唤醒民众"，有益于国家。郑振铎出生之年正是维新运动兴起之时，祖父郑承晟又是一位具有爱国热忱的知识分子，他曾购藏《新民丛报》、《黄帝魂》等书刊，日后这些书刊也成为少年郑振铎的心爱之物。

郑家不是永嘉本地人，他们原籍福建长乐，搬到永嘉来不过是近几年的事情，因为祖父郑承晟从浙江做道台的一位表亲那里谋得了一个主管盐政的差事，虽然官职不高，但好歹也算是个肥差，所以他将一家老小都从福建老家接了出来。郑家所住的"盐公堂"就是处理盐政的衙署，前面为郑承晟办公的公堂，后面是家眷居住的地方。据说祖父郑承晟有时候在前面公堂审案，命令衙役用"水火棍"打犯人屁股，郑家的女眷们便躲在屏风后面看热闹。① 郑承晟生有三男三女，长男即郑振铎父亲郑庆咸。次子郑庆晋，光绪壬午（1882）生，但英年早逝。三子郑庆豫（1890—1944），字莲蕃，京师译学馆毕业。曾留学西班牙，奖举人、内阁中书，任外交部主事。三个女儿今皆不知名字，只知长女后嫁福州陈家（据说陈父曾在云南大理府任知府），二女后嫁福州李家，三女生下后不久即送给他人做养女。②

---

① 郑尔康：《石榴又红了——我的父亲郑振铎》，中国人民大学出版社 1998 年版，第 6 页。

② 参见陈福康：《郑振铎年谱》，又郑振铎写有《三姑与三姑丈》一文，也曾提及他的祖母生了三个女儿，大女儿嫁给邓家，丈夫从马尾海军军官学校毕业后在海军任职，甲午中日战争时战死；二女儿嫁给曾家，其父亲曾做云南大理府知府；三女儿嫁给周家，因其丈夫忠厚无能，后郁郁而终。虽是小说，但或有所隐射，惜无资料来进一步查证。

小振铎出生时郑家尚算是小康之家，但是不久之后便家道中落，渐趋困顿。先是郑振铎的父亲郑庆咸病逝，后是祖父郁郁而终，自此之后这一大家子的生活就只能靠在北京外交部工作的三叔郑庆豫寄钱维持。为了贴补家用，郑振铎的母亲还常常做些玩具出去卖，偶尔出去打打零工。这种困窘的生活在少年郑振铎的心里留下了深刻的印迹，日后郑振铎还将少年时的这段苦难经历写进了小说《压岁钱》：

有一年，当我才八九岁时，我在大年夜的前几天就预算好新年要用的钱和要买的东西了。我和大姊道："去年祖母给二百钱做压岁钱，今年我大了一岁，一定可以给我五百钱。我要买花炮放，还要买糖人，还要和你，和他们掷状元红，今年一定要赢你的。"我一切都计划得好好的，五百钱恰好够用。到了大年夜了，我十分地快活，一心等候着祖母发压岁钱。饭后，祖母拿出一包包的红纸包，先递一包给大姊，又递一包给我。我一看，只有一百钱！那时，我真失望，好像跌入一个无底的暗洞中似的，觉得什么计划都打翻了；火炮糖人都买不成，状元红也不配掷了。我哭声地问祖母道："今年压岁钱怎么只有一百钱？我不要！"祖母一句话也没有，眉毛紧皱着，好像有满脸心事似的。

我见祖母不答应我，知道无望了，便高声地哭了起来。祖母道："你哭你哭！要讨打了，大姊只有五十钱呢！她不哭，你哭！你晓得今年没有钱吗？"说时，她脸色凄然，好像倒也要下泪了。婶母见我哭了，连忙把我哄到她房里，说道："乖乖的，不要哭，祖母今年实在没有钱。明年正月里一定会再给你的。"祖母在她房里自言自语道："三儿钱还不寄来，只有两块钱了，今天又换了一块做压岁钱，怎么过日子！"她说时，声音有些哽咽了。婶母道："你听，祖母说的话！她多疼爱你，有钱难道还不给你么？"我的气终于不能平下去。倒在床上抽噎了许久，才被婶母拉进房里去睡。那一个大年夜真是不快活的一个。第二天，听婶母对老妈子说，老太太昨夜曾暗自流泪了一回。后来，我见祖母开抽屉取了钱打发地保上门贺喜的，去望了一望，真的，她抽屉里只有一块钱，另外还有压岁钱分剩的几百钱，此外半个钱也没有了。这个印象我到现在还极深刻地留着。唉！我真不应该使祖母伤心！①

尽管如此，郑振铎的少年生活依然有许多快乐和温馨的回忆。祖父郑承晟在世时，郑振铎是他最宠爱的孙儿。郑振铎清楚地记得，祖父经常一个人拿着锡酒壶，将黄色的酒倒在白瓷小杯中，抿一小口后就放下，然后拿起筷子夹菜。喝酒喝到高兴时，他就会把孙子孙女们叫到跟前，然后夹一块菜蔬放到孩子口中，问道："好吃吗？"而郑振铎被叫到的机会最多。除祖父外，母亲郭氏在小振铎的成长中也发挥了关键作用。作为一位具有传统美德的中国妇女，她宁愿自己受苦受累，也要为孩子成长提供尽可能好的条件。为了支持儿子上学，郭氏要打几份零工，十分辛苦，但她在小振铎面前从没有流露出丝毫恚色，永远都是鼓励小振铎好好上学、发奋读书。日后郑振铎写成的长篇小说《向光明去》中，主人公刘仲芳的母亲其实正是作者母亲的真

---

① 郑振铎：《压岁钱》，《郑振铎全集》(1)，花山文艺出版社 1998 年版，第 52 页。

实写照:

一个中年的因焦愁与苦作而早老的母亲仿佛现在他面前。他没有什么近亲，他父亲死得很早，家里只有母子二人苦苦地度日。他之能由小学而中学而大学的一步步上去读书，其费用完全由他母亲东借西挪，卖田集会来的。他母亲对他属望极深，差不多全个性命都寄托在他的身上。他因此也很能刻苦用功。有一次，他坐在方桌上读《赤壁赋》，他母亲在旁一针一针地把零碎的花缎，做成各式各样的禽鸟野兽，或青蛙之类，这是他母亲最擅长的手工艺，许多戚串都极赞许她。针篮中已经有十几只了，她还在不停不息地做着。他问道："妈呀，今年做这许多香袋有什么用？"他母亲抬起憔悴的双眼，脸色青白得可怕，颧骨高高地突出，凝视着他，良久地才答道："你七姨要几只，还要送几只给你五姊的保官、清官。"

"但是还有那许多呢？他们两家只要七八只够了。"

他母亲踌躇地缓慢地说道："那几只是拿出来卖给洋货店的。叶妈说，他们要买，可出两角小洋一只。"

仲芳想不到他母亲要如此的工作着度日，不禁地放下了书，走到他母亲膝前，把头伏在她膝上哽咽地哭了。良久，觉得头发上有冰凉的水点滴着，他抬头看他母亲，她的泪也如两行珠串般的不自禁地落下。

"只要你好好的读书上进，我受什么苦都可以。"她把仲芳抱在胸前，如她在十几年前之抱他一样，柔和而感动地说。

仲芳一想起这事，便有一种坚定的意志，要为他母亲谋晚年的幸福。他之勤苦读书，似乎为了他自己的前途与学问倒少，为了他母亲的前途倒多些。①

相较于其他寒门子弟，郑振铎算是幸运的，他接受了完整而系统的小学、中学教育，这为他以后成为知名学者打下了良好的基础。而这一切，除了得益于母亲对他无私的爱之外，也与其原籍福建长乐的整体社会氛围有关。俗话说："万般皆下品，唯有读书高"，古代社会中依靠读书，进而通过科举来出人头地是社会底层最为常见和普遍的方式。而福建长乐作为全国有名的"进士之乡"，读书之风尤盛。据其市志记载，自唐开元二年（714）考中第一位进士后，历朝历代长乐籍的进士共计817名，其中唐至五代8名，宋代560名，元代5名，明代117人，清代127名。进士总数中，有状元9名（武状元1名），榜眼3名，探花4名，特奏名165名，童子举5名。另唐至元代诸科计91名。② 这也意味着在历代中国号称10万名的进士中，几乎每百人就有一人是长乐籍。所以在长乐，"耕读传家"、"学而优则仕"的观念自古以来就深入人心。郑振铎所在的义福房，其祖上就曾出过5个进士，这段辉煌的历史对于郑家人而言肯定不会陌生，母亲郭氏自然也希望郑振铎能像郑家祖上那样，通过读书来出人头地，光耀门楣。

---

① 郑振铎：《向光明去》，《郑振铎全集》（1），花山文艺出版社1998年版，第406—407页。

② 《长乐市志》，见 http://www.fjsq.gov.cn/showtext.asp?ToBook=3234&index=1793。

第二节 纂集工作的开始

作为外来移民的后代，儿时的郑振铎与许多温州本地同学的关系并不十分融洽，有着许多看不见的隔阂。再加上郑振铎家境贫寒，不论寒暑总是一身单衣，久而久之患上了慢性鼻炎，两行鼻涕总是不由自主地流下来，所以班上同学越发嫌弃他，嘲笑他是"鼻涕佛"。今天我们翻看郑振铎留下来的文字，可以看出他很少提及在温州的生活以及儿时的伙伴，或许正与这一段不甚愉快的经历有关。但他曾专门撰写《记黄小泉先生》，纪念少年时给他授课的那位名叫黄小泉的老师，"我永远不能忘记了黄小泉先生。他是那样的和蔼、忠厚、热心、善诱。受过他教诲的学生们没有一个能够忘记了他。"[1]郑振铎之所以对黄小泉先生印象深刻并心怀感激，不仅是因为这位黄老师教授国文得法，让少年郑振铎感到读书的趣味，更重要的是他对待学生犹如对待自己的孩子一样，让年少时就失去父爱、过早品尝人情冷暖的郑振铎感受到慈父般的温暖：

> 不当他们是被教诲的学生们，不以他们为知识不充足的小人们；他只当他们是朋友，最密切亲近的朋友。他极善诱导启发，出之以至诚，发之于心坎。我不曾看见他对于小学生有过疾言厉色的责备。有什么学生犯下了过错，他总是和蔼的在劝告，在絮

---

① 郑振铎：《记黄小泉先生》，《郑振铎全集》(2)，花山文艺出版社1998年版，第527页。

谈，在闲话。①

为了母亲日后不再辛苦劳作，也为了获得同学的尊重，年少的郑振铎学习异常刻苦，常常就着昏黄的油灯看书到半夜。因为家贫无钱买书，郑振铎便时常到有书的同学家去借阅，例如他在浙江第十中学读书时与同学陈召南十分要好，而陈召南父亲陈寿宸是当地有名的文化人，藏书甚富，所以郑振铎每当放学与假日都到陈宅借书、看书。在陈家后人的回忆中，郑振铎经常倚立陈家书橱旁翻阅书刊，过吃饭时间还不歇。一次他坐在陈家竹榻上看书，全神贯注，起立时不慎，长衫被竹篾钩破一大洞，他隔数日后再来陈家，长衫破洞犹未补缀，陈夫人看见后便替他缝好。后来陈夫人多次向孙儿孙女们提及此事，赞誉振铎先生埋头读书，不讲究衣着的苦学精神，希望孙儿孙女们以郑振铎为榜样。②

少年郑振铎主要爱看两类书，一类是像《黄帝魂》、《浙江潮》这样带有革命色彩的书刊，"我们在少年时候，便以读《黄帝魂》、《浙江潮》一类的书为乐。'雪夜读禁书'，公认为'人生一乐'"。③《黄帝魂》是清末流行甚广的革命书籍，该书辑录了清季报刊，如《国民报》、《开智录》、《苏报》、《国民日报》中的有关反清的革命文章。而《浙江潮》则是 20 世纪初具有较大影响的一份留日学生刊物，它由

---

① 郑振铎：《记黄小泉先生》，《郑振铎全集》(2)，花山文艺出版社 1998 年版，第528—529 页。

② 陈步桂：《郑振铎先生在温州》，载上海鲁迅纪念馆编：《郑振铎纪念集》，上海社会科学院出版社 2008 年版，第451—452 页。

③ 郑振铎：《文化正被扼杀着》，《郑振铎全集》(3)，花山文艺出版社 1998 年版，第308 页。

日本东京浙江同乡会于 1903 年创办，编辑兼发行者有孙翼中、王嘉榘、蒋智由、蒋方震、马君武等人。主要撰稿者除了上述编辑兼发行者外，还有陈榥、陈威、何燏时、沈沂、周树人等。该刊不仅揭露了帝国主义新的侵略手段以及清政府的腐败无能，而且针对中国空前严重的民族危机提出了民族主义的救国道路。阅读这一类书刊不仅开阔了少年郑振铎的知识视野，而且培养了他心忧天下的品性以及浓烈的爱国情怀。另一类是传统文史著作。如目录学著作，"余素喜治流略之学。童稚时，即手录《汉书艺文志》及《隋书经籍志》，时自省览。后得《八史经籍志》，乃大喜，类贫儿暴富。"① 再如古典文论，少年郑振铎曾向一位同学借过一部《文心雕龙》，利用暑假时间全抄了一遍。另外还有明清戏曲，郑振铎尤其对《桃花扇》情有独钟：

> 我少时尝读之，一再读之，至鄙夷《西厢》《拜月》，不欲再看；至于《燕子笺》，则直抛掷之庭下而已。这些书的气氛与《桃花扇》完全不同，任怎样好，所引起读者的情绪，总远不如《桃花扇》之崇高，之伟大，之能博得热情少年的狂爱！②

随着阅读书籍渐多，少年郑振铎也开始模仿古人尝试进行文学创作，在《中国文学论集序》中他就曾说：

> 年十三四时，读《聊斋志异》，便习写狐鬼之事。记得尝作

---

① 陈福康：《郑振铎年谱》（上），三晋出版社 2008 年版，第 10 页。
② 郑振铎：《18 世纪的中国文学》，《郑振铎全集》（11），花山文艺出版社 1998 年版，第 406—407 页。

笔记盈半册，皆灯前月下闻之于前辈长者的记载。远未敢出示友朋，人亦无知之者。几经播迁，皆荡为云烟矣。后随长者们作诗钟。方解平仄，乃亦喜赋咏物小词。随作随弃，也不复存稿。①

不难看出，小小年纪的郑振铎已经显示出在文学方面的兴趣与才华，而这些是他日后能够在文学领域开创一片天地的基础与前提。

或许是因为爱看目录学著作的原因，郑振铎在少年时就开始尝试进行文章辑录，例如他曾从同学手中借得中华书局版的《古今文综》，用了一个夏天的时间从40册书中辑录论文之作，最终集成《论文集要》两册：

> 一九一五年予在温州十中肄业，此书方出，一陈姓同学购得之。予健羡无已，乃假得之，穷一暑天之力，尽录其中论文之作，集为二册，题曰《论文集要》，殆是我从事纂集工作之始。今经四十余年矣，此二册钞本尚存行箧。顷过中国书店，见架上有此书，乃购之归。因追纪少年时代一段艰苦求书之事实。②

常言道："作始也简，将毕也钜"，尽管这薄薄两册《论文集要》略显简单，甚至可以说是简陋，但它正是郑振铎编辑工作的开始，

---

① 郑振铎：《中国文学论集序》，《郑振铎全集》(6)，花山文艺出版社1998年版，第689页。

② 郑振铎：《西谛题跋》，《郑振铎全集》(17)，花山文艺出版社1998年版，第626页。

日后"百编名世"便始于此，意义不可谓不重大！不知此时的郑振铎，在忙于抄纂的时候是否想到日后他将会与编辑事业结下一辈子的缘分。

第三节 三叔的帮助

1916年，郑振铎从浙江第十中学毕业了①。不知何种原因，这一年郑振铎没有能够进入大学学习。第二年夏天郑振铎离开永嘉到北京投奔三叔郑庆豫，在三叔家中待了半年之后参加了北京铁路管理学校的入学考试，并最终被录取，1918年成为北京铁路管理学校高等科乙班（英文班）的一名新生，开始了他的大学之旅。或由于材料所限，或出于对其节操的鄙夷（曾出任伪政府外交部第一科代科长），今天人们多不愿提及这位曾给予青年郑振铎很大帮助的三叔郑庆豫。但正如著名作家柳青所说："人生的道路虽然漫长，但紧要处常常只有几步，特别是当人年轻的时候。"在早年郑振铎的成长路上，尤其是在某些重要时刻，郑庆豫起到了至为关键的作用。

应该说，郑庆豫是少年郑振铎求知欲的点燃者。正是那年夏天他带给郑振铎的教科书为郑振铎打开了一扇窗户，让小振铎第一次意识到在枯燥的《三字经》、《千字文》、《大学》、《中庸》、《论语》之外，世间还有如此多的新鲜知识：

---

① 陈福康《郑振铎年谱》认为1916年郑振铎在浙江第十中学读书，但其同班同学高觉敷1916年6月已从浙江第十中学毕业，因此本书也以1916年6月作为郑振铎从浙江第十中学毕业的时间。

……三叔凌谷由京中放暑假回家了。他带了什么别的东西同回，我已不记得，我所记得的，是他经过上海时，曾特地为我买了好几本洋装厚纸的练习簿，一打铅笔，许多本红皮面绿皮面的教科书。大约，他记得家中的我，是应该读这些书的时候了。这些书里都有许多美丽的图，仅那红的绿的皮面已足够引动我的喜悦了。你们猜猜，我从正式的从师开蒙起，读的都是干干燥燥的莫测高深的《三字经》、《千字文》、《大学》、《中庸》、《论语》，那印刷是又粗又劣，那纸张是粗黄难看，如今却见那些光光的白纸上，印上了整洁的字迹，而且每一页或每二页便有一幅未之前见的图画，画着尧、舜、武王、周公、刘邦、项羽的是历史教科书；画着人身的形状，骨骼的构造，肺脏、心脏的位置的是生理卫生教科书；画着上海、北京的风景，山海关、万里长城的画片，中国二十二省的如秋海棠叶子似的全图的是地理教科书；画着马呀、羊呀、牛呀、芙蓉花呀、青蛙呀的是动植物教科书。呵，这许多有趣的书，这许多有趣的图，真使我应接不暇！我也曾听见尧、舜、周公的名字，却不晓得他们是哪样的一个神气；我也知道上海、万里长城，而上海与万里长城的真实印象，见了这些画后方才有些清楚。祖父回来了，我连忙拿书到他跟前，指点给他看，这是尧，这是周公。呵，在这个夏天里，我不知怎样的竟成了一个勤读的孩子，天天捧了这些书请教三叔，请教祖父，似欲窥那这些书中的秘密，这些图中的意义，我的有限的已认识的字，真不够应用，然而在这个夏天里我的字汇却增加得很快。第一次使我与广大外面世界接触的，第一次使我有了科学的常识，知道了大自然的一斑一点的内容的，便是三叔给我的这些红皮面绿皮面的教科书。三叔使我燃起无限量的好奇心了！这事我很清楚的记得，我永不能忘记。他还和祖父商量着，要在暑假后，送我进学堂。而他给我的一打铅笔，几本簿子，在我也是未之前见的。我所见的是乌黑的墨，是柔软的乌黑的毛笔，是墨磨得淡了些，写下去便要晕开去的毛边纸、连史纸。如今这些笔，这些纸，却不用磨墨便可以写字了，不必再把手上嘴边，弄得乌黑的，要被母亲拉过去一边说着，一边强用毛巾把墨渍擦去。而且我还偷偷的在簿子里撕下一二张那又白又光的厚纸下来，强着秋香替我折了一两只纸船，浮在水缸面上，居然可以浮着不沉下去，不比那些毛边纸做的纸船，一放上水面，便湿透的，便散开了。呵，这个夏天，真是一个奇异的夏天，我居然不再出去和街上的孩子们"擂钱"了，居然不再和姊妹以及秋香们赌弹"柿瓢子"了。我乱翻着这些教科书，我用铅笔乱画着，我仿佛已把全个世界的学问都握在手里了。三叔后来还帮助我不少，一直帮助我到大学毕业，能够自立为止，然而使我最不能忘记的，却是这一个夏天的这些神奇的赠品。①

除此之外，三叔郑庆豫还是郑振铎求学路上的资助者和指导者。郑振铎的父亲和祖父逝世后，郑家的主要经济来源就是靠郑庆豫的接济和郑振铎母亲做零工及针线活所得。可以说，郑振铎能够中学毕业，除了母亲的辛苦外，与郑庆豫的资助有着直接的关系。更为重要的是，作为一个在外闯荡、见过世面的长者，郑庆豫对于郑振铎的人

---

① 郑振铎：《五叔春荆》，《郑振铎全集》(1)，花山文艺出版社 1998 年版，第 114—116 页。

生选择曾起过十分关键的作用。前文说过，郑振铎最终毕业于北京铁路管理学校。为什么他不去报考其他大学？郑尔康说：

> 按说郑振铎来后，本该在当年暑期就入学的，但当他正式与三叔谈起想报考北大中文系或是别的文科大学时，三叔却面露难色地说："文科大学的学费很贵啦，我的薪水微薄，家里开销又大，实在是供不起呀！我看，还是报考工科吧，学费要低些，学些技能，将来谋个差事也容易些。"郑振铎还想要说些什么，可是看三叔为难的样子，话到嘴边又咽了回去。①

1912 年 9 月 29 日北洋政府教育部颁布学校征收学费规程，对于公立学校收取学费有明确规定：

> 第六条　高等专门学校征收学费，每月银圆二元至二元五角。
>
> 第七条　大学征收学费，每月银元三元。
>
> 第八条　师范学校、高等师范学校均免征收学费；但于入学时征收保证金一次，以银圆十元为限，除中途自请退学外，毕业日仍照原数发还。②

大学学费每月银元 3 元，而据《交通部铁路管理学校呈送招生

---

① 郑尔康：《星陨高秋——郑振铎传》，京华出版社 2002 年版，第 18 页。

② 中国第二历史档案馆编：《中华民国史档案资料汇编》（第三辑·教育），凤凰出版社 1991 年版，第 65 页。

简章文（附简章）》，北京铁路管理学校的学生每一个月缴纳2元学费（学费每年24元，分上下两学期缴纳）①。在外交部工作的郑庆豫既然已决定替郑振铎代交学费，那么一年再多出12元学费对于他而言似乎算不上什么问题。另外，如果单纯从费用角度考虑，郑庆豫完全可以让郑振铎报考师范学校，因为当时这类学校全免学费，而且学校还供给膳宿，并酌量补贴必要的费用，学生自己基本不用花费多少钱。如郑振铎在浙江第十中学的同班同学高觉敷，他在1916年就考上了北京高等师范学校，学校不但免收学费，而且每月都发给零用钱。除此之外，学校还给学生发服装，暑季制服每年每人一套，第一年发两套。寒季制服，每两年发一套。四年之内发外套一件，每半年发一双皮鞋，医药费用也由学校供给。在食宿方面，师范类院校不仅费用全免，而且伙食很好，这对于身材高瘦，正需要营养的郑振铎而言是最适合不过的选择了，如周谷城回忆北京高等师范学校时的生活就说：

> 高师的伙食办得很好，在北京的任何学校都赶不上。肉丸子、海参丸子、干炸丸子，每餐都有好几个菜。我刚入学时，以为是招待我们，后来每餐都很好，而且吃饭都有规矩，八个人一桌，吃什么事先征求意见；北方人爱吃小米、馒头，就吃小米、馒头，南方人爱吃大米，就给你吃大米。②

可见郑庆豫让郑振铎报考北京铁路管理学校，并非由于费用问

---

① 中国第二历史档案馆编：《北洋政府公报》(1912—1928)，第119册，第386页。
② 北京师范大学校史编写组：《北京师范大学校史》，北京师范大学出版社1982年版，第34页。

题，主要是基于郑振铎工作的考虑。同今天一样，民国时期大学生"就业难"问题也很突出，叶圣陶先生就曾说，"在那个时代，年轻人找工作可比现在难多了，只有铁路局、邮政局、电报局和海关的一个位置是一般人眼红的铁饭碗。"① 而北京铁路管理学校的学生"毕业后由本校呈请交通部分派各路照章任用"②，郑振铎若能从这个学校毕业也就意味着端上了令人艳羡的"铁饭碗"，这对于郑振铎孤儿寡母来说自然是不错的选择。所以，在社会中闯荡多年，有着丰富人生阅历的郑庆豫，建议侄儿报考北京铁路管理学校——于情于理，这都是最好的选择。

除此之外，还有一点原因以往学者少有提及——或许郑庆豫也没有跟郑振铎明说过——那就是郑振铎如果进入铁路系统，郑庆豫的人脉资源能对郑振铎的发展有所帮助。郑庆豫毕业于清末的京师译学馆，京师译学馆对于今天的人们而言或许比较陌生，这所学校虽然没有京师同文馆、京师大学堂那样具有知名度，但它同样是清末时期培养外语类人才的重要机构。据1931年出版的《京师译学馆校友录》记载，作为京师同文馆的后身，京师译学馆在1903年至1911年的9年时间里，一共招收了甲、乙、丙、丁、戊5届学生，培养了400多位杰出人才，"今京师各重要衙署，乃至各区各省，驻在各国之使馆，穆穆布列，无不有我同学之名籍。"③ 民国初期，这些京师译学馆的毕业生在发展上多少受到一些影响，但是许多人依然在教育、外交、司

---

① 叶圣陶：《〈郑振铎文集〉序》，载上海鲁迅纪念馆编：《郑振铎纪念集》，上海社会科学院出版社2008年版，第346页。

② 中国第二历史档案馆：《北洋政府公报》(1912—1928)，第119册，第386页。

③ 陈初辑：《京师译学馆校友录》(1931年)，台北文海出版社1978年版，第3—4页。

法等重要领域身居要职，尤其值得一提的是还有许多人进入了铁路这个新兴行业。以郑庆豫所在的甲级为例，其中铁道部技正陈滔、铁道部专员兼参事厅法制股主任孙百英都是郑庆豫的同级同学，此外还有王伟、秦锡铭、陈祖良、梁焕鼎等在胶济、平汉、京浦各铁路局担任要职。如果郑振铎进入铁路系统，这样一层关系对他日后的升迁与发展自然有帮助。从这个角度而言，郑庆豫让郑振铎报考北京铁路管理学校也是顺理成章。

郑振铎日后并没有进入铁路系统，而是走上了文学之路，但是懂得感恩的郑振铎对于这位"一直帮助我到大学毕业，能够自立为止"的三叔铭感不忘。虽然郑庆豫后来参加了伪政府外交部，在气节上有所欠亏，但这并没有影响郑振铎对他的由衷感激。在主编《世界文库》期间，郑振铎还请三叔郑庆豫帮忙整理书籍，一方面是由于人手紧张的缘故，另一方面则是念及三叔生活拮据，有心帮助一把。1944 年 4 月郑庆豫因病逝世时，郑振铎在其日记中记下"闻三叔噩耗，悲甚！一夜没有好好的睡"（1944 年 4 月 3 日）。据郑尔康回忆，郑庆豫去世后，郑振铎对于他的遗孀总是想办法给予帮助，逢年过节都会给他们寄一些钱去，对郑庆豫的女儿，更是像父亲一般疼爱：

记得"三叔"的一个女儿——我应称之为姑姑的——抗战胜利后，常从南京到上海我家小住，父亲对这位至少要比他小十多岁的妹妹，十分疼爱，时常开玩笑地跟她说："你小的时候，我常抱你。有一次，抱着抱着觉得怀里愈来愈轻，低头一看，原来只抱着一条空空的小棉被，而你却一丝不挂地躺在地下睡得正香。"说完，哈哈大笑，我们也跟着笑起来。姑姑涨红了脸，用手指着父亲说:"你瞎说! 你瞎说!"姑姑每次回南京,父亲总要特地到霞飞路买她最爱吃的栗子蛋糕,给她带回去吃;并总要从他并不富裕的钱袋里,拿出一些钱让她带给"三姊"。①

---

① 郑尔康:《石榴又红了——回忆我的父亲郑振铎》,中国人民大学出版社 1998 年版,第 268—269 页。

第二章

求学京师

在北京铁路管理学校求学的这三年中，郑振铎不仅广泛阅读了西方文学及社会学经典，增长了学识，而且结识了瞿秋白、耿济之、瞿世英等一批青年才俊，彼此间结下了深厚友谊。1919年五四运动爆发，郑振铎作为北京铁路管理学校的学生领袖之一，全身心地投入到这场反帝反封建的爱国运动中去。除了参加"学联"组织的各种活动外，他还与瞿秋白、耿济之、瞿世英等人创办《新社会》、《人道》等刊物，积极宣传人道主义思想，这也成为他编辑生涯的正式开端。

第一节　东城根的少年们 [①]

　　1918 年 1 月 14 日是北京铁路管理学校高等科开学的日子，郑振铎正式开始了他的大学生活。与当时某些有社会经验的同学不同，郑振铎不抽烟、不喝酒，生活异常勤俭，不论多远的路，总是步行，反对坐洋车，绝对不穿绫着缎，不问冬夏，老是一袭布长衫。由于当时学校不安排住宿，所以他还是住在三叔家里，每天都是天不亮就起床，步行近两个小时到西城去上课，晚上再步行两个小时回到东城根，而节省下来的车费他都用来购买了新杂志。虽然生活上很是艰苦，但是郑振铎对于这来之不易的大学生活格外珍惜，他像海绵一样努力地在知识海洋里汲取营养。北京铁路管理学校开设的课程很多，有铁路工程学、测量学、机械学、铁路行政、商业簿记、会计学、商品学、旅客运输、电学原理、体操、法学通论、商业通论、捷算法、珠算、经济学、国文、日文等。对于这些课程，不管喜欢与否，他都尽力学好，即使心底真正喜欢的是文学。

　　离三叔家不远的米市大街金鱼胡同口有一座三层楼房，那是北京基督教青年会所在地。它里面有一个小型图书馆，七八个书橱里装满了各种社会学著作以及英译俄国文学名著。课余郑振铎经常跑到那里去看书，久而久之与北京基督教青年会干事步

---

　　① "少年"源于郑振铎正式发表的第一首新诗《我是少年》。此诗发表在《新社会》1919 年第 1 号（创刊号）上。

济时①渐渐熟悉了。步济时是美国哥伦比亚大学的社会学硕士，自愿来中国从事传教事业，他特别欣赏勤奋好学的郑振铎，有时会在闲聊中指点这位少年，建议他不妨多看看社会学方面的书，因为社会学是一门研究社会的科学，提倡实证调查和批判分析，强调运用相关知识改善社会福利，这样的知识对于当时积弊丛生的中国无疑十分重要。在步济时的启发下，郑振铎在北京基督教青年会的图书馆里阅读了吉丁斯的《社会学原理》、白拉克麦的《社会学要义》、海士的《社会学》、爱尔和特的《社会学与近代社会问题》等社会学经典名著，感觉颇有收获。尤其是吉丁斯的理论，郑振铎非常推崇，在他以后论述社会改造方面的文章里，受吉丁斯思想影响的痕迹十分明显。

北京基督教青年会这方小小的天地如同一块磁铁，将其他几位同住东城根下的少年吸聚在一起，让郑振铎在收获知识之外，还收获了纯真而持久的友谊。其他几位少年分别是：

瞿秋白（1899—1935）。瞿秋白是中共早期领导人之一，原名瞿双，后来因为"双"字不够雅，且他特别喜爱秋菊春梅，所以改名为"瞿霜"，寓意"菊花傲霜"。等到上中学时，又改用"秋白"之名，据说取自"秋霜"一片"洁白"之意。瞿秋白的童年生活很惨，母亲

---

① 步济时（John Stewart Burgess, 1883—1949），1905年毕业于美国普林斯顿大学，之后到日本工作两年，在京都商学院教书并在京都基督教青年会从事志愿服务。1908步济时返回美国入读哥伦比亚大学，1909年取得社会学硕士学位，同年来到中国。1909—1921年，他一直在北京基督教青年会学生部工作。在此期间，他于1912年主持成立了北京社会实进会，1918年组建了中国普林斯顿大学中心社区服务部，积极组织北京学生开展社会调查和社会服务。1920年，他帮助燕京大学创建了社会学系(该系后更名为"社会学与社会工作系")并担任该系主任职务四年之久（1920—1924）。1926年他离开中国进入美国哥伦比亚大学继续深造，1928年获得社会学博士学位后再到燕京大学社会学系任教，1929年他因为健康问题返回美国，1949年去世。

自杀，父亲离家出走，他只能寄居在宗族祠堂中。多亏堂伯一家扶持，才能继续学业。或许正是早期的人生经历使得瞿秋白具有了哲人气质，思想深刻而成熟：

> 秋白在我们几个朋友里面，是有"少年老成"之称的。许地山、耿济之、瞿世英和我的年龄都比他大。地山在入大学之前，还曾"饱经世故"，到过南洋，做过教师。但比起秋白来，似乎阅历都没有秋白深。秋白在我们几个人当中，够得上是"老大哥"。他说的话，出的主意，都成熟、深入、有打算、有远见。他的中国书念得很多，并大量的刻苦的读着哲学书。对于"老""庄"特殊有研究。我那时只读些刘知几《史通》、章实斋《文史通义》之类的书，见解很幼稚，对于他的博学和思想的深刻是十二分的佩服的。有许多事，都要去请教他。①

1917年暮春，瞿秋白随堂兄瞿纯白到北京，住在宣武门外骡马市大街羊肉胡同。后来瞿秋白考上外交部俄文专修馆，堂兄则举家搬到东城根东观音寺草厂胡同，此时的瞿秋白在学习之余也经常到附近的北京基督教青年会去看书，在那里与郑振铎结识，并结下了一辈子的友谊。

耿济之（1899—1947），原名耿匡，字孟邕，又字济之，上海县人。耿济之是现代著名的俄文翻译家，在我国俄国文学翻译领域做出了巨大成绩，正如著名外国文学研究家、翻译家戈宝权所言，"耿济

---

① 郑振铎：《记瞿秋白同志早年的二三事》，《郑振铎全集》(2)，花山文艺出版社1998年版，第629—630页。

之先生是我国最早和最著名的一位俄国文学的研究者和介绍者，同时也是一位工作时间最久，产量最多和态度最为严肃的俄国文学翻译家。"[1]与郑振铎结识时耿济之正在北洋政府外交部俄文专修馆读书，与瞿秋白是同班同学。耿济之学习勤奋，成绩优异，他在学习之余也时常到北京基督教青年会图书馆来看书，同常来这里看书的郑振铎认识了，郑振铎日后在《想起和济之同在一处的日子》中回忆道：

> 我和济之认识最早。在五四运动的前一年，我常常到北京青年会看书。那个小小的图书馆里，有七八个玻璃橱的书，其中以关于社会学的书，及俄国文学名著的英译本为最多。我最初很喜欢读社会问题的书。……这小小的图书馆成了我常去盘桓的地方。有一位孔先生，不记得他是哪个学校的学生了，也常去。我们谈得很起劲。他介绍济之给我认识。[2]

除了瞿秋白与耿济之外，郑振铎在北京基督教青年会还结识了瞿世英和许地山。他俩都是汇文大学的学生，因为汇文大学是教会学校，与北京基督教青年会关系密切，所以瞿世英和许地山也常来青年会，久而久之与郑振铎都熟悉了。这群少年不是兄弟胜似兄弟，据耿济之的妹妹回忆，当时郑振铎、瞿秋白、耿济之和许地山四人经常在耿济之家读书，不管是刮风，还是下雨下雪，几乎天天如此。他们整

---

① 戈宝权：《忆耿济之先生——纪念耿济之逝世三十五周年》，载《中外文学因缘：戈宝权比较文学论文集》，华东师范大学出版社 2013 年版，第 293 页。
② 郑振铎：《想起和济之同在一处的日子》，《郑振铎全集》(2)，花山文艺出版社 1998 年版，第 580 页。

天在一起讨论和研究文学，忘掉了饥饿和冷热。郑振铎、瞿秋白和许地山都知道耿济之家里贫困，该吃饭时便悄悄溜出来买个烧饼充饥。到了星期天，有时四个人到图书馆去一整天，也不过是啃烧饼填填肚子。①

因为俄国文学自普希金以来一直保持着深厚的现实主义传统，有着浓重的入世精神、悲悯的情怀以及对民族前途和命运的深切关怀，对于这几位出自社会底层，深切体验过世间人情冷暖的少年来说无疑极有吸引力，郑振铎、瞿秋白与耿济之等人此时都对俄国文学产生了浓厚兴趣：

> 我们在那个时候开始有一个共同的趣味就是搞文学。我们特别对俄罗斯文学有了很深的喜爱。秋白、济之是在俄文专修馆读书的。在那个学校里，用的俄文课本就是普希金、托尔斯泰、屠格涅夫、契诃夫等的作品。济之偶然翻译出一二篇托尔斯泰的短篇小说出来，大家都很喜悦它们。但那时，他们对于俄国文学的发展历史是不知道的，对于托尔斯泰和其他作家生平传记，也是知道得很少。因为"俄专"里是不教授这些课程的。
>
> 我受了他们两人的影响，也要找些俄国作家们的小说、戏剧来读。我看不懂俄文，只好找些英译本的俄国作品来读。在北京，那时很少有公立图书馆或私人藏这一类的书。恰巧在某一天，我认识了一位孔君，他在青年会做学习干事，约我去青年会玩玩。在那里，我看到了两个玻璃橱，橱里装满了英文本的小

---

① 参见耿洁之：《耿济之的青少年时代》，《新文学史料》1982 年第 3 期。

说、戏曲、诗歌，特别是英译本的俄国作家，像托尔斯泰、屠格涅夫、契诃夫、高尔基等人的作品，足足摆满了一橱。我高兴得很，便设法向他们借几本来读，贪婪的读着。①

在阅读俄国文学名著之余，这几位少年也开始尝试翻译俄国文学作品，据郑振铎后来回忆，"他们从俄文开始译托尔斯泰的短篇小说，我却从英文译本重译柴霍甫的剧本。我们那时候对于俄国文学是多么热烈的向往着，崇拜着，而且是具着那么热烈的介绍翻译的热忱啊！"②在具体的翻译工作中，郑振铎给了瞿秋白和耿济之很大的帮助："济之、秋白知道译托尔斯泰的著作，对于俄国文学的源流，却无书可资参考，便托我在英文书里找这一类的材料替他们做注解。我那时所能得到的，也只是薄薄的一本 Bome Library 的《俄国文学史》而已"。③在几年间，他们的翻译成果颇丰，像瞿秋白与耿济之合译了托尔斯泰的《三死》、《风雪》、《丽城小纪》、《伊拉司》、《呆伊凡故事》、《三问题》、《难道这是应该的么》、《阿撒哈顿》、《人依何为生》、《野果》等 10 篇小说，编为《托尔斯泰短篇小说集》，郑振铎与耿济之合译契诃夫的《海鸥》、《樱桃园》等十几种剧本，编为《俄罗斯戏曲集》。日后这些翻译作品作为梁启超与蒋百里主编的"共学会丛书"的一部分，由上海商务印书馆出版。除此之外，他们的翻译作品还在

---

① 郑振铎：《记瞿秋白同志早年的二三事》，《郑振铎全集》(2)，花山文艺出版社 1998 年版，第 631 页。

② 郑振铎：《回忆早年的瞿秋白》，《郑振铎全集》(2)，花山文艺出版社 1998 年版，第 625—626 页。

③ 郑振铎：《想起和济之同在一处的日子》，《郑振铎全集》(2)，花山文艺出版社 1998 年版，第 581 页。

其他报刊上发表，例如郑振铎就写有《俄罗斯文学底特质与其略史》、《写实主义时代之俄罗斯文学》、《俄国文学发达的原因和影响》等。"爬格子"多少能有点稿费收入，这对于改善这群年轻人的生活不无裨益。拿到稿费后大家伙儿都会出去改善下伙食，他们常到沙滩西口的一家四川小饭铺去打牙祭：

> 那家四川小饭铺，其实不过比饭摊多了四堵墙，有三四张掉光了漆的旧桌子，几把长凳。老板是个驼子；老板娘兼掌灶是个极爽快的胖大嫂；跑堂的是他们唯一的儿子，一个长着冬瓜脑袋的矮胖子，总之，是个地道的"夫妻老婆店"。这小店，设备虽极其简陋，但是老板娘亲手烹制的麻婆豆腐和回锅肉，堪称一绝，价格也公道，足以使他们这些囊中羞涩的穷学生打一次很不错的牙祭了；有时谁得了些稿费，多花几角钱，那就可以要一条干烧鱼，辣中微甜，味道浓郁，吃剩的头尾再让跑堂的拿去烩个豆腐，更是余味无穷。秋白那时已很能饮酒，这使"清教徒"的振铎羡慕得了不得。一次他实在忍不住，也买了瓶葡萄酒，咕嘟咕嘟地灌了大半瓶。秋白制止道："不要急，慢慢地来！""没什么，没什么！"振铎逞强地边说边仰起头来灌酒，话音未落，就溜到了桌子底下。秋白和地山只得叫了辆洋车，好不容易才把他架上了车……振铎次日醒来，发觉自己和衣睡在床上，却怎么也想不起自己是怎么回来的了。从此，振铎对酒的兴趣愈来愈大，和酒结下了大半生的不解之缘。①

---

① 郑尔康：《石榴又红了——回忆我的父亲郑振铎》，中国人民大学出版社1998年版，第35—36页。

新中国成立后郑振铎到文化部工作，工作之余还经常带着家人去光顾这家小饭铺，掌灶的还是那位胖大嫂，只不过年纪已大，小饭铺摆设依旧，饭菜口味一如往常。只是，当年推杯换盏的那群少年中，瞿秋白、许地山、耿济之早已不在人世，睹物思人，情何以堪。据郑尔康回忆，郑振铎每次给他讲起这段青葱岁月时都是感慨万分，唏嘘不已。

1919 年五四运动爆发，这群志趣相投的少年也积极投身到热烈的政治运动中去。当时郑振铎作为北京铁路管理学校的学生代表，瞿秋白、耿济之作为俄文专修学校的学生代表，瞿世英作为汇文大学的学生代表，都参加了"北京中等以上学校学生联合会"（简称"北京学联"）。由于上述几个学校都是小学校，在这些学校开展学生工作又特别困难，群众意见多，领导不起来，所以他们几人便经常聚在一起商量对策，彼此接触的机会就更多了。在这几人之中，瞿秋白由于考虑问题周全，而且富有辩才，所以也成为他们当中当之无愧的"谋主"。他们平时经常跑到东城根的汇文大学去开会，由于当时北京政府已经严禁学生游行，而且还派侦缉队抓捕学生运动分子，所以他们常常把开会的时间定在夜间，开会之前一个一个悄悄地溜进汇文大学的大院，开完会后又一个一个悄悄地溜出来。那时狡猾的侦缉队便衣们经常埋伏在路边，叫一声谁的名字，如果回头一答应就会被捉去。侦缉队以这样的方式已经捉走了好几个学生领导人。瞿秋白就曾经被一个侦缉队的便衣盯上，他跟着瞿秋白上了电车，后来瞿秋白转乘人力车，便衣也跟上人力车，幸亏瞿秋白机警，用兜圈子的方法终于甩掉了盯梢者。此后，郑振铎他们更加小心了，很多时候都是两三人一起走，以便彼此有所照应。这段激情燃烧的岁月增进了这群年轻人的相互了解，惊险的斗争生活也使得他们的友谊更加真挚与长久。

第二节 《新社会》与《人道》

五四运动让人们看到了中国青年的热情与力量。五四运动之后，北京基督教青年会附属的"社会实进会"找到郑振铎、瞿秋白、耿济之和瞿世英，邀请他们编辑一份给青年阅读的杂志。郑振铎、瞿秋白等人合计了几天之后，决定创办一个旬刊，定名为《新社会》。郑振铎负责集稿、校对和跑印刷所，瞿秋白、耿济之、瞿世英、许地山负责撰稿和编辑，由青年会的一位学习干事孔某担任经理，总发行所设在北京的南弓匠营二号北京社会实进会。1919 年 11 月 1 日《新社会》正式出版了，四开一张，每份售铜元三枚，外地邮购大洋三分。作为集稿人的郑振铎撰写了发刊词：

> 中国旧社会的黑暗，是到了极点了！他的应该改造，是大家知道的了！但是我们应该向哪一方面改造？改造的目的是什么？我们应该怎样改造？改造的方法和态度，是怎样的呢？这都是改造的先决问题，主张改造的人所不可不明白解答的；在现在改造的动机方在萌芽的时代，尤不可不慎重又慎重的决定的。为什么呢？因为这些问题，就是表明改造的目的和手段的。凡作一件事，要没有预定的目的和手段，是决不能成功的。目的稍有偏向，可以贻将来的弊害的——在中国有许多人还想效法德、日，用他们的军国主义，来改造我们的家族制度。这真是"以暴易暴"

啊！手段略有差误，也足以使改造的事业生阻碍的，所以我们不可不仔细的研究，慎重的决定，取最精密、最有效力的手段，向最好的方面去改造。我们社会实进会，现在创刊这个小小的期报——《新社会》——的意思，就是想尽力于社会改造的事业。所以在未发表一切言论之先，不可不先把我们所仔细研究，慎重决定的所自以为最精密、最有效力的手段和所自以为最好的改造目的写下来，作我们一切言论的方针。

什么是我们改造的目的呢？我们向哪一方面改造？我们是向着德莫克拉西一方面以改造中国的旧社会的。我们改造的目的就是想创造德莫克拉西的新社会——自由平等，没有一切阶级一切战争的和平幸福的新社会。

什么是我们改造的手段——态度和方法——呢？我们的改造的方法，是向下的——把大多数中下级的平民的生活、思想、习俗改造过来；是渐进的——以普及教育作和平的改造运动；是切实的——一边启发他们的解放心理，一边增加他们的知识，提高他们的道德观念。我们的改造的态度，是研究的——根据社会科学的原理，参考世界的改造经验；是彻底的——切实的述写批评旧社会的坏处，不作囫囵的新旧调和论；是慎重的——实地调查一切社会上情况，不凭虚发论，不无的放矢；是诚恳的——以博爱的精神，恳切的言论为感化之具。总括起来说，我们的改造的目的和手段就是：

考察旧社会的坏处，以和平的、实践的方法，从事于改造的运动，以期实现德莫克拉西的新社会。

虽然我们的言论，也许有些不能尽同的地方，但大体的论调，总是照着这个方针，没有更变的。至于这个方针，究竟对不对，是不是最好的、最精密的、最有效力的，则有待于大家的批评了！①

虽然《新社会》编辑们都略显稚嫩，许地山 26 岁，郑振铎 21 岁，耿济之和瞿秋白 20 岁，年纪最小的瞿世英才 18 岁，但是《新社会》在他们手上却办得有声有色。从第 2 期起总发行点除了北京社会实进会外，还增加了上海棋盘街群益书社。另外，销售代办处则有北京、天津、唐山、上海、南京、苏州、杭州、温州及日本等处，第 3 期又增加了长沙与沙市，此后还远销到四川、南洋等地。随着《新社会》杂志影响越来越大，当时北京一些有影响的企业，如美国友华银行、花旗银行、美商茂生洋行、英国邓禄普橡皮厂、中国电气股份有限公司、英商天津普丰洋行、北京公懋洋行等，都开始在它上面刊登广告。在这群年轻人的努力下，《新社会》渐渐为人所知晓、熟悉，当然也为反动政府所忌惮。1919 年 11 月 25 日，浙江省督军卢永祥、省长齐耀珊密电北洋政府大总统、国务院、内务部、教育部等处，提及"如《新社会》、《解放与改造》、《少年中国》等书以及上海《时事新报》，无不以改造新社会、推翻旧道德为标帜，掇拾外人过激言论，迎合少年浮动心理，将使一旦信从，终身迷惘"，"当此邪说横行，不啻众流就下，防范之法，尤应加严。"② 督军、省长的"关注"

---

① 郑振铎：《〈新社会〉发刊词》，《郑振铎全集》(3)，花山文艺出版社 1998 年版，第 3—4 页。

② 《卢永祥等查禁〈浙江新潮〉等书刊电》，载中国第二历史档案馆编：《中华民国史档案资料汇编》（第三辑·文化），凤凰出版社 1991 年版，第 525—526 页。

从另一个方面也反映出《新社会》在社会之中的影响。

《新社会》能够产生较大的影响，首先在于郑振铎他们把握住了社会发展的潮流脉动。出于对民国初年政治黑暗的不满与鄙弃，"社会改造"成为五四时期知识分子热衷的话题，这从当时众多杂志的发刊词中可以看出，如《浙江新潮》宣称"改造社会是本周刊的目的"，《新江西》宣布"我们的宗旨，是主张改造社会……发行本刊，就是改造社会的一种方法"，《北京大学学生周刊》宣称"我们的目的，是创造较新较美较善较合理性的社会制度；并且在这较善较新较美较合理性的希望中，实现出个最善最美最新最合理性的社会制度"……《新社会》亦是如此，不但在发刊词中声明创办目的是"想尽力于社会改造的事业"，而且拟刊载的文章内容也都围绕"社会改造"进行，包括："（一）提倡社会服务；（二）讨论社会问题；（三）介绍社会学说；（四）研究平民教育；（五）记载社会事情；（六）批评社会缺点；（七）述写社会实况；（八）报告本会消息"①。虽然大家都在提倡"社会改造"，但是对于社会改造的理解是多元化的，故而《新社会》编辑内部有时会产生争论，郑振铎后来就回忆说："在编辑过程中也不是没有争论的，秋白那时已有了马克思主义者的倾向，那一切社会问题，作为一个整体来看。我们其余的人，则往往孤立的看问题，有浓厚的唯心论的倾向。有的还觉得他的议论'过激'。我则具有朦胧的社会主义信仰，而看的书却以无政府主义的著作为多，因此，就受了他们的影响，而主张什么人道主义。"②

---

① 《本报简章》，《新社会》1919 年第 1 期。

② 郑振铎：《记瞿秋白同志早年的二三事》，《郑振铎全集》（2），花山文艺出版社1998 年版，第 632—633 页。

虽然编辑成员在思想上略有不同，但是这并不影响大家对"社会改造"这一主旨的认同，《新社会》上刊载的文章也都是当时社会的流行话题，诸如社会改造、妇女解放、劳动问题等：在社会改造方面，《新社会》先后刊登了《我们今后的社会改造运动》（郑振铎）、《社会运动的牺牲者》（瞿秋白）、《再论我们今后的社会改造运动》（郑振铎）、《社会的过去及未来》（瞿世英）、《社会的过去及未来》（瞿秋白）、《现代的社会改造运动》（郑振铎）、《社会与罪恶》（瞿秋白）、《知识的赃物》（瞿秋白）、《贫民研究》（瞿世英）、《社会上各种活动的分析》（瞿世英）、《文化运动——新社会》（瞿秋白）、《将来的社会与现在的逆势》（瞿秋白）、《学生运动与社会改良》（瞿世英）、《新生活的意义》（朱谦之）、《罪的研究》（郑振铎）等；在妇女解放方面，先后刊登有《妇女解放的第一步》（瞿世英）、《十九世纪两大社会学家底女子观》（许地山）、《结婚与离婚》（瞿世英译）、《小小一个问题——妇女解放的问题》（瞿秋白）、《这就算婚姻自由?》（吴炳文）等；在社会调查方面，刊登有《社会实况：北京的女佣》（郑振铎）、《真善第九工艺厂调查记》（林斯陶）、《东三省旅行杂记》（徐实谦）、《一九一九年的中国出版界》（郑振铎）、《调查贫民收养所的报告》（瞿世英）。劳动问题是《新社会》讨论的热点问题，除了前期登载《中国的劳动问题?世界的劳动问题?》（瞿秋白）外，还专门将第 17、18、19 期开辟成"劳动号"，第 17 期"劳动号"登载了《什么是劳动问题》（郑振铎）、《劳动底研究》（许地山）、《中国劳动界之将来》（梅祖芬）、《谁的利器?》（瞿秋白译）、《中国劳动问题杂谈》（郑振铎）、《付过工钱之后》（瞿秋白译），第 18 期"劳动号"登载了《劳动底福音》（瞿秋白）、《劳动底威仪》（许地山）、《劳动与工作的本能》（宋介）、《劳动的要求与安逸的要求》（郑振铎）、《伯伯尔之泛劳动主义》（瞿秋白）、《罗素的〈工作与给资〉》（梅思平）、《理想社会里的人类工作》（郑振铎），第19期"劳动号"登载了《"五一"的纪念》（郑振铎）、《劳动节的教训》（朱谦之）、《世界底新劳动节——中国底新劳动节》（瞿秋白）、《美国劳动团体略史》（瞿世英）、《美国劳动者教育问题》（高兴伟）、《"五一"与"五四"》（许地山）、《我们应该注意的一种事》（郑振铎），等等。

其次，《新社会》编辑们善于利用名人效应。《新社会》创办之后仅一个星期，郑振铎就同耿济之到箭竿胡同去拜访陈独秀。众所周知，五四运动之后在中国思想文化界独领风骚者非陈独秀莫属。郑振铎向陈独秀请教办报刊和社会革新问题，后以陈独秀的意见为基础，撰成《我们今后的社会改造》一文发表在《新社会》第3期上，文中提到：

> 我们谈话中，提到现在的定期出版物。他很愿意有纯粹给劳动界和商界看的周刊和日报出现，以灌输新知识于工商界。他希望本报能够更改体裁，变做这样的一种通俗的报纸；记载本会附近地方的新闻，随事发挥议论，专卖给这一个地方的人看。往后又说到革新的问题，他有几句极精的话；他说：我们活动的区域，不可过大。能够切实的把一个小地方改造完善，比较叫全国大多数的人，都会说解放，改造的空话还要好（他的意思，大概是如此，我不能记忆他当时的口语了。他说：他在七卷一号的《新青年》上，将有一篇文章论及此意）。他并且把本会附近地方应兴应革的事情，举出许多件来，告诉我们，叫我们去办。①

---

① 郑振铎：《我们今后的社会改造》，《郑振铎全集》（3），花山文艺出版社1998年版，第5页。

　　这篇文章得到了当时舆论界的重视，如以"议论最真实、消息最灵通、材料最丰富"而著称的《时事新报》，其主笔张东荪就在该报副刊《学灯》上刊发了相关评论。

　　最后，编辑们的才华与勤奋是《新社会》成功的有力保障。做杂志编辑最难的是什么？自然是"拉稿"。梁实秋曾对台湾《联合文学》主编丘颜明述说自己编辑生活的酸甜苦辣："有一事我想历来编辑莫不引以为苦，好稿不易。在数量上，稿件似不虞缺乏，在品质上，能膺上选者不多，于是主编的人有时就需要'拉稿'。拉稿比拉夫难，其中甘苦，当过编辑的都知道。"① 无独有偶，郑振铎的好友谢六逸认为编辑应当学会中国赌徒的"忍、狠、等"三字诀：所谓"忍"，就是拉稿不要怕碰钉子，暂时得自称为"百忍堂主"；所谓"狠"，就是在稿费上给以高报酬，算稿费时，不能小家子气；所谓"等"，有时编辑、记者索稿要到作家家中坐等，甚至住在"附近的旅馆里等候三四天"。② 其实不管是"忍"、"狠"还是"等"，都源于编辑拉稿之难。《新社会》向无缺稿之忧，因为刊发的基本都是编辑的自写稿。我们对 19 期《新社会》刊载的文章进行统计，发现它几乎很少有外稿，文章主要出自郑振铎、瞿世英、瞿秋白、耿济之、许地山五人之手，其中郑振铎 32 篇，瞿世英 20 篇，瞿秋白 17 篇，耿济之 15 篇，许地山 12 篇。这些年轻编辑们可称一时才俊，如瞿秋白平时说话很少，但是辩论起来则辞如泉涌，滔滔不绝。有一次胡政之为聘请《大公报》副刊编辑，邀请瞿秋白、耿济之吃饭，席间五六人只听到秋白与主人胡政之的谈话，由时事而及文艺而及法国出版的李白诗选译文，在场

---

① 查志华：《无华小文》，上海三联书店 1991 年版，第 227—228 页。

② 《谢六逸编辑三字诀》，《出版史料》2002 年第 3 期。

之人大为惊异佩服他的渊博。后来他赴天津采访俄国人柏烈伟，以三年的俄文程度，且平时在校很少练习俄文会话，竟然说得相当流畅，让同去的记者诧异不已。再如耿济之，是现代中国重要的俄国文学翻译家，《中国现代翻译文学史（1898—1949）》一书曾将他和戈宝权列入俄苏文学翻译领域有必要一提的两位翻译家。也正是有了这样的编辑班底，《新社会》才无缺稿之虞，并且以其文字在读者中产生了深远影响。

1920 年 5 月《新社会》被查封了，理由是该刊"主张反对政府"，青年会方面的经理还被警察厅抓去关了起来。日后瞿秋白在《饿乡纪程》中曾对此感慨道：

> 我们中当时固然没有真正的"社会党"，然而中国政府，旧派的垂死的死神，见着"外国的货色"——"社会"两个字，就吓得头晕眼花，一概认为"过激派"，"布尔什维克"，"洪水猛兽"，——于是我们的《新社会》就被警察厅封闭了。这也是一种奇异现象，社会思想的变态：一方面走得极前，一方面落得极后。①

面对反动政府的无理取缔，郑振铎同其他编辑都感到十分愤慨，三个月后他们又创办了《人道》月刊，作为《新社会》的延续，"本刊是由'新社会'旬刊改组的，凡以前订阅'新社会'没有满期的人，都继续以本刊补足"。在《人道》的编辑上，编辑同人——尤其是郑

---

① 瞿秋白：《瞿秋白文集》（文学编第 1 卷），人民文学出版社 1985 年版，第 27 页。

振铎与瞿秋白之间——思想倾向上渐渐有了分歧。瞿秋白说，"《人道》和《新社会》的倾向已经大不相同。——要求社会问题唯心的解决。郑振铎的倾向最明了，我的辩论也就不足为重；唯物史观的意义反正当时大家都不懂的"。而郑振铎日后追忆时也说，"秋白当时表示不赞同这个名称。他的意见是正确的，鲜明的。但他并没有提出别的名称出来，大家也都赞成我的意见，当即定名为《人道》"。[1] 正是因为郑振铎的坚持，所以《人道》多是宣传人道主义的文章，例如其发刊词就强调：

> 我们愿敝同人底笔有不可思议的力量，能够将世间一切的苦乐描写出来，教人人有所归向；又愿我们的月刊有不可思议的变化，能够将一册变成十册、百册、千册、万册、乃至无量数册，教这世间虽是一缚一孔之微，也能受人道底光所充满。更愿读者诸君对于人道有三张、六张、九张、百千张、万亿张、乃至算数所不能尽底嘴，各个嘴里都能发出等数的声音来鼓吹他，教一切人类都受了平等的宠惠和进化的幸福。这就是本刊出版后底愿望。[2]

可惜，当郑振铎他们编好《人道》第 2 期"新村研究号"，并且发出目录预告时，北京基督教青年会方面传来消息，由于经费困难，《人道》停止出版，于是创刊号也就成了终刊号，郑振铎的《人道》

---

[1] 郑振铎：《记瞿秋白同志早年二三事》，《郑振铎全集》(2)，花山文艺出版社 1998 年版，第 633 页。

[2] 《宣言》，《人道》1920 年第 1 期。

出版梦想就这样半道夭折了。

第三节　郑振铎与文学研究会

一

文学研究会在中国现代文学史上的地位十分显赫，它被誉为"中国新文学运动史一个最早且亦最大最光荣的文学团体"[①]。关于文学研究会的成立原因及经过，在《文学研究会会务报告》（第一次）"本会发起之经过"中有很详细的记载：

一九二〇年十一月间，有本会的几个发起人，相信文学的重要。想发起出版一个文学杂志：以灌输文学常识，介绍世界文学，整理中国旧文学并发表个人的创作。征求了好些人的同意。但因经济的关系，不能自己出版杂志。因想同上海各书局接洽，由我们编辑，归他们出版。当时商务印书馆的经理张菊生君和编辑主任高梦旦君适在京，我们遂同他们商议了一两次，要他们替我们出版这个杂志。他们以文学杂志与《小说月报》性质有些相似，只答应可以把《小说月报》改组，而没有允担任文学杂志的出版。我们自然不能赞成。当时就有几个人提议，不如先办一个文学会，由这个会出版这个杂志，一来可以基础更为稳固，二来同各书局

---

① 赵景深：《文坛忆旧》，北新书局1948年版，第203页。

也容易接洽。大家都非常的赞成。于是本会遂有发起的动机。过了几时，上海的同志沈雁冰君来信，说商务印书馆请他担任《小说月报》的编辑，并约大家加入这个社，只是内容虽可彻底的改革，名称却不能改为《文学杂志》。因为这个事，我们北京的同志于十一月二十九日借北京大学图书馆主任室开一个会，议决积极的筹备文学会的发起，并推郑振铎君起草会章。至于《小说月报》，则以个人名义，答应为他们任撰著之事，并以他为文学杂志的代用者，暂时不再出版文学杂志。十二月四日，北京的同志又在万宝盖耿宅开一个会，讨论并通过会章，并推周作人君起草宣言书。宣言书起草竣后，遂以周作人，朱希祖，蒋百里，郑振铎，耿济之，瞿世英，郭绍虞，孙伏园，沈雁冰，叶绍钧，许地山，王统照十二人的名义发起本会，在京内各日报，杂志上，发表本会之宣言与简章，并征求会员入会。两个星期之后，入会的人很多。①

这里所说的"几个发起人"其实就是郑振铎、耿济之、瞿世英和许地山，而最初成立文学研究会的目的也很简单——"由这个会出版这个杂志，一来可以基础更为稳固，二来同各书局也容易接洽"。但是在后来的《文学研究会宣言》里，这个社团被赋予了更多的责任与意义：

我们发起这个会，有三种意思，要请大家注意。

一，是联络感情。本来各种会章里，大抵都有这一项；但在现今文学界里，更有特别注重的必要。中国向来有"文人相轻"

① 《文学研究会会务报告》（第一次），《小说月报》1921年第12卷第2号。

的风气；因此现在不但新旧两派不能协和，便是治新文学的人里面，也恐因了国别派别的主张，难免将来不生界限。所以我们发起本会，希望大家时常聚会，交换意见，可以互相理解，结成一个文学中心的团体。

二，是增进知识。研究一门学问，本不是一个人关了门可以成功的；至于中国的文学研究，在此刻正是开端，更非互相补助，不容易发达。整理旧文学的人也须应用新的方法，研究新文学的更要专靠国外的资料；但是一个人的见闻及经济力总是有限，而且此刻在中国要搜集外国的书籍，更不是容易的事。所以我们发起本会，希望渐渐造成一个公共的图书馆研究室及出版部，助成个人及国民文学的进步。

三，是建立著作公会的基础。将文艺当作高兴时的游戏或失意时的消遣的时候，现在已经过去了。我们相信文学是一种工作，而且又是于人生很切要的一种工作；治文学的人也当以这事为他终身的事业，正同劳农一样。所以我们发起本会，希望不但成为普通的一个文学会，还是著作同业的联合的基本，谋文学工作的发达与巩固：这虽然是将来的事，但也是我们的一个重要的希望。①

从《宣言》不难看出，成立文学研究会已不再是考虑刊物出版的便利问题，而是从整个中国文学界的发展着眼，其气度格局与郑振铎等人的最初设想有了云泥之别。这些都得感谢一个人，那就是

---

① 《文学研究会宣言》，《小说月报》1921 年第 12 卷第 1 号。

周作人。因为《宣言》是周作人起草的，据说还曾让鲁迅看过。① 周作人作为《新青年》杂志的编辑，是新文化运动的参与者和领导者，他的加入也使得文学研究会创立之始就具有了某种领袖意识，"它的价值取向，它的行为目标，以及它的发展趋向，与其说是在进行文学社团的营构，毋宁说是在进行整个新文学格局和倾向的设计"，是"在建构、追求一种中心语态，即时时处处把自己设想为那个时代文学的中心，对于整个文坛以及文学的走向负有导向性的责任"②。作为当时文坛领袖的周作人，对于中国文学界的观察无疑是犀利的，他对"治新文学的人里面，也恐因了国别派别的主张，难免将来不生界限"的担心日后也被文学研究会与创造社之间的争斗所证实。

二

文学研究会的发起人以郑振铎为核心和纽带。在发起人中，耿济之、瞿世英、许地山与郑振铎都是《新社会》小组成员，彼此早已熟悉。周作人时为北大教授，从 1920 年 5 月开始郑振铎就经常与之通信、见面，而朱希祖是周作人的同事，两人加入文学研究会离不开郑振铎的努力。郭绍虞时在北大旁听，与郑振铎相识，且受到郑振铎的影响。叶圣陶与郭绍虞是同乡，郭绍虞向郑振铎推荐其作为发起人。

---

① 至于鲁迅为什么不做文学研究会的发起人甚至也不算是会员，据说，当时北洋政府有所谓文官法，禁止各部官员参加社会上的各种社团；鲁迅那时还在北洋政府教育部任签事，因此不便参加文学研究会。参见《茅盾全集》(34)，人民文学出版社 1997 年版，第 185 页。

② 朱寿桐：《中国现代社团文学史》，人民文学出版社 2004 年版，第 77 页。

孙伏园是《晨报》副刊编辑，王统照是曙光社成员，而郑振铎常为《晨报》副刊和《曙光》写稿，还曾参加过曙光社。至于蒋百里，郑振铎因帮其编过书，早就相识。只有沈雁冰，与郑振铎的接触以及加入文学研究会具有某种偶然性。① 总而言之，文学研究会的成立得力于郑振铎极强的活动能力，叶圣陶就曾说："文学研究会的成立，可以说主要是振铎兄的功绩。我参加文学研究会，为发起人之一，完全是受他的鼓动；好几位其他成员也跟我相同。有时候我甚至这样想，如果没有振铎兄这样一位核心人物，这一批只会动笔而不善于处事的青年中年人未必能结合成这个文学团体。"② 郭绍虞也说："文学研究会的组织，振铎是核心人物之一。正因为如此，所以后来振铎到上海，文学研究会也就跟着移到上海来了。"③ 郑振铎后来被推选为文学研究会的书记干事，实际上承担了研究会的日常主持工作，不仅他的住处被确定为"接洽一切会务之处"，而且许多实际工作也由他来完成，"参加的会员没有分担会务的责任，许多事务工作自然地压在振铎兄的肩膀上。几种丛书和几种会刊的编辑出版，几乎全由他张罗和调度。尤其是会刊，编撰工作都是在业余时间做的，不要说报酬，连撰写的稿子也没有什么稿费。几位朋友受振铎兄吸引，愿意跟他一同出力，先后担任了会刊的主编。"④

---

① 当时沈雁冰接替王蕴章主编《小说月报》，曾向王统照去信邀稿，后来收到郑振铎的回信，郑振铎在信中邀请沈雁冰加入文学研究会。参见茅盾：《革新〈小说月报〉的前后》，《茅盾全集》(34)，人民文学出版社 1997 年版，第 181 页。本书第三章第四节中将详细介绍。

② 叶圣陶：《〈郑振铎文集〉序》，载上海鲁迅纪念馆编：《郑振铎纪念集》，上海社会科学院出版社 2008 年版，第 343—344 页。

③ 林如松：《"五四"新文化运动中的郑振铎》，《新文学史料》2000 年第 2 期。

④ 叶圣陶：《〈郑振铎文集〉序》，载上海鲁迅纪念馆编：《郑振铎纪念集》，上海社会科学院出版社 2008 年版，第 344 页。

对于文学研究会的主要活动,《简章》中也作了阐述:一是"研究",包括组织读书会、设立通信图书馆等。文学研究会要求会员必须加入读书会,读书会按国别分为中国文学组、英国文学组、俄国文学组和日本文学组,按文学种类分为小说组、诗歌组、喜剧文学组和批评文学组,后来又增加了杂文组(包括论文及传记等)。① 二是"出版",包括刊行会报、编辑丛书。1921 年 5 月 10 日,文学研究会的机关刊物《文学旬刊》创刊,后改名为《文学周刊》,附在《时事新报》上发行。1925 年 5 月 10 日改名为《文学周报》,脱离《时事新报》独立发行,1929 年 12 月 22 日出版第 380 期后停刊。至于编辑丛书,在郑振铎的精心筹划和文学研究会会员的共同努力下,先后出版了"文学研究会丛书"、"文学研究会通俗戏曲丛书"、"小说月报丛刊"、"文学周报社丛书"、"文学研究会世界文学名著丛书"、"文学研究会创作丛书"等众多丛书,在当时文坛产生了巨大影响。

"文学研究会丛书"。该丛书在 1922 年至 1937 年间出版,商务印书馆印行。虽然"文学研究会丛书"具体出书数目各家说法不一②,但在百种以上应是可以确定的。该丛书收罗了众多优秀的现代文学著作及翻译作品。例如叶绍钧的《线下》、《未厌集》、《隔膜》、《火灾》、《稻草人》,老舍的《老张的哲学》、《二马》、《赵子曰》,茅盾的《幻

---

① 《文学研究会读书会各组名单》,《小说月报》1921 年第 12 卷第 6 号。

② 如李玉珍、周春东、刘裕莲等称目前能够见到书,确定是属于"文学研究会丛书"的 107 种;倪墨炎认为应不少于 120 种;而张大明则称 1921—1937 年间"文学研究会丛书"共出版图书 125 种,其中翻译 71 种,创作 54 种。见李玉珍、周春东、刘裕莲等编著:《中国文学史资料全编·现代卷·文学研究会资料》(下),知识产权出版社 2010 年版,第 1103 页;倪墨炎:《现代文坛内外》,汉语大词典出版社 1998 年版,第 161 页;张大明主编:《中国文学通史·现代文学》(下),江苏文艺出版社 2013 年版,第 528 页。

灭》、《动摇》、《追求》，李金发的《为幸福而歌》、《意大利及其艺术概要》、《雕刻家米西盎则罗》；瞿秋白的《赤都心史》、《新俄国游记》，郑振铎的《泰戈尔传》、《俄国文学史略》、《恋爱的故事》，冰心的《繁星》、《超人》，落华生（许地山）的《空山灵雨》、《缀网劳蛛》，庐隐的《海滨故人》、《象牙戒指》，朱湘的《夏天》、《石门集》，谢六逸的《西洋小说发达史》、《文坛逸话》，张闻天的《旅途》，朱自清等的《雪朝》，许杰的《惨雾》，梁宗岱的《晚祷》，顾一樵的《芝兰与茉莉》，王以仁的《孤雁》，罗黑芷的《醉里》，徐玉诺的《将来之花园》，赵景深词、邱文藻曲的《天鹅歌剧》，曹葆华的《峰岩集》，刘大白的《旧梦》，敬隐渔的《玛丽》，等等。① 此外，"文学研究会丛书"还出版了许多优秀的翻译作品，如鲁迅译的《爱罗先珂童话集》，郑振铎译的《飞鸟集》、《新月集》等。作为中国出版最早的大型现代文学丛书，"文学研究会丛书"的出版既是文学研究会对于中国现代文学界的重要贡献，亦是"文学研究会对现代印刷文化最为重要和长期的贡献"②。

"文学研究会通俗戏曲丛书"。该丛书于 1924 年 1 月至 1928 年 10 月间出版，共收录熊佛西《青春的悲哀》，侯曜《复活的灵魂》、《弃妇》、《山河泪》、《顽石点头》、《春的生日》，高尔斯华绥著、顾德隆译《相鼠有皮》，徐公美《歧途》，濮舜卿《人间的乐园》等 9 种剧本。郑振铎为该丛书作序，称"现在提倡戏剧的人很多，学生的爱美的剧团也一天天的发达起来。但剧本的产生，则似乎不能与他们的需要相应。到处都感着剧本饥荒的痛苦。到处都在试编各种剧本，而其

---

① 倪墨炎：《现代文坛内外》，汉语大词典出版社 1998 年版，第 163 页。

② ［美］孙康宜、［美］宇文所安主编，刘倩等译：《剑桥中国文学史》下卷，生活・读书・新知三联书店 2013 年版，第 602 页。

结果，则成功者极少。……所以在现在的时候，通俗的比较成功的剧本，实有传播的必要。我们印行这个通俗戏剧丛书的主要原因，即在于此"①。这套"文学研究会通俗戏曲丛书"规模虽不算大，但它却是中国现代文学史上第一套现代剧本丛书，其地位和作用均不容忽视。

"小说月报丛刊"。该丛书由商务印书馆 1924 年 11 月至 1925 年 4 月间出版。它选辑了在《小说月报》发表过的作品，每册七八十页，每 12 册为 1 集，共出版 5 集 60 册。主要有《换巢鸾凤》(落华生等著)、《在酒楼上》(鲁迅等著)、《毁灭》(朱自清等著)、《日本的诗歌》(周作人等著)、《创作讨论》(瞿世英等著)、《诗经的厄运与幸运》(顾颉刚著)、《圣书与中国文学》(周作人等著)、《世界的火灾》(爱罗先珂等著，鲁迅等译)、《太戈尔诗》(印度太戈尔著，郑振铎译)、《近代丹麦文学一脔》(亨利、哥达、侣赤著，沈泽民等译)、《波兰文学一脔》(诃勒温斯奇等著，周作人等译)、《新犹太文学一脔》(沈雁冰等译)、《近代德国文学主潮》(岸光宣等著，海镜等译)、《疯人日记》(郭克里等著，耿济之译)、《熊猎》(托尔斯泰等著，孙伏园等译)、《阿富汗的恋歌》(冯虚等译)、《武者小路实笃集》(武者小路实笃著，周作人等译)、《日本小说集》(加藤武雄等著，周作人等译)、《坦白》(佛罗贝尔等著，沈泽民等译)、《新犹太小说集》(潘莱士等著，沈雁冰等译) 等。②

"文学周报社丛书"。该丛书由开明书店 1926—1928 年间出版，共 28 种。多为文学研究会会员的著作和译作，包括诗歌、小说、散

---

① 郑振铎：《青春的悲哀·序》，载熊佛西：《青春的悲哀》，商务印书馆 1924 年版，第 1 页。

② 有些作家和作品名的翻译用字现有不同，笔者选择保留原貌。

文、绘画、童话等。其中有叶绍钧的《城中》，赵景深的《童话论集》，丰子恺的《子恺漫画》，罗黑芷的《春日》，汪静之《寂寞的国》，以及鲁彦、胡愈之、谢六逸、夏丏尊等人的译作。

"文学研究会世界文学名著丛书"。该丛书在 1930 年 5 月至 1939 年 10 月间出版，收录译作共计 12 种。包括郑振铎译的《沙宁》，《俄国短篇小说译丛》，映波译的《黑色马》，高寒（楚图南）译的《在俄罗斯谁能快乐自由》，朱湘译的《番石榴集》，卞之琳译的《西窗集》，傅东华译的《化外人》，卢任钧译的《乡下姑娘》，黎烈文译的《法国短篇小说集》、《笔尔和哲安》，黄源译的《现代日本小说译丛》，徐霞村译的《皮蓝德娄戏曲集》以及陈炜谟译的《老屋》。其中郑振铎译的《沙宁》出版于 1930 年 5 月，是"文学研究会世界文学名著丛书"中最早出版的作品。它虽然在封面和扉页的醒目位置印着"文学研究会世界文学名著丛书"字样，但是其装帧设计与之后（1936 年）出版的其他 11 种译著不同，也与之前"文学研究会丛书"的样式有异。可见早在编辑"文学研究会丛书"时，郑振铎就已有意将文学研究会的丛书一分为多，齐头并进。①

"文学研究会创作丛书"。该丛书于 1936 年 3 月至 1947 年 1 月间出版，内收小说、散文 23 种。为了增强宣传效果，该丛书拟间隔一年出版一次，每次同时出版 10 种，以壮大声势。第一批 10 种于 1936 年 3 月出版，包括巴金的《沦落》和《生之忏悔》，叶圣陶的《圣陶短篇小说集》，沈从文的《湘行散记》，张天翼的《万仞约》，朱自

---

① 倪墨炎：《现代文坛内外》，汉语大词典出版社 1998 年版，第 165 页。商务印书馆最初的宣传目录与上述书目有差别，参见张泽贤：《民国出版标记大观》，上海远东出版社 2008 年版，第 331 页。

清的《你我》，李广田的《画廊集》，何其芳等人的《汉园集》，萧乾的《篱下集》，顾一樵等人的《西施及其他》；第二批 10 种于 1937 年 6 月同时出版，包括郑振铎的《桂公塘》、《西行书简》，王任叔的《流沙》，靳以的《渡家》，李健吾的《这不过是春天》，蹇先艾的《乡间的悲剧》，杨骚的《记忆之都》，萧乾的《小树叶》，艾芜的《芭蕉谷》，涟青的《黑屋》。此后抗日战争爆发，"文学研究会创作丛书"也未能如前按时出版，在出版了王任叔的《佳讯》、郑振铎《困学记》和许杰的《许杰短篇小说集》后就停止了。

第三章

商务十年

　　1920 年 12 月，郑振铎通过了北京铁路管理学校的毕业考试，被分配到沪杭甬铁路管理局上海南站做练习生。当时能进入铁路部门工作是让许多人羡慕的事情，但是郑振铎却苦恼不已。是继续留在北京实现文学梦想，还是前往上海获得一份令人称羡的稳定工作？郑振铎一直摇摆不定。后来在瞿世英、耿济之的极力主张下，他才前往上海，成了一名铁路实习生。不过，他仅仅在那里工作了一个月就选择辞职，据他自己的说法，是因为电报打不好的缘故。①

　　1921 年 4 月，郑振铎应张东荪之邀，进

---

　　① 郑振铎：《最后一次讲话》，《郑振铎全集》(3)，花山文艺出版社 1998 年版，第 376 页。

入上海《时事新报》编辑副刊《学灯》，并于 7 月 17 日接替李石岑成为《学灯》主编，直到 1922 年 1 月 31 日才正式离开。郑振铎进入《时事新报》后，还积极创办文学研究会机关刊物《文学旬刊》，使之作为《时事新报》副刊出版。或是出于方便"文学研究会丛书"出书以及开拓文学研究会未来出版事业的考虑，抑或是被商务印书馆文化气息所吸引，郑振铎于 1921 年 5 月进入商务印书馆编译所工作。[①] 当时商务编译所进用人员主要有招揽、引介和自荐三种方式，招揽是指商务主动物色合适的人才，然后再斟介进馆。引介是由商务的职工、友好或作者等推荐而被馆方录用。自荐则指依不同途径投考，包括从招聘广告应征、从商务举办的培训学校毕业而进身等。对于编译所而言，招揽和引介是较为常用的做法。[②] 虽然目前我们对于郑振铎的入馆情形所知甚少，但从日后其自述来看，经沈雁冰引介的可能性非常大。[③] 进入商务后，郑振铎先后创办《儿童世界》、接掌《小说月报》、编辑《公理日报》等等，渐渐在出版界和文艺界站稳脚跟。在商务期间，他还同顾颉刚、叶圣陶、王伯祥等商务职工一起，秘密发起成立"朴社"，以便出书。1931 年 9 月，郑振铎应好友郭绍虞之邀，离开工

---

　　① 郑振铎进入商务印书馆编译所后，并未从《时事新报》辞职。至于商务当时的态度，似乎并不禁止员工在报社兼职。据郑贞文回忆，1921 年他与何公敢从厦门大学离职进入商务时，陈承泽因兼任上海时事新报馆总编辑，事忙，故让何公敢主持商务印书馆编译所法制经济部务，但陈承泽仍在编译所内任编辑。见郑贞文：《我所知道的商务印书馆编译所》，《商务印书馆九十年》，商务印书馆 1987 年版，第 202 页。

　　② 李家驹：《商务印书馆与近代知识文化的传播》，商务印书馆 2005 年版，第 98 页。

　　③ 郑振铎在一次讲话中就提到，"北京铁路管理学校毕业后，分配在上海南站做铁路上的练习生，住在一个花园里，叫我挂钩。不想干。正好沈雁冰在商务印书馆做《小说月报》的编辑，因我爱好文学，他约我编小学教科书，把文言改为白话。我没答应，就编儿童读物《儿童世界》(周刊)。"见郑振铎：《最后一次讲话》，《郑振铎全集》(3)，花山文艺出版社 1998 年版，第 376 页。

作了十年之久的商务印书馆，前往燕京大学和清华大学任教。之所以离开，一方面是因为他与王云五之间产生了一些矛盾，另一方面也是想暂时摆脱繁忙的编辑工作，专心从事《中国文学史》等著作的撰写。

第一节 《时事新报·学灯》

副刊俗称"报尾巴"、"报屁股"，今天报社和读者或许已不再重视这种形式，但是在民国新闻界它却有着非凡的地位与价值，正如学者左笑鸿所言，"不论在北洋政府、军阀混战时期，还是国民党统治时期，刊登新闻是受到种种限制的。一方面是官府统制，不准随便刊载，以至新闻版面只能登已经公布的消息，而且如有违犯，报社负责人轻则坐牢，重则送命。……另一方面是适应读者的需要，新闻既无可读，而又不能没有精神粮食，于是转而趋向于副刊，拿副刊作为精神上的慰藉。另外，新闻从业者往往因为新闻版面被卡得太死，有时就设法在副刊上旁敲侧击透露一点消息，于是把注意力就略略放在副刊上面，尤其对当局搞些小小的讽刺，在那民不聊生的时代，也替一般人小小地'长吁三两声'，这样就更受到读者的重视了。"[1] 如果说新文化运动及五四时期的《新青年》、《新潮》等期刊是各种新文化、新思想的发声器，那么以副刊为代表的大众媒体则充当了新思想传播的"倍增器"。诚如新闻史专家曾虚白所言，"在新文化运动中，杂志虽然打了头阵，抢了头功，但是如果没有报纸支持，收效还是有限。

---

[1] 左笑鸿：《世界日报和世界晚报的副刊》，《新闻研究资料》（第 19 辑），中国社会科学出版社 1983 年版，第 210 页。

因为报纸天天出版，读者多，只要登高一呼，声势自然很大。……而在报纸中，立功最大的，要算《时事新报》和它的副刊《学灯》，《民国日报》和它的副刊《觉悟》，北平《晨报》和它的副刊《副镌》。……《学灯》、《觉悟》和《晨报副镌》的最大贡献是，它们提高了自己的地位，也提高了读者的水准。过去写'报屁股'的大多是落魄的文人，而给这几个副刊写稿的，却大多是当时有名的学者与作家。它们特别受到学生的欢迎，因此所发生的影响也很大。"①

一

《时事新报》创办于 1911 年 5 月 18 日，其前身是 1907 年 12 月 5 日创办的《时事报》（汪剑秋主编）和 1908 年 2 月 29 日创刊的《舆论日报》（狄葆丰主编）。1909 年《时事报》和《舆论日报》合并重组为《舆论时事报》，1911 年改名《时事新报》，由汪诒年任经理。《时事新报》作为"研究系"的喉舌，主要以编译中外报章、介绍西方资产阶级学术文化为主要内容，在政治上持进步立场，坚决反对袁世凯复辟，如 1915 年《时事新报》公布了袁世凯企图复辟的一些密电，有力地推动了反袁舆论的形成。1917 年张东荪开始主编《时事新报》，直到 1924 年春辞职，前后长达 8 年。在主编《时事新报》期间，张东荪积极改善版面，除了亲自主持"论说"和"时评"栏目外，还创办了副刊《学灯》，致力于新思潮的传播。1918 年 3 月 4 日《学灯》正式创刊，《学灯宣言》透露了张东荪的创刊动机：

① 曾虚白：《中国新闻史》，台北三民书局 1984 年版，第 324、328、329 页。

予尝于无聊时，与三五友人，纵论当代人物，评价高下。甲
与乙，其行事相同，而甲优于乙。丙与丁，其性格相似，而丙优
于丁。总有数事，为一例，即以读书之无有与多寡为衡耳。始信
学之为力大亦。方今社会为嫖赌之风所掩，政治为私欲之毒所
中，吾侪几无一席之地可以容身。与其与人角逐，毋宁自辟天
地，此学灯一栏之由立也。其旨有三：一曰借以促进教育，灌输
文化；二曰屏门户之见，广商权之资；三曰非为本报同人撰论之
用，乃为社会学子立说之地。①

不难看出，张东荪创办《学灯》的初衷正是基于知识分子的淑
世思想，通过报刊宣传自己的思想，进而引领社会舆论，对现实政治
形成影响。同时通过新思想文化的传播改造堕落腐化的社会风气，形
成公序良俗的社会局面。当然，无论哪一方面的最终落脚点都在新一
代青年身上，"我辈止有一途，就是预备十年二十年后，另造成一个
新中国，来代替他，这个新中国必是纯用新青年组织的。所以我们的
预备工夫，就是从今日始，创育新青年了。"②《学灯》创立之初由张
东荪主编，此后更换过几任主编（见表1），每一位主编都对《学灯》
的成长付出了努力与心血，但是真正让《学灯》声名鹊起，步入"四
大副刊"之列的还是宗白华。张静庐在《中国的新闻纸》一书中曾这
样记述道：

最初，上海和内地的教育界所喜欢看的日报，莫过于上海的

---

① 张东荪：《学灯宣言》，《时事新报》1918 年 3 月 4 日。
② 张东荪：《精神生活与舆论政治》，《时事新报》1918 年 12 月 19 日。

《时报》，因为《时报》当时对于教育界的新闻记事特别详细之故。从新文化运动以后，全国青年的思想为之一新，《时报》的主编者，不晓得迎合时代潮流，连一张副刊都不肯出版，仍保留其《余兴》、《小时报》的老套头。因此，《时事新报》的副刊《学灯》，应时而起，延宗白华为主编，撰述者都是一时之选，于是学界极表欢迎，《时报》十余年来在教育界里打下的根基，不能不动摇，以致于倾圮。①

表1　1918—1922 年间《学灯》历任主编名单②

姓名	籍贯	学历背景	专长	负责时间
张东荪	浙江杭县	东京帝国大学	哲学、政治学	1918.3—1919.1
匡　僧	不详	不详	不详	1919.2—1919.4
俞颂华	江苏太仓	东京政法大学	社会学、伦理学	1919.4—1919.7
郭虞裳		不详	不详	1919.7—1919.11
宗白华	江苏常熟	同济大学预科	美学	1919.11—1920.4
李石岑	湖南醴陵	东京高等师范学校	哲学、心理学	1920.5—1921.7
郑振铎	福建长乐	北京铁路管理学校	文学史、艺术史	1921.7—1922.2
柯一岑	江西万载	北京文汇大学	心理学	1922.2—1922.8

二

1921 年 4 月，郑振铎从沪杭甬铁路局上海南站辞职，进入张东荪主编的《时事新报》，协助李石岑编辑该报副刊《学灯》。

郑振铎对张东荪并不陌生，两人或许还因为"共学社"有过接触。

---

① 张静庐：《中国的新闻纸》，光华书局 1929 年版，第 44 页。
② 吴静：《〈学灯〉与新文化运动》，博士学位论文，复旦大学新闻学院，2009 年，第 37—38 页。

1918 年年底，梁启超与张东荪、黄溯初等人相约舍弃政治活动，致力于文化事业和文化活动。1920 年 4 月，梁启超与张东荪等人在北京成立"共学社"，意在"培养新人才，宣传新文化，开拓新政治"。而达此目的的主要手段之一就是翻译西方新书，传播各种新思想。为此，梁启超亲自出面与张元济协商，由商务印书馆负责印行"共学社丛书"。在这套"共学社丛书"中，郑振铎负责《俄国戏曲集》（共 10 本）中两种书稿的翻译工作，即第 6 种契诃夫的《海鸥》以及第 10 种史拉美克的《六月》。

另外，在郑振铎等创办的《新社会》创刊之初，《学灯》就曾在"学术界消息"一栏刊登过它的出版宣言，此后又分别于 1919 年 11 月 20 日、1920 年 1 月 26 日、1920 年 4 月 22 日在"介绍新刊"一栏里相继刊登有关《新社会》旬刊的目录介绍。《新社会》被查禁后，《学灯》还在"介绍新刊"中为郑振铎等人发起的《人道》做过宣传。

不仅如此，郑振铎与张东荪之前还有过文字交流。1919 年 11 月 21 日《新社会》第 3 期上刊载了郑振铎的《我们今后的社会改造运动》一文，强调今后社会改造要：（一）着眼于社会的全体，（二）实地去做改造的工作，（三）从小区域做起。或许是因为此篇文章代表了新文化运动领军人物陈独秀对社会改造的意见，所以张东荪看后专门撰写了评论，针对"现在的社会改造运动仍旧是阶级的"这一观点阐明了不同意见，认为现在的社会改造运动"不是知识阶级的阶级运动，也不是知识阶级的改造自身的运动；乃是打破知识阶级的运动；就是一部分有知识的人不愿意在知识阶级里生活，而想把旧日知识阶级的习惯和信仰一齐推倒，另造出一个新天地来"。对于张东荪的批评，郑振铎也以信件的形式作了回应，该信发表于 12 月 8 日《学灯》"通讯"一栏。

信中郑振铎非常恳切地说道："在前月二十六日时事新报上，看见你有一篇文章批评我的《我们今后的社会改造运动》。我对于你说的话，非常赞成；觉得你的话比我圆满得多。但我同时又生了很多的感想，极愿意再同你谈谈。因为这几天，有福建的事件发生，我奔走忙碌得了不得，所以没有立刻写信给你。现在抽空作这封信，草率得很！请你原谅。"并再次重申"'现在的社会改造运动仍旧是阶级的'乃是指现在运动的事实而言，并非讲运动的思想是囿于知识阶级的自身改造"。同日《学灯》"通讯"也刊登了张东荪答复郑振铎的信，在承认他的主张与郑振铎的意见并不冲突的基础上，进一步提出："知识阶级的文化运动从今以后宜分两种。一种是启发劳动阶级的，一种是滋养自身的。这两种不可偏废。第一种便是文明的普遍化和自觉的普遍化。第二种是文明的进化和思想的进化。他们两个是相表里的。"① 1920 年 5 月 25日《学灯》"通讯"一栏又全文刊登了郑振铎写给张东荪的信，信中论及《新社会》被北洋政府查封的原因："近来他们这班人，专与言论界作对，专与新文化的书报作对——惯会以模糊影响之词，肆其摧残之手段。他们说：新社会主张反对政府。其实我们的报上连政府两个字也很少看见，不要说反对之词了，我们是主张从下改造起的，我们以为下面的人都改造了，政府自然会好的。我们正从根本上做工夫，那里有许多工夫去同什么政府反对。他们也不看一看新社会，就张口瞎下批评，真是无知识得可怜！"《学灯》刊登郑振铎的来信，一方面旨在揭露北京政府的卑劣，保障国民言论自由，另一方面也是对《新社会》同人的一种道义支持。

---

① 张东荪：《致振铎》，《时事新报·学灯》1919 年 12 月 18 日。

张东荪"性豪爽，而爱才尤切，对于青年之栽培不遗余力"，[①] 在同郑振铎的书信往来中他看到了郑振铎身上透出的改良社会的热忱与才华，因此郑振铎来到上海后，张东荪即邀请郑振铎加入《时事新报》协助李石岑编辑《学灯》。而 1921 年 7 月李石岑因为"事情太忙，精神不能兼顾"辞去《学灯》主编一职，张东荪即任命郑振铎担任《学灯》主编。

三

郑振铎接手《学灯》没几天，就遭遇了一场骂战。事件的导火索是郑振铎 7 月 16 日在《时事新报》上发表的一篇名为《性的问题》的文章，这篇文章其实并没有什么差错，主要是强调青年学生应该志存高远，而不应沉迷于男女情爱问题，"牺牲全部精神，日扰扰于这个问题，未免有些不价值，并且有些不应该吧！""我们要知道，我们底心和身是要为全人类而牺牲的。在现在革命潮正在汹涌澎湃的时候，这个难解决的问题，如非极迫切地要求解决，就可以置之不理，大跨步地毫无牵挂地向我们底理想的目标走去。"不知何故此文引来《民国日报·觉悟》的猛烈攻击，近一个月时间内先后刊登了十多篇讨伐性的文章。[②] 不明就里的郑振铎显示出了超出其年龄的成熟与稳重，除了发表《我想谁也是不配骂人的罢》、《问汉胄君》两篇短文以及两封回信以外，对于这场论争始终保持隐忍与克制。在郑振铎心里，为了团结走同一道路的人来完成心中的宏愿，退让甚至吃亏也在

---

① 郭湛波：《近五十年中国思想史》，山东人民出版社 1997 年版，第 140 页。

② 陈福康：《一次被搞错与被遗忘的文坛论争》，《鲁迅研究动态》1985 年第 3 期。

所不惜。

虽然上任伊始就遇到这样的烦心事，但是郑振铎依然心无旁骛地开始了对《学灯》的大刀阔斧的改革。1921 年 8 月 1 日《学灯》上刊布了一条具有震撼力的消息，消息称《学灯》从此以后取消稿酬，作者投稿全凭个人热忱，"投稿本来是不一定为金钱的；友谊的帮助的文章比为金钱而做的文章一定好得多。以后除了长篇的著作以外，所有不满二千字的稿子，拟都不给酬。想诸位可尊敬的帮助者必不是为金钱而始来投稿《学灯》的罢！"① 众所周知，办报办刊最难的是稿件，如果没有优质稿件做保障，再优秀的编辑也有巧妇难为无米之炊的担忧。郑振铎此举底气何来？自然是来源于他背后丰富的文学研究会资源，郑振铎接掌《学灯》后，刊登文学研究会会员的稿件日益增多，《学灯》一时间成为文学研究会的半官方会刊，充满浓烈的文学研究会色彩（见表 2）。

表 2　文学研究会会员（1—74 号）在《学灯》发表文章篇数一览表②

入会号数	作者	郑振铎主持之前	郑振铎主持期间	郑振铎主持之后
3	周作人	6	11	2
4	许地山	/	2	/
5	郭绍虞	9	/	/
6	叶圣陶	4	11	3
8	王统照	/	7	7
9	沈雁冰	19	/	1
10	郑振铎	6	25	9
11	耿济之	4	2	/

---

① 郑振铎：《今后的学灯》，《时事新报·学灯》1921 年 8 月 1 日。

② 张黎敏：《〈时事新报·学灯〉：文化传播与文学生长》，博士学位论文，华东师范大学人文学院，2009 年，第 177 页。

续表

入会号数	作者	郑振铎主持之前	郑振铎主持期间	郑振铎主持之后
12	瞿世英	/	5	1
13	黄英（庐隐）	/	3	/
20	易家	5	2	5
21	陈大悲	1	1	1
24	谢六逸	/	7	7
27	唐性天	/	1	/
30	柯一岑	12	/	4
36	刘延芳	/	6	/
39	沈颖	1	/	/
40	瞿秋白	1	1	/
41	李之常	/	1	/
43	徐其湘	/	3	1
45	沈泽民	1	/	/
48	胡愈之	1	2	1
49	刘延陵	5	3	1
50	滕固	/	6	18
51	顾颉刚	/	/	1
53	俞平伯	/	1	2
56	徐玉诺	/	33	1
57	严既澄	/	9	1
58	胡天月	/	9	/
59	朱自清	6	6	/
61	张毓桂	/	1	/
63	费觉天	/	2	/
65	周建人	/	/	2
66	胡哲谋	1	/	/
67	俞寄凡	/	5	2
74	冰心	/	74	6
号数不详	张闻天	6	/	1

　　除此之外，郑振铎还在栏目和内容上对《学灯》进行调整，形成了明显不同于前一阶段的刊物风格。这可从李、郑两人接编《学灯》

时的声明略窥一二。李石岑接手主编后发表《学灯之光》，强调："学灯之主义与理想，为学术的根本研究。曾于本栏宣言中分别论之。今后惟力求此主义之贯彻，与理想之实现。务去浅薄之思想，以建造无限之人生，则生命之火花，可以璨射，而学灯之光，亦庶乎其四射矣。"①而一年多后郑振铎则试图将《学灯》打造成为一个沟通中外、打破隔阂的"学术界消息的流通机关"：

> 我们今后的最大的注意点就在——（一）研究到自由之路的方法，与——（二）介绍关于哲学、文学、社会科学、自然科学各方面的知识。……我们今后愿意尽力的做一个学术界消息的流通机关。还希望国内外同志能够帮助我们进行。②

前者立足于学术研究，后者偏向于文化启蒙。具体到《学灯》的实际编辑工作中，李石岑偏好西方思潮和学说，尤其是西方哲学的译介和传播。《学灯》除刊登他自己撰写的《柏格森哲学与实用主义之异点》、《科学与哲学宗教三者之类似点》、《尼采思想之批判》、《杜威与罗素》、《罗素与柏格森》、《柏格森与倭铿》等文章外，还刊登了明权翻译的《哲学之新倾向》、《最近代哲学之特征》、《罗素之哲学》，赵若英翻译的《哲学的本质和旨趣》，刘伯明的《近代西洋哲学史》，曹玉书的《死之观念及原因》，张裕卿的《莱布尼的哲学》，缪凤林《历史与哲学》，王平陵的《谈谈新唯实主义》等作品。而郑振铎主编《学灯》期间虽也介绍西方哲学，如连载瞿世英编的《近代哲学家》一书

---

① 李石岑：《学灯之光》，《时事新报·学灯》1920 年 5 月 22 日。
② 郑振铎：《今后的学灯》，《时事新报·学灯》1921 年 8 月 1 日。

及李石岑关于柏格森的研究论文等，但他关注的重点还是在社会问题以及新文学的建设。例如他不仅增设"现代学术界"、"俄国研究"、"社会主义研究"、"社会运动家"等新栏目来介绍西方（尤其是俄国）社会理论与运动，而且刊载包括《德国文坛近讯》、《战后的德国文学界》、《泰戈尔的两部新著》、《艺术家与思想家之托尔斯泰》、《肖伯纳的"回到梅斯叟拉"》、《俄国国民文学成立期的概观》、《"新人"期的俄国文学概观》、《"近代主义派"的俄国文学概观》、《俄国文学的新潮概观》、《德国现代文学的主潮》等文章以帮助中国读者真正了解西方文坛的现实状况及发展趋势。

　　文化启蒙的特点还体现在郑振铎对儿童文学、民间文学的提倡。以往儿童是不被社会和出版界所关注的，但是郑振铎接编《学灯》后即增设"儿童文学"栏目，不久又开辟"儿童文学研究"一栏。"儿童文学"栏目的设置不仅是《学灯》的首次，同时也是我国现代报刊史上的首次，儿童文学也从此奠定了它在新文学中的地位。而1921年7月26日《学灯》刊登征稿启事，声明欢迎"民间文学"的来稿，"中国的民间传说之流传于各地有很多，歌谣也很丰富。我们极愿意读者能各就本地，搜集这种材料，寄给我们登载。但记载者须注意，保存本意，不可以任意增删或润饰。"① 这也是《学灯》之前几任主编所不曾做过的。

　　宽阔的编辑视野以及精当的刊物内容，使得《学灯》在文化界、出版界形成广泛影响力，特别是在媒介导向性方面发挥出显著作用，当时全国许多报刊纷纷转载《学灯》文章。为此，1921年12月4日《学

---

① 《我们极欢迎下面四类的稿件》，《时事新报·学灯》1921年7月26日。

灯》专门刊登启事，希望其他报刊转载时要加以声明：

> 近来看见北京、广州及其他地方的报纸转载本报《学灯》上的文章甚多。本来做文章的著者与刊行的编辑者都是出于创造的行动，决不想把他占有而据以专利，不过诸同业既转录下来而不加以声明，似乎自己在道德方面不甚好。所以我们为同业自己完成其道德计，希望凡转录本报《学灯》上文章的加以声明。[1]

这也从侧面反映出郑振铎编辑《学灯》的成功。

1922年2月，由于自身事务日渐繁多，郑振铎发表离职声明，《学灯》主编一职由同是文学研究会会员的柯一岑接任。自此之后，《学灯》告别了它的辉煌期，渐渐为社会与文化界所遗忘，诚如张静庐所言："《学灯》自宗白华、郭虞裳以至郑振铎的编辑，仍还能够保留其独立发展的精神，郑去，后继无人，归并报尾，以至今日，已没有人再提起这一张曾经脍炙人口的《学灯》了。"[2]

第二节　走进商务印书馆编译所

一

说起商务印书馆，相信只要稍微了解中国近代文化史的读者都不

---

① 《本栏启事》，《时事新报·学灯》1921年12月4日。
② 张静庐：《中国的新闻纸》，光华书局1929年版，第44—45页。

会陌生。这家诞生于 1897 年的出版企业，是近代中国历史最久、规模最大、影响最为深远的民营出版机构，它见证了中国现代出版的发展历程，而它诞生的 1897 年也被确定为"中国现代出版元年"。商务印书馆作为近代中国最为重要的文化机关，在当时就已是一种文化象征和文化符号，如其领导人王云五所言，"毫无疑义，以本馆在国中出版界所占地位之重要，故观于本馆之状况，则可知全国出版界之状况。理可推知全国教育之进步与文化之消长，以一私人营业机关，而与全国文化发生如是重大关系者，在国内固无其匹，即在国外亦不多见。"① 正因为如此，它同北京大学一道被学者誉为"中国近代文化的双子星"。

在当时，能够进入商务印书馆工作是件非常不容易的事情。以沈雁冰为例，1916 年夏天北大预科毕业后进入商务印书馆工作。尽管拥有北京大学预科文凭，但是他能够进入商务主要还是得益于表叔卢鉴泉的关系。卢鉴泉当时正在北洋政府财政部担任公债司司长，沈雁冰母亲托卢鉴泉为沈雁冰找一份工作，但希望不进官场，不进金融界，于是卢鉴泉转托商务印书馆北京分馆经理孙伯恒，请其为沈雁冰在商务印书馆中谋一份工作。1916 年 7 月 27 日张元济在日记中写道："伯恒来信，卢鉴泉荐沈德鸿。复以试办，月薪廿四元，无寄宿。试办后彼此允洽，再设法。"② "试办"、"再设法"等言辞都显示对沈雁冰安排的困难，也从中反映了商务进人的严格。郑振铎没有任何家世背景，而且作为一名北京铁路管理学校的毕业生，学校名气一般，之

---

① 王云五：《本馆与近三十年中国文化之关系》，《商务印书馆九十五年》，商务印书馆 1992 年版，第 288 页。

② 张元济：《张元济全集》（第 6 卷），商务印书馆 2008 年版，第 86 页。

所以最终能够顺利进入商务印书馆，除了好友沈雁冰的力荐外，应该还与以张元济、高梦旦为代表的商务印书馆高层亟思改革以跟上新文化发展潮流的大背景有关。

由于此前一直秉持中正平和的出版态度，拒绝"过激主义"，在新文化运动蓬勃兴起之时商务印书馆遭到新文化界的猛烈批评。如1919 年 11 月 8 日，宗白华在《时事新报·学灯》上就撰文批评商务十余年来出书价值不高：

> 商务印书馆十余年来不见出几部有价值的书。学理书等到现在还是严复的几本译本。欧洲近代名著中只出了一本《创化论》。还都定价很高，使穷学生无力来买。新学潮的书籍月刊都不看见它代售，——中国古代名著它不出售（我有一次去买《墨子》它都没有），欧洲现代名著原文它都没有。我每每想不出他这书局为什么而开。就是为营业起见也不当如此。"文化责任"四个字更不是它能梦见的了。①

除了图书，商务印书馆另一业务支柱——杂志也受到来自新文化阵营的猛烈抨击。如《东方杂志》这份近代历史最悠久、销量最高、影响最大的杂志，先是被陈独秀在《新青年》上扣以"复辟"的帽子，后是被罗家伦在《新潮》上批评为"杂乱派"的代表：

> 这派大都毫无主张，毫无选择，只要是稿子就登，最可以

---

① 宗白华：《评上海的两大书局》，《宗白华全集》(1)，安徽教育出版社 1994 年版，第 89 页。

做代表的，就是商务印书馆的《东方杂志》。这个上下古今派的杂志，忽而工业，忽而政论，忽而农商，忽而灵学，真是五花八门，无奇不有。你说他旧吗？他又像新。你说他新吗？他实在不配。民国二三年黄远生先生在主持的时候，还好一点，现在我看了半天，真有莫名其妙的感想。这样毫无主张，毫无特色，毫无系统的办法，真可以说对于社会不发生一点影响，也不能尽一点灌输新知识的责任。我诚心期盼主持这个杂志的人，从速改变方针。须知人人可看，等于人人不看；无所不包，等于一无所包。我望社会上不必多有这样不愧为"杂"的杂志。①

在陈、罗等人的猛烈攻击下，《东方杂志》社会声望暴跌，加之《新青年》、《新潮》等新文化刊物的纷纷涌现，原有读者中嫌其"落后"而纷纷弃之他投者不在少数。张国焘回忆他 1916 年秋入北大后，和当时的许多青年一样，以不甘落伍、力求上进的新时代青年自命，除了功课而外，还经常爱读《东方杂志》、《大中华》等刊物，希望从此探究出一些救国治学的新门径。但是后来看了《新青年》，便觉得它更合乎自己的口味，更适合当时一般青年的需要，于是转而热烈拥护。郑超麟也回忆说，他在法国勤工俭学的时候，颇为羡慕那些在《新青年》、《新潮》、《少年中国》等"新思潮"杂志上写文章的人，而对《东方杂志》则已没有了敬意。② 尽管整体营业额依然有所增长，

---

① 宋原放主编：《中国出版史料》（现代部分第 1 卷上册），山东教育出版社 2001 年版，第 395—396 页。

② 王奇生：《新文化是如何"运动"起来的——以〈新青年〉为视点》，《近代史研究》2007 年第 1 期。

但是其经营受到影响却是毋庸置疑的。1919 年年底,商务印书馆点算历年滞销的书刊总码洋超过 100 万元,而 1919 年商务全年的营业总额才 516 万元。①

书刊的销路欠佳让商务高层意识到了危机,作为掌舵者的张元济素有"本馆营业非用新人、知识较优者,断难与学界、政界接洽"的想法,尤其是看到"后起之辈思想甚新,蓬蓬勃勃,亦颇有为公司兴利除弊之意,有不可遏抑之势",②于是乘势图谋革新,在商务内部推行人员调整,例如用陶保霖接替杜亚泉主编《东方杂志》,因为杜氏于《东方杂志》"只能维持现状"而不能创新,让沈雁冰接替王蕴章主编《小说月报》,因为王氏所编《小说月报》不为新文化界所接受。与此同时,张元济也加强从外界输入新鲜血液,为商务引进新人。在此种大背景下,郑振铎进入商务印书馆也就变得顺理成章,因为这时的郑振铎不仅在文学创作方面崭露头角,而且在协助沈雁冰革新《小说月报》的过程中也显示了极强的活动能力,尤其是他作为文学研究会的核心人物,拥有其他人无可比拟的资源优势。

二

1921 年 5 月的一天,郑振铎在工作人员的指引下,走进了位于商务印书馆大楼二层的编译所。编译所面积不小,首先映入眼帘的是三个会客厅,半截板壁隔成,各有门窗。一道板壁把这些会客室和编

① 王云五:《商务印书馆与新教育年谱》,江西教育出版社 2008 年版,第 103 页。
② 张树年主编:《张元济年谱》,商务印书馆 1991 年版,第 129、270 页。

辑部大厅分开。英文部、国文部、理化部、各杂志编辑部就分布在这个大厅内，但是因为各部人数多少不等，而大厅只有这些面积，无法隔成规则房间，所以乍一看，大小桌子横七竖八，挨得很紧，人声嘈杂，倒很像是一个生意兴隆的茶馆。编译所所长高梦旦也挤在这些"桌阵"中，并没有专用的办公室。待郑振铎坐定，高梦旦就用福建话同他聊起来，因为有沈雁冰的推荐，所以短暂交谈后高梦旦便让这位年轻人正式办理入职手续。据说当时高梦旦问到郑振铎对于薪金的要求，初出茅庐的郑振铎不知深浅地说只要工作合乎志趣，薪水只需60元就够了。其实他不知道，按照商务的惯例，像他这样的国内大学毕业的学生初进商务时薪水每月至多20余元，工作一二年后可以加薪，5元为度，如此递加，最高可达60元，但起码要熬上十多年。例如他的好友沈雁冰，1916年北大预科毕业进入商务时月薪是24元，半年后加薪6元，已属于破格优待。但高梦旦听完郑振铎的话，竟爽快地答应了郑振铎的要求。

在这次会面之前，高梦旦与郑振铎已经有过交流。1920年，为了摆脱商务印书馆在新文化运动中的被动局面，张元济和高梦旦曾专门到北平，希望从这个新文化运动的发源地找到一位德才兼备的领路人。在遍访文化界名流后，张、高二人诚恳邀请胡适来做商务的领路人。作为当时中国新文化运动标志性人物的胡适，在张、高二人看来，自然是指引商务走出当下困境的不二人选。"我们那边缺少一个眼睛，我们盼望你来做我们的眼睛"，面对商务印书馆的诚挚邀请，胡适也费过一些思量，"我是承认的；得着一个商务，比得着什么学校更重要。但我是30岁的人，我还有我自己的事业要做；我自己至少应该再做10年、20年的自己事业，况且我自己相信不是一个没有贡献能力的人。"①胡适还是放弃了商务而选择继续留在北大。这是后话，暂且不提。只说在张、高二人的北京之行中，曾出现过一个小小的插曲，与郑振铎有关。在蒋百里的引介下，当时还是北京铁路管理学校学生的郑振铎在蒋百里的寓所第一次见到了高梦旦。当时，郑振铎等人正在筹备文学研究会，于是他向高梦旦提出创办一个文艺杂志，以此作为文学研究会的会刊。作为同乡的高梦旦委婉拒绝了这位老乡的请求（两人都是福建长乐人），而是建议郑振铎及他的朋友可以多给《小说月报》投稿。

由于蒋百里日后也成为文学研究会的发起人之一，在这里作简单介绍。蒋百里（1882—1938），名方震，浙江杭州府海宁州硖石镇人。作为民国时期著名的军事理论家、军事教育家，他在《国防论》（1937年）一书中详细阐述了"空间换时间"、"持久抗战"等军事战略思想，与后来毛泽东"论持久战"思想不谋而合。其实，除了在军事领域外，蒋百里在其他领域也颇有造诣，例如他青少年时曾参与编辑《浙江潮》，该刊是20世纪初期具有较大影响的留日学生刊物，郑振铎少年时代就曾认真拜读过。20世纪20年代他所译著的《欧洲文艺复兴史》，至今仍为某些高等院校的教材。此外他1920年9月创刊的《改造》杂志，在五四之后的社会影响可与五四时期的《新青年》相提并论。1920年7月，郑振铎经朋友介绍与蒋百里相识，之前蒋百里已经读过郑振铎发表在报刊上的一些文章，特别是看过郑振铎与耿济之合编的《俄罗斯名家短篇小说集》，对这位满腹才华的年轻人颇有好感，正好此时自己在编辑一套"共学社丛书"，邀请这位青年人来从

---

① 胡适著，曹伯言整理：《胡适日记全编》（三），安徽教育出版社2001年版，第226页。

旁协助。就这样，郑振铎与"一代兵学泰斗"蒋百里熟识了。

高梦旦与郑振铎的这次北平会面十分愉快，虽然没能达成合作，但高梦旦对郑振铎这位福建小老乡颇为欣赏。或许是同乡情深，高梦旦还在西四牌楼附近的砂锅居请郑振铎吃了一顿饭。此时高梦旦与郑振铎谁也不会想到日后两人竟成为同事，进而成了翁婿，还在商务印书馆工潮中成为谈判对手，作为劳资双方的代表（高梦旦作为商务印书馆资方代表，郑振铎作为劳方代表）在谈判桌前为自己集团的利益而争吵，回家之后又相约不提公司事宜，和谐平静一如往常……世界竟是如此的奇妙！

除了高梦旦，郑振铎还专程拜访过张元济，张元济在 1920 年 10 月 23 日的日记中有如下一段记载：

> 昨日有郑振铎、耿匡（号济之）两人来访，不知为何许人，适外出未遇。今晨郑君又来，见之，知为福建长乐人，住西石槽六号，在铁路管理学校肄业。询知耿君在外交部学习，为上海人。言前日由蒋百里介绍，愿出文学杂志，集合同人，供给材料。拟援北京大学月刊《艺学杂志》例，要求本馆发行，条件总可商量。余以梦旦附入《小说月报》之意告之。谓百里已提过，彼辈不赞成；或两月一册亦可。余允候归沪商议。①

这是目前所见郑振铎与张元济交往的最早记载。从张元济的日记里不难看出，当时张元济对这位名叫郑振铎的青年并没有太在意，毕

---

① 张元济：《张元济日记》（下），商务印书馆 1981 年版，第 773 页。

竟此时的郑振铎在学术界和文艺界都还只是无名之辈。而"余允候归沪商议"或许仅是一句托词,因为此时商务印书馆已有《小说月报》,自然不会允许这样一本新杂志来分流《小说月报》的读者群,所以"附入《小说月报》"对商务而言是较好的方案:一方面可以继续利用《小说月报》原有的品牌和社会影响,另一方面又可引入新文学的新鲜血液,让此时正面临销量下滑困境的《小说月报》在风格上有新的表现。虽然郑振铎拒绝了张元济的提议,但是之后郑振铎进入商务印书馆,不久又接替沈雁冰主编《小说月报》,等于无形中又"接受"了这一提议。

三

从 1921 年到 1931 年,郑振铎在商务印书馆工作了整整十年。在这十年中,虽有枯燥与辛苦,但更多的是充实与快乐。因为他与编译所同事如沈雁冰、叶圣陶、顾颉刚、王伯祥、周予同、谢六逸等,志趣相投,惺惺相惜,彼此间的友谊纯朴而真挚,周予同就曾深情地回忆说:

> 馆中熟友很多,我们一班年纪相近的,在工作余暇,每每奋臂论世,抵掌谈学。我们都赁居馆外,在闸北永兴路一条小胡同里,他(指郑振铎)和我还有谢六逸先生住在一幢房子的楼上,叶圣陶先生、顾颉刚先生和王伯祥先生另住在后面一幢。中、下午散工,我们六人每每从宝山路慢步回家。在回家的路途上,世事的评斥,学术的争论,时常可以搞得面红耳赤,好像永不知疲

劳和休息似的。那时，争辩最厉害的对手，似乎是颉刚和伯祥先生；但在史料学方面，两人的见地却又一致的较多。这情景颇像暴雨之后继以微风，另有一种诗感或画意。那时，振铎兄醉心文学，但对史学的论争也喜用特殊的见解插进一段，或故意用"激将"的手腕引起顾、王的争辩。①

共同的事业将一群来自天南海北的青年们聚合在一起，大家彼此调侃戏谑从不在意。每到周六或周日，大家都会在四马路中段的言茂源或是高长兴酒店聚餐闲谈。众人中能饮者不少，如叶圣陶、周予同、王伯祥、夏丏尊、丰子恺、丁晓先、范洗人、章锡珊及章锡琛等，绍兴黄酒都是五斤的量，郑振铎虽酒量不及他们，但酒风豪爽，常常是一杯一口，一饮而尽，惹得他人连呼"慢点、慢点"。郑振铎对于这种其乐融融的"宴会"很是享受：

> 别一个宴之趣，是我们近几年所常常领略到的，那就是集合了好几个无所不谈的朋友，全座没有一个生面孔，在随意的喝着酒，吃着菜，上天下地的谈着。有时说着很轻妙的话，说着很可发笑的话，有时是如火如剑的激动的话，有时是深切的论学谈艺的话，有时是随意的取笑着，有时是面红耳热的争辩着，有时是高妙的理想在我们的谈锋上触着，有时是恋爱的遇合与家庭的与个人的身世使我们谈个不休。每个人都把他的心胸赤裸裸的袒开了，每个人都把他的向来不肯给人看的面孔显露出来了；每个人

---

① 周予同：《〈汤祷篇〉序》，《郑振铎全集》(3)，花山文艺出版社 1998 年版，第 574 页。

都谈着，谈着，谈着，只有更兴奋的谈着，毫不觉得"疲倦"是怎么一个样子。酒是喝得干了，菜是已经没有了，而他们却还是谈着，谈着，谈着。那个地方，即使是很喧闹的，很湫狭的，向来所不愿意多坐的，而这时大家却都忘记了这些事，只是谈着，谈着，谈着，没有一个人愿意先说起告别的话。要不是为了戒严或家庭的命令，竟不会有人想走开的。虽然这些闲谈都是琐屑之至的，都是无意味的，而我们却已在其间得到宴之趣了；——其实在这些闲谈中，我们是时时可发现许多珠宝的；大家都互相的受着影响，大家都更进一步了解他的同伴，大家都可以从那里得到些教训与利益。

"再喝一杯，只要一杯，一杯。"

"不，不能喝了，实在的。"

不会喝酒的人每每这样的被强迫着而喝了过量的酒。面部红红的，映在灯光之下，是向来所未有的壮美的丰采。

"圣陶，干一杯，干一杯。"我往往的举起杯来对着他说，我是很喜欢一口一杯的喝酒的。

"慢慢的，不要这样快，喝酒的趣味，在于一小口一小口的喝，不在于干杯。"圣陶反抗似的说，然而终于他是一口干了。一杯又是一杯。

连不会喝酒的愈之，雁冰，有时，竟也被我们强迫的干了一杯。于是大家哄然的大笑，是发出于心之绝底的笑。①

---

① 郑振铎：《宴之趣》，《郑振铎全集》(2)，花山文艺出版社1998年版，第290—291页。

关于饮酒，郑尔康还曾讲了一个郑振铎"《红楼》赌酒"的故事，今已无法考证，暂且抄录此处，也算作民国文坛的一段掌故：

有一天郑振铎去开明书店找章锡琛先生——这时章先生已离开商务而创办了开明书店，言谈间，不知怎的谈到了沈雁冰先生。章先生说："雁冰会背诵整部《红楼梦》。"郑振铎听了不信，二人争执起来。当时恰好钱君匋先生也在座，章先生就指着君匋先生说："我俩可以赌一席酒，如果雁冰背不出《红楼梦》，这席酒由我请客，如果能背，那就要你请客啰，请君匋作证，就在这个星期六怎么样？到那时任你要雁冰背哪一回都可以。"他俩本来经常打趣，振铎涨红了脸说："那就试试吧，假如雁冰背不出来，你可不要赖账！到那时我要找君匋的。"到了星期六晚上，一桌酒席摆在了开明书店楼上。除了振铎和章、钱二先生外，还邀请了沈雁冰、章锡珊、周予同、徐调孚、索非、汪曼之、陈云裳，共十位，济济一堂。酒过三巡，大家说笑间，章锡琛对雁冰先生说："今天酒菜都不错，又都是熟人，是不是再来个节目助助兴。我想到一个，请雁冰背一段《红楼梦》，如何？"章锡琛边说，边向全桌扫视了一下，大家正在聚精会神倾听章先生出点子，尚未来得及反应，只听沈雁冰先生——今晚他兴致特别得好——欣然应命道："你怎么知道我会背《红楼梦》的？既然点到了我，就背一回吧！不知你想听哪一回？"章先生喜出望外，对众人说："请振铎指定如何？"大家当然没有异议，于是振铎便从书架上取出了早备好的《红楼梦》，随便指定了一回，请雁冰先生背诵，他自己则两眼紧盯着那一回书，看是否背得对。章先生则对众人说：

"大家仔细听着，看雁冰有没有漏句漏字，若有漏句漏字，还要罚酒。"说着扫了他一眼，于是席间鸦雀无声，大家都竖起双耳来听沈先生背书。背了好长一段时间后，章先生附耳问振铎说："你看怎么样，随点随背，他都不慌不忙背出来了，不错一字一句，你可服帖了吧！要他背完这一回还是就此结束？"郑振铎拍案叫绝，说："我真不知雁冰竟有这一手！背得实在好，一字不错，我看可以停止了。我认输了，今天这席酒由我请客。"到这时，章先生方才对尚蒙在鼓里的沈先生说："雁冰，你背得真漂亮！我和振铎赌你能否背《红楼梦》，今晚你帮我胜了振铎，请不要再背了，谢谢你呀！"沈先生这才恍然大悟，说："原来你们是借我来打赌的，我竟被你们利用了，只怪我答应得太快了。"全席人听了都哄然大笑起来。章先生趁着酒兴即席赋打油诗一首赠与郑振铎：

三岛①归来近脱曼②，

西装革履帽遮颜，

"红楼"赌酒全输却，

疝疾③在身站久难。

大家听了，又是一阵哄然大笑。章先生的这首打油诗算是把郑振铎挖苦得淋漓尽致，但他们本是挚友，经常相互打趣，是从不介意的。④

---

① 三岛：指英伦三岛，郑振铎曾于 1927 年四一二反革命政变后，去英法等国避难。
② 即绅士，gentleman 的汉译。
③ 郑振铎患有疝气，在讲坛上讲课时，站久了十分吃力。
④ 郑尔康：《郑振铎》，北京交通大学出版社 2008 年版，第 123—124 页。

　　除了收获友谊之外，郑振铎的爱情姻缘也与商务印书馆有着密切联系。郑振铎与他未来的人生伴侣相识于上海神州女学，这得益于商务印书馆同事谢六逸的牵线搭桥。上海神州女学是神州女界协济社所办的学校，谢六逸被商务辞退后，辗转到上海神州女学做教务长。当时商务印书馆的许多同事，如郑振铎、胡愈之、周建人、王伯祥都到神州女学义务上课来支援朋友谢六逸。由于来兼课的老师与学生年岁相当，因此师生间发生恋爱而终成眷属的不乏其人，如沈雁冰夫人孔德沚、胡愈之夫人沈兹九、周建人夫人王蕴如都是神州女学的学生。郑振铎受邀为神州女学毕业班教授国文课，身材修长、风度翩翩的他自然也引来不少毕业班女同学的青睐，其中就包括一位名叫高君箴的女学生。这位美丽清秀、有着水汪汪大眼睛的女学生，正是商务元老高梦旦的女公子。她不仅性格活泼，而且举手投足间落落大方，这深深地吸引了郑振铎。随着交往的加深，郑振铎发现自己对高君箴的好感也一天天变浓，他坠入爱河了。

　　不过郑振铎一想到自己的家庭以及高家的状况，心里又有点想打退堂鼓了。高家与郑家都是福建长乐县人，虽是乡邻，但是两家境况迥然有别。高家先世为长乐名门望族，富甲一方，有"高百万"之称。到高梦旦这一辈，虽然家境已不复以往，但是名人俊才亦层出不穷，即以高梦旦三兄弟为例，长兄高凤岐，光绪八年（1882）中举，光绪二十八年（1902）执教浙江大学堂。翌年入两广总督岑春煊幕府。光绪三十一年（1905），任两广学务处提调。不久，升任梧州知府。次兄高而谦，清光绪三十三年（1907）任外务部右参、云南交涉使，宣统元年（1909）起，任划界大臣、外务部右丞、四川布政使。民国二年(1913)12月，被北洋政府任命为驻意大利公使，民国四年（1915）9月，辞职回国，民国六年（1917）3月，出任北洋政府外交部次长。而高梦旦，虽然没有像两位兄长一样步入政界，但是他在文化教育界的影响力却一点不逊于两位兄长。高梦旦少时即从兄习举业，为文不尚虚浮，曾在梁启超所办的《时务报》发表《论废除拜跪事》，此文影响极广，亦为梁启超所称誉，从此两人书札往还，月必数次。后其兄高凤岐做了杭州知府林启的幕僚，高梦旦亦随同前往进行协助，当时林启热心教育，先后创办求是书院、养正书塾和蚕学馆等三所新式学校，其中各校规章制度均由高氏兄弟参拟。后加入商务印书馆，担任编译所所长一职数十年，与张元济一起被后人称为"商务两耆宿"，为商务印书馆以及中国教育事业的发展立下了汗马功劳。在高梦旦逝世后，蔡元培曾给予高度评价：

> 先生乃一通人，亦一世之好人，年事虽高，本犹可服务社会，有所专诣，讵竟不起，世人无论识与不识，咸为之悼惜不已。先生抱经世之学，躬行实践，其生平心力，尤尽瘁于教育文化事业。富于新思想，对旧时代之事物，多主革新，其力主持用通历与简易字体，实重其合理化也。先生为人精细，无成见，为商务编教科书，功力甚大，且于教育史上，树一异彩。[①]

反观郑家，孤儿寡母，家境贫寒。三叔郑庆豫虽在外交部任职，但是一直不受重用，官阶不高。虽然"门第"差异悬殊，但是郑振铎无法压抑内心炽热的感情，他还是鼓足勇气，托族叔郑贞文

---

① 蔡元培：《高梦旦追悼会致词》，《出版史料》1991年第4期。

向高家表明自己的心意。没想到，高梦旦并不在乎郑振铎的穷苦出身，十分赞同两人交往。在高梦旦的安排下，郑振铎和高君箴还结伴旅行以增进感情。1923年10月10日，郑振铎与高君箴在上海完婚。婚礼采用当时最为时髦的"文明结婚"仪式，按仪礼规定，结婚人的双方家长，均须在结婚证书上加盖私章，以昭信守。婚礼前日，郑振铎才想到自己的母亲没有私章，他马上想到好友瞿秋白，于是写信委托他为自己母亲刻一方印章。因瞿秋白少年时，父亲和六伯父分别教他画山水画和学习金石篆刻，所治印章，书、章、刀各法皆有可观，平日里周围朋友也多求其刻印。郑振铎当天就收到了瞿秋白的回信，可是信封里并无信笺，只有一张"秋白篆刻润格"，上面写道："石章每字二元，一周取件。限日急件，润格加倍。边款不计字数，概收二元。牙章、晶章、铜章另议。"郑振铎以为这是瞿秋白事忙不能代刻的托辞，于是另外请人急刻一方备用。次日上午，有人给郑振铎送上大红喜包一件，上面有贺词："振铎先生君箴女士结婚志喜，贺仪五十元。瞿秋白。"郑振铎接过喜包，发现里面并无现金或礼券，而是三方玲珑雅致的田石印章，一方是郭老夫人的，另两方则是新郎新娘的。新郎新娘的两方印章合成一对，边款分刻"长乐"二字，既祝福一对新人长乐永康，同时又取意郑振铎与高君箴皆为福建长乐县人，一语双关。郑振铎开始不懂瞿秋白葫芦里卖的什么药，后来才想明白之前所寄"润格"的含义。原来三章共刻12字，润格应为24元；急件加倍，则为48元；边款2元，所以正好是"贺仪五十元"。瞿秋白这一举动出人意料却又不失风雅，一时传为佳话。当日下午正式举行结婚仪式，瞿秋白被请上台来第一个致辞，他以"薛宝钗出闺成大礼"这个题目，作了一番庄严又诙谐的演讲，说"中国革命需要大批的妇女参加，这是一股很大的力量。结婚是正常的事，但结婚以后，家务事就压上来了，精神负担也很大，使她参加革命时间减少"，然后就大声叫起来："哎呦，又一个好女子被糟蹋掉了。"这让满堂宾客瞠目结舌者有之，鼓掌欢呼者有之，后来都引为笑谈。①

第三节 《儿童世界》②

进入商务印书馆后不久，高梦旦交给郑振铎一项任务——创办一本适合儿童阅读的杂志。在商务印书馆，杂志主编人选都是经过商务高层严格把关的，不但品行要求出众，而且在业务上必须有过人之处。选好杂志主编后，商务印书馆对具体编辑事宜便不再多过问，由主编全权负责。从一般编辑转成杂志主编，可见高梦旦等商务高层对郑振铎是颇为欣赏与看重的。按照商务印书馆的惯例，杂志总编往往都是"轻车简从"，如沈雁冰主编《小说月报》，身边只有一位助手杜迟存，《教育杂志》则是由李石岑与朱础成兼职编辑，《儿童世界》也不例外，商务只给郑振铎配了一名助手沈志坚。1922年1月7日，《儿童世界》正式创刊，它在中国儿童文学史上具有重要的地位，作为主编的郑振铎此时仅25岁。

---

① 周建人：《我所知道的瞿秋白同志》，载《忆秋白》，人民文学出版社1981年版，第179页。

② 本节内容曾发表在《中国编辑》2015年第2期，略有增删。

一

众所周知，古代社会中适合少年儿童阅读的东西少之又少，《三字经》、《百家姓》、《千字文》和《幼学琼林》是主要精神食粮。这是因为古代儿童并没有独立地位，只不过是大人的"缩小版"，就像周作人所说的，"以前的人对于儿童多不能正当理解，不是将他当作缩小的成人，拿'圣贤经传'尽量的灌下去，便是将他看作不完全的小人，说小孩懂得甚么，一笔抹杀，不去理他。"①郑振铎出身于旧式家庭，对此也是深有体会，"对于儿童，旧式的教育家视之无殊成人，取用的方法，也全是施之于成人的，不过程度略略浅些而已。他们要将儿童变成了'小大人'。那种'小大人'，正像我们在新年的时候在街上看见走过的那些头戴瓜皮帽（帽结是红绒的），身穿长袍马褂，足登薄底缎鞋的，缩小的成人型的儿童一般无二。"②

郑振铎创办《儿童世界》之前，中国曾经有过专为儿童创办的报刊。如1874年创刊的《小孩月报》，是近代第一份专为儿童创办的报刊。该刊月出一期，铅印线装一薄册，除了传播基督教教义，也重视传授文化科学知识来启迪儿童智慧。例如该刊经常介绍"天文、地理、格物"和"各处奇文"（各国知识介绍），而且还大量刊载各种寓言故事，今天人们所熟知的《伊索寓言》就已经被翻译发表在了上面。这些内容对于只念过"子曰诗云"的少年儿童来说十分具有吸引力，就是对那些没有接触过西方知识的成年人而言也颇

①　周作人：《儿童的文学》，《新青年》第8卷第4号。

②　郑振铎：《中国儿童读物的分析》，《郑振铎全集》(13)，花山文艺出版社1998年版，第46—47页。

具启蒙价值。但是，因为是早期传教士所办，故而影响十分有限。儿童报刊的真正起步在 19 世纪末 20 世纪初，资产阶级改良派重视儿童教育，对朝气蓬勃的少年们寄予很大期望，正如梁启超在《少年中国说》中所言："少年强则国强，少年独立则国独立，少年自由则国自由，少年进步则国进步，少年胜于欧洲，则国胜于欧洲，少年雄于地球，则国雄于地球。"一时间各类儿童报刊如雨后春笋般在各地创立，如曾广铨、汪康年、叶瀚、汪钟霖等于 1897 年 11 月 1 日创办的《蒙学报》，该报分 5—7 岁、8—12 岁、13—18 岁和 18 岁以上四个年龄段编辑，开创了我国儿童报刊分年龄出刊的先例。[①] 此后，《启蒙画报》（1902 年）、《童子世界》（1903 年）、《香港少年报》（1906 年）、《少年报》（1907 年）、《儿童教育画报》（1909 年）、《少年杂志》（1911 年）、《学生杂志》（1914 年）、《中华儿童画报》（1914 年）、《中华童子界》（1914 年）、《中华学生界》（1915 年）等也应时而生。到了五四新文化运动时期，周作人在《新青年》第 8 卷第 4 号上发表《儿童的文学》一文，促使"儿童文学运动"在全国范围兴起，同时儿童报刊也真正开始为社会所关注。所以高梦旦选择在此时创办《儿童世界》是极有眼光的。

郑振铎在 1921 年 9 月 22 日撰写好了《〈儿童世界〉宣言》，在《儿童世界》创刊前发表于《时事新报·学灯》（1921 年 12 月 28 日）、《晨报副镌》（1921 年 12 月 30 日）和《妇女杂志》（1922 年 1 月 1 日）等媒体上，为《儿童世界》进行宣传造势。在《宣言》中郑振铎指出："以前的儿童教育是注入式的教育，只要把种种的死知识、死教训装

---

① 傅宁：《中国近代儿童报刊的历史考察》，《新闻与传播研究》2006 年第 1 期。

入他头脑里，就以为满足了。现在我们虽然知道以前的不对，虽也想尽力去启发儿童的兴趣，然而小学校里的教育，仍旧不能十分吸引儿童的兴趣，而且这种教育，仍旧是被动的、不自觉的，刻板庄严的教科书，就是儿童的唯一读物。教师教一课，他们就读一读。儿童自动的读物，实在极少。我们出版这个《儿童世界》，宗旨就在于弥补这个缺憾。"[1] 具体而言，一是适宜于儿童本能的兴趣及爱好；二是养成并且指导这种兴趣及爱好；三是唤起儿童已失的兴趣与爱好。同时，郑振铎在《宣言》中还提及杂志的目标群体，"本志的程度和初小二、三年级及高小一、二年级的程度相当。"据此推算，主要目标读者群体当是 9 岁到 13 岁左右的小学生。

经过一番紧张筹备，郑振铎主编的《儿童世界》终于在 1922 年 1 月 7 日正式创刊，每周 1 期，定价 6 分。正如他之前在《宣言》中所坦承的，自己"虽然常与儿童接近，但却不曾详细地研究过小学教育，也没有详细地考察过儿童生活，贸贸然来编辑这个杂志，自然是极多缺点"。初办时的情况也的确如此。从《儿童世界》第 1 卷情况来看，几乎全部文章都是由郑振铎所写，尽管他已极力模仿小孩的口吻来写作，但让人读来仍觉十分深奥与别扭。此外，《宣言》中声称的那些栏目在第 1 卷里也未能全部落实。此时的《儿童世界》如同一只丑小鸭，整体上不足观是显而易见的。但是，摸着石头过河的郑振铎渐渐开始扭转局面，在出完《儿童世界》第 1 卷（13 期）后就渐渐地摸清了门道，到第 2 卷结束时该刊已经有了明显变化。不但栏目方面丰富多彩，开始有插画、歌谱、小说、寓言、儿歌、谜

---

① 郑振铎：《郑振铎全集》(13)，花山文艺出版社 1998 年版，第 3 页。

语、笑话、儿童创作等众多门类，而且在文稿方面获得叶圣陶、赵景深、赵光荣、许地山等人的支持，不再是郑振铎一个人在那里唱着独角戏①。等到《儿童世界》第 3 卷出版时，郑振铎又继续进行改革：一是改变以前纯文学的面貌，加入一些自然科学和手工游戏等材料；二是增加让儿童自动去"做"的东西，而不仅仅是提供阅读材料；三是改变以往登载长篇作品过多的状况，改为多登一些短篇材料，此外在文字上力求符合儿童阅读习惯；四是增加图画篇幅以及杂志页数。②到第 3 卷第 5 期时，郑振铎又在原有基础上进行相应的完善与改变，一是增加彩色插图，除封面外，封面里页的插图也改为彩色的；二是增加篇幅，每期由原来 38 页左右增加到 50 页左右；三是材料多样化，每期选择趣味性的长短篇故事至少 3 篇，此外手工、幻术、游戏、诗歌、图画、故事、戏剧、小说每期皆有；四是长篇故事至多三四期即可登完；五是开设"问答"栏目，读者对于《儿童世界》如有疑问均详细作答；六是增加"儿童创作"栏目的篇幅，提高录用作品的报酬。③

经过郑振铎一系列的改革与完善，《儿童世界》形成了属于自己的刊物风格，同时赢得了小读者的认可与好评。当时只有五六岁，正在江苏泰州上小学的王天一，得到父亲从上海寄来的一包新出版的《儿童世界》，"封面印刷精美，内容新颖，在我童年生活中把我引入一个新的天地"，许多年后回忆起来仍然印象深刻。④ 我

---

① 儿童世界社除郑振铎外，还有沈志坚做些辅助工作。
② 《第三卷的本志》，《儿童世界》1922 年第 2 卷第 13 期。
③ 《儿童世界社特别启事》，《儿童世界》1922 年第 3 卷第 4 期。
④ 王天一：《为商务印书馆寿》，载《商务印书馆九十年》，商务印书馆 1987 年版，第 438 页。王天一（1916—2002），江苏泰州人，编辑，科普作家。

国著名古文献学家胡道静①，那时也是《儿童世界》的忠实读者，他曾专门写过一首《赞儿童世界》，用稚嫩的言语表达了对杂志的喜爱之情：

> 听说：有了《儿童世界》。
>
> 又听说：《儿童世界》第二年也出了。
>
> 这话，我听了不少。但是我也未曾见过。
>
> 风来了，把《儿童世界》吹到我家里，
>
> 仔细看了一遍，说道：
>
> "很好很好！谢谢诸位编辑先生！"

当时的杂志界也很看好这本新创刊的儿童读物，向读者进行大力推荐：

> 中国人向来不注重于儿童课外的读物。到了现在，才有《儿童世界》的出版，可算是第一种的儿童文学杂志了。它的内容，在文学一方面，力求其浅近，以便小学生能够自己阅读。在材料一方面，又都是含有极浓厚的文学趣味的。这个不惟是儿童最适宜的读物，并且也可以供给一般成人，满足他们的喜读小说的欲望。②

① 胡道静（1913—2003），安徽泾县人，古文献学家、科技史学家，著有《梦溪笔谈校证》、《沈括研究论集》、《中国古代的类书》、《农书与农史论集》、《种艺必用校录》等，并主持《中国丛书综录》、《中国科学技术史探索》等书的编辑。其父胡怀琛、伯父胡朴安都是近代知名学者。

② 《书报介绍：儿童世界》，《学生》1922 年第 9 卷第 3 期。

正当《儿童世界》一切步入正轨时，其第 4 卷第 13 期上刊登了两则"郑振铎启事"，一则是宣布主编郑振铎自第 5 卷第 2 期起不再负责《儿童世界》，另一则是其翻译的《巢人》不再在《儿童世界》上连载，改为单行本出版。① 原来，沈雁冰辞去《小说月报》主编一职，商务属意郑振铎去接替。1923 年 1 月 13 日，《儿童世界》正式由徐应昶等主编（朱经农任主任，徐应昶任干事，版权页上编辑者署"儿童世界社"），郑振铎虽还挂名于《儿童世界》编辑人之列，但实际已不负主要责任。在离开《儿童世界》前，郑振铎专门做了一期新年特刊，这期特刊多达 218 页，是平时页数的 4 倍。郑振铎的编辑生涯要翻到《小说月报》这个重要篇章了！

二

《儿童世界》的成功，原因是多方面的。除了得益于新文化运动以来中国社会对于儿童的日渐关注，还与郑振铎的编辑活动密不可分：

一是编辑宗旨正确。郑振铎在创办《儿童世界》之初就强调该刊总体上都是力求满足儿童的一切需要，但同时绝不迎合现行社会里各种不利于儿童健康成长的心理和家庭的旧习惯。所以，在编辑过程中，郑振铎对于当时流行于中国社会的纯粹的"中国故事"选用相当谨慎，同时对于那些"非儿童的"、"不健全的"，以及"养成儿童劣等嗜好及残忍的性情"的东西也都极力排斥。另外，郑振铎认为文学

---

① 《郑振铎启事一·郑振铎启事二》，《儿童世界》1922 年第 4 卷第 13 期。

是人类最高精神的体现，此国人们的某种感触彼国人民也会有，尤其是儿童读物更是没有国界的。所以，只要其他国家作品中有适合中国儿童阅读的材料，郑振铎都会尽量找来登载，绝不会因为它们是"外国货"而排斥不用，例如他曾把日本著名神话故事《竹氏物语》改编成《竹公主》，在《儿童世界》上连载。另外他还曾把美国人杜柏的《巢人》进行改写，向中国小朋友介绍人类祖先巢居时代生活。郑振铎的此种观念与做法不仅对《儿童世界》的畅销起到积极作用，而且对后来的儿童文学作者产生了积极影响，为中国儿童文学刊物和儿童文学的健康发展开了一个好头。

二是栏目设置得当。郑振铎创办《儿童世界》时绝对称得上"摸着石头过河"，一是没有经验，二是没有借鉴，但是通过努力摸索，他很快确定了《儿童世界》的主要栏目及内容：

（一）插图　把自然界的动植物的照片，加以说明，使儿童得一点博物学上的知识。

（二）歌谱　现在小学校里的唱歌，都是陈陈相因的，有大部分是儿童们两三年前已跟着他们兄姊唱熟了的。新的教材简直没有产生出来。这也不能怪他们教师们，因为中国会作谱的人实在太少了。我们以后要常常贡献些新的材料给儿童们。对于教师们也许也不无益处。

（三）诗歌童谣　采集各地的歌谣，并翻译或自作诗歌。

（四）故事　包括科学故事、冒险故事及神仙故事。

（五）童话　长篇和短篇的都有。

（六）戏剧　儿童用的剧本，中国还没有发现过。近来各小学校里常有游艺会的举行。他们所用的剧本都是临时自编的。我们想隔两三期登一篇戏剧。大概都是简单的单幕剧，不但学校里可用，就是家庭里也可行用。

（七）寓言　以翻译的为主。

（八）小说　大概采用《天方夜谭》、"Don quixote"及《西游记》等作品。

（九）格言　各国的格言都要采用，并附以解释。

（十）滑稽画　大约每期占两面。

其余杂载、通信、征文等随时加入。①

到第3卷第1期时，栏目有所变化，主要是增加了一些自然科学和手工游戏等材料，这是因为"我们觉得现在儿童用书中关于自然科学的材料，仍嫌缺乏，而且也嫌无味，不曾引起儿童的兴趣，但'知识'的涵养与'兴趣'的涵养，是同样的重要的，所以我们应他们的需要，用有趣味的叙述方法来叙述关于这种知识方面的材料"②，变化之后的栏目类别包括曲谱、童话、歌谣、故事、科学、诗、小说、手工、游戏、寓言、常识问答、图书故事、谜语、格言、笑话、通信、谚语图释、儿童创作等。这些栏目、题材是儿童最乐于接受的，特别是各种谜语、笑话，从读者反馈来看，更是受到热烈欢迎。正是因为这段编辑经历，郑振铎才体会到儿童读物的独特地位，"构成了最重要的儿童读物的主体的，是许多的神话、传说、神仙故事、小说等等。这当然要比读《大学》、《中庸》、《近思录》

---

① 郑振铎：《〈儿童世界〉宣言》，《时事新报·学灯》1921 年 12 月 28 日。

② 郑振铎：《第三卷的本志》，《儿童世界》1922 年第 3 卷第 1 期。

高明些。"①

优秀栏目需要好的内容作支撑，郑振铎为了办好《儿童世界》，常常邀请一些文学研究会的朋友给《儿童世界》写稿。例如叶圣陶登载在《儿童世界》上的童话作品，就是应郑振铎的约稿而作，日后叶圣陶回忆起自己这段写作经历时，对于郑振铎的"拉稿"印象深刻：

> 我写童话，当然是受了西方的影响。"五四"前后，格林、安徒生、王尔德的童话陆续介绍过来了。我是个小学教员，对这种适宜给儿童阅读的文学形式当然会注意，于是有了自己来试一试的想头。还有个促使我试一试的人，就是郑振铎先生，他主编《儿童世界》，要我供给稿子。《儿童世界》每个星期出一期，他拉稿拉得勤，我也就写得勤了。
>
> 这股写童话的劲头只持续了半年多，到第二年六月写完了那篇《稻草人》为止。为什么停下来了，现在说不出，恐怕当时也未必说得出。会不会因为郑先生不编《儿童世界》了？有这个可能，要查史料才能肯定。②

从 1922 年第 1 卷第 9 期起，《儿童世界》先后发表了叶圣陶的《小白船》、《一粒种子》、《燕子》、《芳儿的梦》、《新的表》、《梧桐子》、

---

① 郑振铎：《儿童读物问题》，《郑振铎全集》(13)，花山文艺出版社 1998 年版，第 43 页。

② 叶圣陶：《我和儿童文学》，《叶圣陶集》(9)，江苏教育出版社 2004 年版，第 320—321 页。

《旅行家》、《画眉》、《玫瑰和金鱼》、《花园外》等 20 多篇童话。后来，这些童话以《稻草人》为名在商务印书馆结集出版，该书在解放前的中小学生中流传颇广，对于中国儿童文学发展的影响至为深远，它改变了中国童话创作"言必称丹麦"的局面，正如 1935 年鲁迅在《〈表〉译者的话》中所言："十来年前，叶绍钧先生的《稻草人》是给中国的童话开了一条自己创作的路的。"①

三是重视图画。郑振铎曾在《天鹅童话集》的序言中说"童话的书，图画是不可省略的"。其实作为儿童文学期刊，图画也是不可省略的，《儿童世界》每期都有许多漂亮的封面画和插画，到后面还实现了图画的彩印。此外，郑振铎还在《儿童世界》中专门开辟了"图画故事"栏目，类似于现代的"连环画"。这些精美图画，以往学者多认为是出自郑振铎之手，如著名美术史家黄可在《郑振铎与儿童美术》中就说：

> 他作为《儿童世界》的主编，如何办好这个以小学中高年级学生为读者对象的综合刊物，设哪些栏目，侧重点是什么，装帧设计（包括封面、封里、目录、正文版面设计及插图等）怎样安排，都出自他一人的构思和策划。笔者曾经拜访过沈白英、万籁鸣等当年上海商务印书馆编译所的老前辈，亦求教正在撰述《郑振铎传》的学者陈福康。据他们说，《儿童世界》开创之初的一年多时间里，郑振铎一人包揽刊物的工作，只有助手沈志坚作些协助。②

---

① 鲁迅：《〈表〉译者的话》，《鲁迅全集》(10)，人民文学出版社 2005 年版，第 437 页。
② 黄可：《郑振铎与儿童美术》，《上海美术史札记》，上海人民美术出版社 2000 版，第 158 页。

……

　　郑振铎笔下的图画故事，从编写文字脚本到图画创作，都由一人完成，是地地道道的"自编自绘"连环画创作。所以，如果追溯中国近现代儿童美术史上的儿童连环画"自编自绘"创作始于何人，那末，亦可以说始于郑振铎。①

　　而根据后来学者的考证，真正的图画作者应该是许敦谷。② 许敦谷（1892—1983），又名赞祥，字太谷。原籍台湾台南，生于福建龙溪（今漳州龙海），为作家许地山之胞兄。1913 年赴日本留学，1914 年考入当时日本艺术最高学府东京美术学校学习油画，1920 年学成回国，在上海商务印书馆编译所从事封面设计及插图工作。许敦谷功底深厚，绘画水平高超，解放后叶圣陶提及其所画插图还赞不绝口："在二十年代，许先生为儿童读物画过不少插图。好的插图不拘泥于文字内容，而能对文字内容起画龙点睛的作用，许先生画的就有这个长处，因而比较耐看。他的线条活泼准确，好像每一笔下去早就心中有数似的，足见他素描的基本功是很深的。"③ 许敦谷为《儿童世界》绘制了大量优秀的封面和插图作品。他由于经过西洋绘画的系统训练，熟练掌握中西绘画语言，艺术表现手法多种多样，特别是善于通过线条的变化来表达趣味和情感，能够引起儿童读者心灵的感动。④

---

　　① 黄可：《郑振铎与儿童美术》，《上海美术史札记》，上海人民美术出版社 2000 版，第 160 页。

　　② 张梅：《郑振铎主编〈儿童世界〉期间的绘者考辨》，《编辑之友》2012 年第 5 期。

　　③ 叶圣陶：《我和儿童文学》，《叶圣陶集》(9)，江苏教育出版社 2004 年版，第 323 页。

　　④ 彭璐：《许敦谷〈儿童世界〉封面、插图设计（1922—1923）》，《南京艺术学院学报》2012 年第 2 期。

郑振铎即便不是这些插画的作者，但是作为这些插画的采用者，其眼光也值得称赞。

三

《儿童世界》在短时间内获得大众尤其是广大少年儿童的关注与认可，除了上述几个原因外，恐怕还有一个更重要的原因就是郑振铎注重与小读者的互动。通过互动，一方面增强了小读者们的参与意识，提高了读者与杂志之间的"粘性"；另一方面也把一些有用的信息反馈给编辑，促使杂志朝向更为读者喜欢的方向发展。

《儿童世界》主要的互动方式就是举办征文活动。郑振铎主编《儿童世界》虽然只有一年左右时间，但在这一年中《儿童世界》先后举办了三次征文大赛[①]，吸引近千人（次）参加，并且参与读者数量增长极快。以第一次征文大赛为例，此次征文大赛题目、规格、报酬如下：

一、题目

（甲）图画

（一）麻雀（二）蝴蝶（三）春日之田野（俱用单色画）

（乙）诗歌

---

① 第一次征文大赛公告发布于《儿童世界》第 2 卷第 1 期（1922 年 4 月 8 日），获奖名单公布于第 3 卷第 4 期（1922 年 7 月 29 日）；第二次征文大赛公告发布于《儿童世界》第 2 卷第 9 期（1922 年 6 月 3 日），获奖名单公布于第 3 卷第 10 期（1922 年 9 月 9 日）；第三次征文大赛公告发布于《儿童世界》第 4 卷第 2 期（1922 年 10 月 14 日），获奖名单公布于第 5 卷第 10 期（1923 年 3 月 10 日）。

（一）母亲（二）白鸽（三）我的学校

二、规则

（一）投稿者以十五岁以下的儿童为限

（二）全做或做一二题均可

（三）投稿者须贴用下面印花一枚（附征文印花，略）并写明姓名、年龄、学校、住址

（四）投稿须于五月初旬寄到

三、报酬以一题为单位约分三等报酬：

（一）每题第一酬现金一元（按：《儿童世界》每册六分）；

（二）第二酬礼券六角；

（三）其余入选者各赠本刊一册以上。[①]

笔者统计了获奖者名单，发现本次征文大赛获奖者为 87 人，通过这个数字大致可以推断此时订阅《儿童世界》的小朋友数量并不多。但到第二次征文大赛时，不仅奖金提高到原来的 10 倍以上，而且最终获奖读者达到 297 人，可见订阅人数有了很大的增长。到第三次征文大赛时，获奖读者已达到 413 人。从这些数字也可以看出《儿童世界》订阅人数增长迅猛。

互动方式之二就是"通讯"栏目的开设。《儿童世界》从第 3 卷第 9 期起开始设立"通讯"专栏，选择有代表性的信件予以回复。通讯栏目的增设一方面可以帮读者解决阅读中遇到的问题，例如一名叫汪家瑞的读者就说：

---

① 《儿童世界第一次征文》，《儿童世界》第 2 卷第 1 期。

本刊第三卷第四期所载《不要伤害他们罢》之故事，内容极有趣味，然余读"这城里为拒绝国王经过"，及"去这城里割居民的鼻子"，此两句颇为不明其理。为何欲拒绝国王之经过？为何欲割居民之鼻？

郑振铎给予了答复：

城里的人所以要拒绝国王的经过，想来是因为国王暴虐，人民怕他，及国王经过，费用浩大之故。国王要割居民的鼻子，则理由极明了，就是因为怒人民拒绝他经过。①

另一方面则有助于改进《儿童世界》的编辑工作，如《儿童世界》第3卷第9期刊登小读者的来稿，建议：第一，增加新式标点符号；第二，改四号字为五号字，这样能够多登些文章。郑振铎也在回复中表示将在之后的几期内实行。②再如第3卷第11期有署名桂秉衡的小读者来信，向郑振铎提出三点意见：一是增加投稿者照片一栏，以及加上实际住址，方便与之联系；二是增加"通讯"一栏；三是要多登游戏，因为游戏是小朋友们最喜爱的东西，要想增加读者兴趣必须多增加游戏。郑振铎在后来的编辑过程中基本采纳了上述意见。③

① 《通讯》，《儿童世界》1922年第4卷第1期。
② 《通讯》，《儿童世界》1922年第3卷第9期。
③ 《通讯》，《儿童世界》1922年第3卷第11期。

第四节　《小说月报》

　　商务印书馆的《小说月报》在民国文坛可谓闻名遐迩。作为中国现代文学史上寿命最长的纯文学刊物，它创刊于 1910 年 8 月，终刊于 1931 年 12 月，前后历时 22 年。从创刊到终刊，《小说月报》总共出版了 22 卷 259 期（包括增刊 1 期），号外 3 册。在 20 多年的出版岁月中，以 1921 年 1 月的第 12 卷第 1 号为界，《小说月报》可分为前后两个时期。前一时期由王蕴章与恽铁樵主编，被称为"鸳鸯蝴蝶派"杂志时期；后一时期则由沈雁冰和郑振铎主编，被称为新文学杂志时期。在沈雁冰与郑振铎主编《小说月报》的 11 年中，这份纯文学杂志深深地影响着中国文坛，正如新中国成立后沈雁冰在《影印本〈小说月报〉序》中所说：

　　这十一年中，全国的作家和翻译家，以及中国文学和外国文学的研究者，都把他们的辛勤劳动的果实投给《小说月报》。可以说，"五四"以来的老一代著名作家，都与《小说月报》有过密切的关系，像鲁迅、叶圣陶、冰心、王统照、郑振铎、胡愈之、俞平伯、徐志摩、朱自清、许地山等，以及二十年代后期的巴金、老舍、丁玲、沈从文等。值得提到的是，巴金、老舍、丁玲的处女作都是在《小说月报》上首先发表的；我的第一篇小说《幻灭》也是登在《小说月报》上。十一年中，《小说月报》记录了我国老一代文学家艰辛跋涉的足迹，也成为老一代文学家在那黑暗的年代里吮吸滋养的园地。①

一

　　以往，学界谈及《小说月报》的革新，多将功劳归于沈雁冰，对于郑振铎的作用却少有提及。在 20 世纪 80 年代出版社影印《小说月报》时，沈雁冰应邀为之写序，在序言中沈雁冰坦言："他（郑振铎）若健在，这篇《序》该归他写。"② 这当然有沈雁冰谦虚的成分，但是从另外一个方面也证实了郑振铎对于《小说月报》的重要性。

　　谈到郑振铎与《小说月报》的渊源，自然不能不提沈雁冰对《小说月报》的改革。创办于 1910 年的《小说月报》原本是"鸳鸯蝴蝶派"文人的大本营，新文化运动后受到很大冲击，身为主编的王蕴章"应文学之潮流，谋说部之改进"，试图增加一些新文学内容以调和新旧矛盾，孰料此种"冶新旧于一炉"的做法两头不讨好，不仅不容于新文化阵营，同时也得罪了原有的"鸳鸯蝴蝶派"作家，致使《小说月报》销售量节节下滑，1920 年第 10 号时才印了 2000 册。这样的成绩实难让商务高层满意，之后王蕴章主动辞职，商务印书馆高层便让沈雁冰接替主编。沈雁冰接手《小说月报》之后，即思改变该刊以往强烈的"鸳鸯蝴蝶派"风格，将之打造成一本真正的新文艺杂志。当时距离 1921 年第 1 期《小说月报》的出版日期已经不远，尽管沈雁冰自己能够翻译一些西方文学作品和图书评论，但是其他新文学创作却一时难以集齐。此时他突然想到之前《小说月报》曾刊载过一篇署名"王

---

① 茅盾：《影印本〈小说月报〉序》，《文献》1981 年第 1 期。

② 茅盾：《影印本〈小说月报〉序》，《文献》1981 年第 1 期。

剑三"的作品，风格新颖，而且社中还保存有作者的联系方式，于是抱着试一试的态度给王剑三写了一封信，告知下一期《小说月报》将完全革新，希望王剑三及他的朋友能为之写稿。没过多久，沈雁冰就收到了回信，不过来信署名不是"王剑三"而是"郑振铎"。在信中郑振铎告知他与王剑三（即王统照）是好朋友，沈雁冰写给王剑三的信他和他的朋友们都看到了，大家都表示愿意供给稿子，而且他们正在酝酿组织一个名为"文学研究会"的社团，发起人是周作人等，希望沈雁冰也能参加。这封来自北平的回信给了沈雁冰极大的鼓舞，他迅速在新一期《小说月报》上全盘托出自己的改革方案：

一、论评　同人观察所及愿提出与国人相讨论者，入于此门。

二、研究　同人认西洋文学变迁之过程有急须介绍与国人之必要，而中国文学变迁之过程则有急待整理之必要；此栏将以此两者为归。

三、译丛　译西洋名家著作，不限于一国，不限于一派；说部，剧本，诗，三者并包。

四、创作　同人以为国人新文学之创作虽尚在试验时期，然椎轮为大辂之始，同人对此，盖深愿与国人共勉，特辟此栏，以俟佳篇。

五、特载　同人深信文艺之进步全赖有不囿于传统思想之创造的精神；当其创造之初，固惊庸俗之耳目，迨及学派确立，民众始仰其真理。西洋专论文艺之杂志，常有 Modern form 一栏以容受此等作品；同人窃仿其意，特创此栏，以俟国人发表其创见，兼亦介绍西洋之新说，以为观摩之助。

六、杂载　此栏所包为：（一）文艺丛谈（小品），（二）文学家传，（三）海外文坛消息，（四）书评。①

除此之外，沈雁冰还发布"特别启事"，宣布《小说月报》第12卷第1号起将完全革新，言明该刊以后将主要由新文学作家供稿："本刊明年起更改体例，文学研究会诸先生允担任撰著，敬列诸先生之台名如下：周作人、瞿世英、叶绍钧、耿济之、蒋百里、郭梦良、许地山、郭绍虞、冰心女士、郑振铎、明心、庐隐女士、孙伏园、王统照、沈雁冰。"而郑振铎也言出必行，在沈雁冰主编《小说月报》的初期，他及他的朋友们无疑是沈雁冰最有力的支持者。作为文学研究会核心的郑振铎在北平积极为沈雁冰主持革新的《小说月报》集稿。从《小说月报》第12卷第1号目录可以看出，其中文章十有六七都是由郑振铎从北京拉来的（包括自撰）。

沈雁冰在改革《小说月报》之初信心满满，一方面是坚信经过轰轰烈烈的新文化运动和五四运动，中国社会已经孕育了数量庞大的新文学读者群体，购买群体不成问题；另一方面则是有了文学研究会及会中众多优秀作者的支持，基本不愁稿源。改革使得《小说月报》的境况有了改观，12卷1号出版后，"印了五千册，马上销完，各处分馆纷纷来电要求下期多发，于是第二期印了七千，到第一卷末期，已印一万"。②

但是改革的最终结果却出乎沈雁冰的预料，读者中既有表示"我是喜欢看改革后小说月报的一个，每期出版，仿佛像等不及的样子。

---

① 《小说月报》1921年第12卷第1号。
② 茅盾：《革新〈小说月报〉前后》，《茅盾全集》(34)，人民文学出版社1997年版，第188页。

我受小说月报底影响，我自己知道很多很大"①，但也有反映"看十二卷以后的说报的人，绝不是看十一卷以前的人。我有一个表兄和好几位同学，都是爱看十一卷以前的《说报》的，却是十二卷一出，他们不是改过了预定的，都抱怨说'上当了'，从此再'不定了'"②。并且，不仅商务高层中某些人对于沈雁冰的改革不屑一顾，就是新文学阵营对于沈雁冰的做法也颇有怨言，例如胡适1921年7月应张元济和高梦旦之邀，到上海商务印书馆考察，就对沈雁冰的改革当面提出批评：

> 我昨日读《小说月报》第七期的论创作诸文，颇有点意见，故与振铎及雁冰谈此事。我劝他们要慎重，不可滥收。创作不是空泛的滥作，须有经验作底子。我又劝雁冰不可滥唱什么"新浪漫主义"。现代西洋的新浪漫主义的文学所以能立脚，全靠经过一番写实主义的洗礼。有写实主义作手段，故不致堕落到空虚的坏处。如梅特林克，如辛兀（Meter1inck, Synge），都是极能运用写实主义的方法的人。不过他们的意境高，故能免去自然主义的病境。③

鲁迅也认为沈雁冰的改革过激，"他们翻译，似专注意于最新之书……也是维新得太过之故。"④ 新文学界的反应让沈雁冰很受打击，心情郁闷的他萌生退意，在给周作人的信中他就说："《小说月报》出

---

① 《通信》，《小说月报》1922年第13卷第6号。
② 《通信》，《小说月报》1922年第13卷第11号。
③ 胡适著，曹伯言整理：《胡适日记全编》(三)，安徽教育出版社2001年版，第394页。
④ 鲁迅：《致周作人》，《鲁迅全集》(11)，人民文学出版社2005年版，第404页。

了八期，一点好影响没有……对于现在手头的事件觉得很无意味了。我这里已提出辞职，到年底为止，明年不管。"[①]此后虽然又勉强主编了一段时间，但是不久即因投身革命而向商务提出辞职。

商务很快接受了沈雁冰的辞呈，并让正主编《儿童世界》的郑振铎接任《小说月报》主编一职。商务印书馆高层之所以属意郑振铎，除了他与沈雁冰同属于新文学阵营，全程参与了沈雁冰对《小说月报》的革新外，笔者以为更重要的在于他身上的一些特点：

一是极强的社会活动能力。商务印书馆对于杂志主编是非常重视的，选择也是慎之又慎的，尤其是像《小说月报》这样的重要杂志。郑振铎并非科班出身，也非名校毕业，最终能够为商务高层选中主要得益于他在当时文坛的巨大活动能力。从周作人、鲁迅、朱希祖、蒋百里等文坛巨匠、社会名流，再到文学研究会内众多的青年才俊，郑振铎与他们都有交往，许多还有深厚的友谊。沈雁冰日后在回忆《小说月报》时就对郑振铎活动能力之强印象深刻。丰富的人脉为郑振铎提供了丰富的稿源，使得他在杂志编辑方面少有缺稿之虞。这恐怕也是他敢于接编《小说月报》这种大型文学期刊的底气所在。另外，郑振铎之前编辑的《儿童世界》在不到半年时间里发行量超过 1 万份，尽显大刊气象，这也让商务高层对这位年轻编辑的能力刮目相看。

二是性格圆通谦谨。郑振铎从小与母亲相依为命，过早品尝生活的艰辛，懂得世间人情冷暖。这种生活经历不仅培养了他勤奋刻苦、任劳任怨的品德，同时也塑造了他性格中圆通谦谨的一面。这一点与沈雁冰不同。例如文学研究会与创造社论战时期，面对创造社诸君

---

① 茅盾著，刘麟编：《茅盾书信集》，百花文艺出版社 1987 年版，第 430 页。

的不断挑衅，忍无可忍的沈雁冰选择了"一时不耐，故亦反骂"，而同样处于风口浪尖上的郑振铎却选择了调和的方式，强调"我们更希望国内从事文艺的同志，都能向上努力，不可因细微而互相倾轧。我们固不望大家都走上一条路，但至少总愿意在各路上同向文艺的园林走去的人，不要中途打起架来，为亲者所痛而为仇者所快"，并表示不再刊登双方的谩骂文章，最终通过息事宁人的方式结束这场论争。此外，沈雁冰敢于挑战商务高层的权威，如他接手《小说月报》时便同商务高层"约法三章"，"一是现存稿子（包括林译）都不能用，二是全部改用五号字（原来的《小说月报》全是四号字），三是馆方应当给我全权办事，不能干涉我的编辑方针"①，并且在王云五创办《小说世界》以消化馆内存留的"鸳鸯蝴蝶派"稿件时，前去当面质问当时担任编译所所长的王云五。这种举动可能是郑振铎一辈子不会有的，并不是说他没有胆量，而是他的性格使然。沈雁冰去职后，改由性格谦和的郑振铎担任主编，无疑让王云五更为省心。

二

虽然郑振铎接掌《小说月报》后，同沈雁冰一样不遗余力地批判"鸳鸯蝴蝶派"文学，但是两人在编辑《小说月报》的理念和方法上还是有所差异。②

---

① 茅盾：《革新〈小说月报〉的前后》，《茅盾全集》(34)，人民文学出版社 1997 年版，第 180 页。
② 以下参见董丽敏：《想像现代性——革新时期的〈小说月报〉研究》，广西师范大学出版社 2006 年版，第 125—127 页。

差异之一就是对"整理中国旧文学"的态度。沈雁冰对于当时条件下"整理中国旧文学"持反对态度，他曾在给读者的回信中说道："研究中国文学当然是极重要的一件事，我们亦极想做，可是这件事不能逼出来。我的偏见，以为现在这种时局，是出产悲壮慷慨或是颓丧失望的创作的适宜时候，有热血的并且受生活压迫的人，谁又耐烦坐下来翻旧书呵，我是一个迷信'文学者社会之反影'的人；我爱听现代人的呼痛声，诉冤声，不大爱听古代人的假笑佯啼，无病呻吟，烟视媚行的不自然动作；不幸中国旧文学里充满了这些声音。"① 在沈雁冰编辑《小说月报》的两年中，也确实没有发表一篇对于中国旧文学的研究论文。

郑振铎则不同，他十分赞同胡适"整理国故"的理念，主张在新文学运动的热潮中，应有整理国故的一种举动。他所持的理由有二："第一，我觉得新文学的运动，不仅要在创作与翻译方面努力，而对于一般的社会的文艺观念，尤须彻底的把他们改革过。因为旧的文艺观念不打翻，则他们对于新的文学，必定要持反对的态度，或是竟把新文学误解了。……第二，我以为我们所谓新文学运动，并不是要完全推翻一切中国的故有的文艺作品。这种运动的真意义，一方面在建设我们的新文学观，创作新的作品，一方面却要重新估定或发现中国文学的价值，把金石从瓦砾堆中搜找出来，把传统的灰尘，从光润的镜子上拂拭下去。"② 在《小说月报》实际编辑过程中他也是如此做的。接手《小说月报》后的第一期郑振铎就专

---

① 《通信》，《小说月报》1922 年第 13 卷第 6 号。
② 郑振铎：《新文学之建设与国故之新研究》，《小说月报》1923 年第 14 卷第 1 号。

门开辟了"整理国故与新文化运动"专栏①，花了大量篇幅用于刊登"整理中国旧文学"的文字，除了郑振铎本人的《新文学之建设与国故之新研究》外，还有顾颉刚的《我们对于国故应取的态度》、王伯祥的《国故的地位》、余祥森的《整理国故与新文学运动》、严既澄的《韵文及诗歌之整理》等。此后的《小说月报》中除了原来的"论丛"栏目兼发相关"整理国故"的论文外，还专门开辟了"读书杂记"新栏目讨论相关话题。"论丛"和"读书杂记"两栏目延续时间颇长，"论丛"中关于"整理国故"的论文持续到 1931 年《小说月报》22 卷 9 号，"读书杂记"则持续到 20 卷 5 号。除此之外，1926 年郑振铎还主持编辑了 17 卷号外《中国文学研究》，用巨大的篇幅集中展示当时国故研究的现状。②

　　郑振铎的这些编辑举措顺应了当时流行的"整理国故"潮流，故而收到很好的效果。作为"整理国故运动"发起者的胡适在给顾颉刚的信中就称赞《小说月报》新设专栏："《小说月报》新年号使人颇乐观。……我的意思以为，凡人作文，须用他最自然的言语；惟有代人传语，有非这种最自然的语言所能达者，不得已始可用他种较不自然之语句。《小说月报》添上了一些中国材料，似乎使读者增加一点自然的感觉，减少一点生硬的感觉。"③北大教授钱玄同也给顾颉刚写信

---

　　① 郑振铎在为这一专栏写的"编者按"中说："我们这个讨论的发端，是由几个朋友引起的。他们对于现在提倡国故的举动，很抱杞忧。他们认为这是加于新文学的一种反动。在这种谈话里，我们便常常发生辩论，究竟整理国故对于新文学运动有什么影响呢？到底是反动不是呢？"参见《小说月报》1923 年第 14 卷第 1 号。

　　② 参见董丽敏：《想像现代性——革新时期的〈小说月报〉研究》，广西师范大学出版社 2006 年版，第 97—99 页。

　　③ 《胡适致顾颉刚函》(1923 年 2 月 24 日)，《小说月报》1923 年第 14 卷第 4 号。

道："近阅《小说月报》，知先生在商务馆任编辑事；与适之谈起，更知先生们将藉商务发表些'整理国故'的成绩，这是我想希望先生们干的事。《小说月报》中郑先生的《读毛诗序》极好。'最后一页'中预告将有先生之大文，更希望早日快读也。"①胡适、钱玄同的这些话无疑给了郑振铎极大的鼓励，在顾颉刚的同意下他将这些来信发表在《小说月报》上，此种做法既无形中用胡适、钱玄同这些名家的名号给《小说月报》做了宣传，同时也改变了读者心中《小说月报》"维新太过"的印象，使一部分对传统文化感兴趣的读者转投于此，扩大了《小说月报》潜在购买群体的规模。

郑振铎主编《小说月报》与沈雁冰的第二个不同之处，在于郑振铎热衷于对诺贝尔文学奖获奖者情况的介绍。其实，在郑振铎主编《小说月报》之前就是如此，他曾先后发表了《十四年来得诺贝尔奖金的文学家》（1921 年）、《一九二一年的得诺贝尔奖金者》（1922 年）、《得一九二三年诺贝尔奖金者夏芝》（1923 年）等文章或报道。而从沈雁冰手中接过《小说月报》之后，郑振铎继续这一传统，先后发表了《一九二三年得诺贝尔奖金者夏芝评传》（1923 年）、《本年度诺贝尔文学奖金的得者——〈乡民〉的著者莱芒氏》（1924 年）、《戴丽黛——1926 年诺贝尔奖金的得者》（1927 年）、《托马斯·曼——1929 年诺贝尔奖金的得者》（1929 年）、《1930 年的诺贝尔奖金》、《1931 年的诺贝尔奖金》等介绍性论文。而且，《小说月报》形成了年末介绍这一年诺贝尔文学奖得主的生平，在本期或是来年的版面中发表该获奖者的作品的传统。例如 1929 年诺贝尔文学奖得主托马斯·曼，《小说

---

① 《钱玄同致顾颉刚函》（1923 年 3 月），《小说月报》第 14 卷第 5 号"通信"栏。

月报》在半年时间中就先后发表 5 篇相关的作品，让托马斯·曼在中国文坛人尽皆知。除此之外，《小说月报》还会不定期地在"海外文坛消息"或者"现代文坛杂话"这两个栏目中报道诺贝尔得奖者最近的行踪、新作、趣闻逸事等。①这些都与沈雁冰主编《小说月报》时期有很大不同。

郑振铎的此种做法是可以理解的。他一直以来秉持文学统一观，强调文学没有中外古今之分，"我们研究文学，我们欣赏文学，不应该有古今中外之观念，我们如有了空间的或时间的隔限，那么我们将自绝于最弘富的文学的宝库了。……迷恋骸骨，与迷恋现代，是要同样的受讥评的，本国主义与外国主义也同样的是一种痼癖。"②但是，郑振铎也意识到文化的汲取存在轻重缓急之分，比如同样是对外国名著的译介，古典文学名著就远不及现代作品那般紧迫，正如他在 1921 年时所说的那样：

> 不过在实际上，不惟新近的杂志上的作品不宜乱译，就是有确定价值的作品也似乎不宜乱译。在现在的时候，来译但丁的《神曲》，莎士比亚的《韩美雷特》，贵推的《法乌斯特》似乎也有些不经济吧。翻译家呀！请先睁开眼睛来看看原书，看看现在的中国，然后再从事于翻译。③

---

① 董丽敏：《想像现代性——革新时期的〈小说月报〉研究》，广西师范大学出版社 2006 年版，第 107 页。

② 郑振铎：《〈文学大纲〉叙言》，《郑振铎全集》(10)，花山文艺出版社 1998 年版，第 1—2 页。

③ 郑振铎：《盲目的翻译家》，《郑振铎全集》(3)，花山文艺出版社 1998 年版，第 491—492 页。

此后他更明确地指出这一点：

> 现在的介绍，最好是能有两层的作用：（一）能改变中国传统的文学观念；（二）能引导中国人到现代的人生问题，与现代的思想相接触。而古典主义的作品，则恐不能当此任。所以我主张这种作品，如没有介绍时，不妨稍为晚些介绍过来。①

西方现代作品浩如烟海，选择与翻译必须有标准可依循。哪些西方现代作品堪称经典，哪些西方现代作品名为经典其实名不副实？在文学史道路上通过自学成才的郑振铎自然想到要去找一种权威的"目录"，就如同学习传统文化须先找《四库全书总目提要》以及《书目答问》来读。诺贝尔文学奖获奖榜单无疑是最佳的"目录"与参考。这首先自然是因为该奖项的权威性，作为全球知名的奖项，诺贝尔文学奖代表了世界文学的最高成就，获奖作品大多产生过全球性影响（起码在欧美地区）；二是其连续性，目录学的一大作用就是"辨章学术，考镜源流"，细数诺贝尔文学奖历年的获奖者及作品，可以让一般读者对西方现代文坛的发展脉络有一个清晰的认识，这是其他零散介绍所达不到的效果。除此之外，在 20 世纪之初诺贝尔奖的评奖完全按照诺贝尔遗嘱里"理想主义色彩"来进行，"诺贝尔奖金只给那些理想主义的文学家。凡是实写派作家无论他的著作如何有影响，都是不能得奖者"，② 这正与郑振铎"为人生"的文学观念不谋而合。例

---

① 郑振铎：《无题》，《郑振铎全集》(3)，花山文艺出版社 1998 年版，第 503 页。
② 郑振铎：《十四年来得诺贝尔奖金的文学家》，《郑振铎全集》(15)，花山文艺出版社 1998 年版，第 97 页。

如，"在吉卜林的作品中，到处鼓吹着'工作主义'。他的福音就是'工作'二字。他认为人生最不可恕的罪恶就是'懒惰'，这种福音在我们以懒惰而著称的中国，应该细心的领受"①，这在郑振铎看来，是个人生活应该有的态度。"他（泰戈尔）虽是一个人类的爱者，但也不忍见印度民族之呻吟于英国人治下。所以对于印度的自治，鼓吹极力。他的诗歌，有许多是示唆印度青年的独立思想的。凡是一个人类的爱者，同时必是一个民族解放的鼓吹者，这是一定的道理，并不是什么矛盾。因为各民族如不同立于绝对平等的地位上，人类和平是决不能实现的。"②

在郑振铎的努力下，《小说月报》完成了一次"再改革"，实现了传统与现代、保守与革新的有机结合，不同类型的读者都能从《小说月报》获得所需。也正因为如此，《小说月报》越来越受读者的欢迎。郑振铎1925年4月25日在致周作人信中就提到《小说月报》销路颇好，"商务杂志，近来销路都极好……《小说》印一万四千，如欲鼓吹什么，倒是很好的地盘。"③

第五节 朴社的发起者

文学研究会会员在商务印书馆编译所中人数众多，除了沈雁冰、

---

① 郑振铎：《十四年来得诺贝尔奖金的文学家》，《郑振铎全集》(15)，花山文艺出版社1998年版，第99—100页。

② 郑振铎：《十四年来得诺贝尔奖金的文学家》，《郑振铎全集》(15)，花山文艺出版社1998年版，第107页。

③ 孙郁、黄乔生主编：《致周作人》，河南大学出版社2004年版，第165页。

郑振铎外，还有顾颉刚、胡愈之、周予同、叶圣陶、王伯祥、俞平伯等人。这些人年纪相仿、志趣相投，加上又有同事之谊，所以下班后时常聚在一起。在一次闲聊中，郑振铎提议："我们替商务印书馆编教科书和各种刊物，出一本书，他们可以赚几十万，我们替资本家赚钱太多了，还不如自己办一个书社的好。"①郑振铎此话并非没有来由，商务高层光年底的分红就是几千块大洋，这是一个普通编辑不吃不喝工作十多年也挣不来的。此外，周越然通过《英语模范读本》一夜暴富的例子也深深震撼了这批年轻人②，顾颉刚在1923年1月5日的日记中还记道："周越然编英文教科，以抽版税故，每年可入八千元。此事予总想效法，以予欲赚钱，舍此无他道也。"所以，对于郑振铎的提议，大家都很赞成：一方面大家作为文化人，"只希望著述上可以立足的人得终身于著述，不受资本家的压制，社会上的摧残"③；另一方面大家都不富裕，开门柴米油盐酱醋茶，生活中需要用钱之处太多，俗话说"工字不出头"，自己能够编书赚钱何必受书局老板的盘剥！

在郑振铎的提议下，沈雁冰、郑振铎、叶圣陶、胡愈之、顾颉刚、王伯祥、周予同、谢六逸、陈达夫、常燕生等人于1923年1月成立了上海"朴社"。"朴社"的社名是周予同起的，缘自"朴学"——

---

①　顾颉刚：《我是怎样编写古史辨的?》，《顾颉刚古史论文集》（卷1），中华书局2010年版，第167页。

②　周越然是商务印书馆英文部的编译员，他曾为商务印书馆编过一套中小学英语教材《英语模范读本》（*Model English Readers*），该教材出版销行最广，几乎垄断了全国的初中英文课本，在以后的20余年中，该书经过五六次修订，总发行量超过100万册。周越然也通过《英语模范读本》赢得巨额版税，美国纽约的《独立周报》称他"每年可得版税计五万美元"。

③　顾颉刚：《顾颉刚书信集》（卷2），中华书局2011年版，第150页。

即乾嘉考据学。周予同毕业于北京高等师范学院，听过钱玄同的课，相信乾嘉"朴学"。关于朴社成立的详细情况，顾颉刚在致郭绍虞的信中曾有所述及：

> 我们因为生计不能自己作主，使得生活永不能上轨道，受不到人生乐趣，所以结了二十人，从本年一月起，每人每月储存十元，预备自己印书，使得这二十人都可以一面做工人，一面做资本家；使得赚来的钱于心无愧，费去的力也不白白地送与别人。我们都希望你加入，想你必然允许我们的。我们的人名是振铎、雁冰、六逸、予同、圣陶、伯祥、愈之、介泉、缉熙、燕生、达夫、颂皋、平伯、济之、介之、天挺及我。我任了会计；伯祥任了书记。这社暂名为朴社。

虽然朴社在 1923 年 1 月就宣布成立，但是此后很长一段时间里未能出书，直到 1924 年时才有第一本书出版，即清朝人沈复所著，由俞平伯校点的《浮生六记》。此后又陆续有一些书出来，具体书目见表 3。

表 3　上海朴社出版物知见目录 ①

出版物	著、译或校注者	出版年
《浮生六记》	（清）沈复著，俞平伯校点	1924
《初日楼少作》	严济澄著	1924
《髭须及其他》	（法）莫泊桑著，李青崖译	1924
《剑鞘》	叶圣陶、俞平伯合著	1924
《戴氏三种》	（清）戴震著	1924

---

① 刘洪权：《顾颉刚与朴社》，《出版史料》2002 年第 2 期。

1924年9月18日，上海朴社同人发出《通启》，宣布暂时解散朴社，算还余款，提1000元作发行所基本股款继续印书。至于上海朴社解体的原因，学者归结为以下几点：一是"大家涣散，不负切实责任"；二是过于拘谨，不敢投资，"支用款项则多半捏着冷汗不敢放手"；三是"意见庞襮，莫衷一是"：有人好大喜功（如顾颉刚，希望把朴社办得越来越大），有人看重"屑碎"（如俞平伯为《初日楼少作》写的《跋》，一定要印"手迹"以"示美"）；四是就经营书店而言，除陈乃乾之外都是外行，"聚群盲而求明，真瞽说也"（王伯祥1924年4月3日记）；五是"发言人太多而做事人少见"（王伯祥1924年8月20日记），把朴社看作副业或雅兴，缺乏实干精神，等等。①但笔者以为还有一个更重要的原因就是商务印书馆的无形压力，这可从王伯祥的日记中略窥端倪：

> 1924年3月2日：散馆归，愈之、颂皋俱来，大谈朴社事。愈之很顾虑资本家的压迫，而我以为既不列名宣言，且著作并不署名，未必有碍感情。且即令破裂，我辈正复当力图自辟畦町耳。②

原来，商务当局一方面重视人才，给予馆内编辑丰厚报酬以增强凝聚力；另一方面，商务当局要求编辑必须忠诚于商务，"不能在书馆外做与在书馆内同一样的工作"。对于这些刚刚走上社会，根基并

---

① 商金林：《上海文学研究会创办的书店——上海朴社始末》，《中国现代文学研究丛刊》2004年第4期。

② 转引自商金林：《上海文学研究会创办的书店——上海朴社始末》，《中国现代文学研究丛刊》2004年第4期。

不稳当的年轻人而言，因为一个还只是在构思阶段的朴社而丢掉现在的饭碗确实得不偿失，包括新婚不久的郑振铎，要担负养家糊口的重任，更不能离开这份工作。尤其是如果在外另组出版社的事情被传出去，不但自己在商务难以立足，而且连累岳父高梦旦。到时候外界的猜测、闲话肯定满天飞，翁婿两人情同父子，女婿在外所做之事作为岳父的高梦旦难道不知道？高梦旦知道而不阻止是故意包庇还是另有他图？所以沈雁冰、郑振铎、胡愈之、叶圣陶和王伯祥等人都感觉不宜在朴社《宣言》上署名，他们希望远在北京，与商务没有任何瓜葛的顾颉刚、潘介泉、吴缉熙、陈万里等人出面，用他们的名义发布朴社《宣言》。没想到顾颉刚等人一口回绝，他们希望将朴社设在北京，业务由在北平的一干同人进行主持。此后上海同人又提出折中方案，同意社址设在北平，但要将发行所设在上海，但顾颉刚等人不同意。之后北平和上海同人又有一番争论，使得上海朴社同人心生退意，恰逢1924年9月直系军阀齐燮元与皖系军阀卢永祥在上海开战，上海朴社同人便解散朴社，将存款取出来做逃难之用。顾颉刚对上海同人解散朴社的做法极为不满，"予以理由既不成为理由，而解散亦非六人所能决定，去信不承认、写信后颇气，胸中闷甚"①。于是顾颉刚等人在北平重建朴社，由顾颉刚自任经理。虽然之前以郑振铎为代表的上海朴社同人和在北平的顾颉刚、俞平伯等人在朴社存废上发生了一些不愉快，但是北平朴社成立后，上海同人还是继续关心、支持它的成长，不但将朴社上海出版部的名称停掉，郑振铎之后还将他的《插图本中国文学史》一书交给北平朴社出版。

---

① 顾颉刚：《顾颉刚日记》（卷1），中华书局2011年版，第535—536页。

第六节 《公理日报》

第一次世界大战之后，帝国主义列强加紧了对中国的经济侵略与掠夺，其中尤以日本最为凶狠。以上海为例，日本纱厂就有 22 家之多，占到当时整个上海纱厂数量的三分之二。日本纱厂对中国工人进行残酷剥削与压迫，工人每日工作 12 小时以上，工资每日仅 1 角 5 分，并且厂方还要扣存百分之五的"储蓄金"，工人工作满 10 年方始归还这些储蓄金，半途辞工者储蓄金即被工厂没收。除此之外，日籍监工对于中国工人极度苛刻与残暴，只要中国工人稍显懈怠，日籍监工对他们又打又骂、克扣工资甚至随意开除。夏衍写过的报告文学《包身工》就真实揭露了中国工人在日本纱厂里所受的非人待遇：

旧历四月中旬，清晨四点一刻，天还没亮，睡在拥挤的工房里的人们已经被人吆喝着起身了。一个穿着和时节不相称的拷绸衫裤的男子大声地呼喊："拆铺啦！起来！"接着，又下命令似地高叫："'芦柴棒'，去烧火！妈的，还躺着，猪猡！"

七尺阔、十二尺深的工房楼下，横七竖八地躺满了十六七个被骂做"猪猡"的人。跟着这种有威势的喊声，充满了汗臭、粪臭和湿气的空气里，很快地就像被搅动了的蜂窝一般骚动起来。打呵欠，叹气，叫喊，找衣服，穿错了别人的鞋子，胡乱地踏在别人身上，在离开别人头部不到一尺的马桶上很响地小便。女性所有的那种害羞的感觉，在这些被叫做"猪猡"的人们中间，似乎已经很迟钝了。她们会半裸体地起来开门，拎着裤子争夺马桶，将身体稍稍背转一下就公然在男人面前换衣服。

那男子虎虎地向起身慢一点的人的身上踢了几脚，回转身来站在不满二尺阔的楼梯上，向楼上的另一群人呼喊："揍你的！再不起来？懒虫！等太阳上山吗？"

蓬头，赤脚，一边扣着纽扣，几个还没睡醒的"懒虫"从楼上冲下来了。自来水龙头边挤满了人，用手捧些水来浇在脸上。"芦柴棒"着急地要将大锅子里的稀饭烧滚，但是倒冒出来的青烟引起了她一阵猛烈的咳嗽。她十五六岁，除了老板之外大概很少有人知道她的姓名。手脚瘦得像芦柴棒一样，于是大家就拿"芦柴棒"当了她的名字。

这是上海杨树浦福临路东洋纱厂的工房。长方形的用红砖墙严密地封锁着的工房区域，被一条水门汀的小巷划成狭长的两块。像鸽笼一般，每边八排，每排五户，一共是八十户一楼一底的房屋，每间工房的楼上楼下，平均住宿三十多个人。所以，除了"带工"老板、老板娘、他们的家族亲戚和穿拷绸衣服的同一职务的打杂、"请愿警"等之外，这工房区域的墙圈里面，住着二千个左右衣服破烂而专替别人制造纱布的"猪猡"。

1925年5月15日，"内外棉"（日本内外棉株式会社）第七厂的日本大班打死前来交涉的工人代表、共产党员顾正红，重伤其他工人12名，引发上海纱厂工人的游行与抗议。1925年5月30日下午3时许，上海南京路人头涌动，成千上万的上海工人和学生走上街头，举行街头宣讲和示威游行来声援纱厂工人，当时租界的英国巡捕突然向密集的游行群众开枪射击，当场打死学生、工人等13人，伤者不计其数，这就是震惊中外的"五卅惨案"。

惨案发生的当天下午，郑振铎像往日那样坐人力车去大庆里的一家书铺淘旧书。书店老板告诉他刚才发生的惨剧："下午一时左右，学生们在先施公司门前，集合大队演讲。白旗满街飘扬，道路都被封堵了。后来巡捕来了，捉走了好多学生。其他人气愤不过，都跟着被捕的学生走，大约有好几万人啦！这些人走到老闸捕房，巡捕就开枪了，可怜啊！"满是震惊和愤怒的郑振铎走上街头，却发现灰色的街道已不见什么血迹，书店老板告诉他："之前血一大堆的，一大堆的。后来都被人用自来水冲洗掉了。"晚上，郑振铎又同一位前辈到南京路去凭吊那些为争取权益而牺牲的生命，结果发现南京路上游人如织，商店门口人声鼎沸，酒楼上弦歌之声不断……似乎之前几个小时发生的惨剧从没有发生过。宁波同乡会前围了不少人，走上前去一看，原来是南方大学平民学校在开游艺会呢！

回到家中，郑振铎一夜未眠。想到那些学生的鲜血与市民的冷漠，愤懑难平的他觉得应该为那些死去的人们做点什么。6月1日，文学研究会、少年中国学会、醒狮周报社、上海世界语学会、学术研究会、上海通讯图书馆、孤军杂志社、太平洋杂志社、妇女问题研究会、中华学艺社、中国科学社上海分社、中华农学会等12个团体负责人在郑振铎家中集会，大家商定以"上海学术团体对外联合会"的名义发表联合宣言，揭露事实真相，抗议英国人惨无人道的屠杀。同时，鉴于"上海各日报之无耻而懦弱，对于如此惨酷的足以使全人类震动的大残杀案，竟不肯说一句应说的话"的现状，大家觉得还应创办一份报纸，揭露英帝国主义罪恶的同时"唤醒多数的在睡梦中的国人"。郑振铎提议不妨就叫《公理日报》，抗议社会上一些人抹黑学生

的爱国举动，呼唤社会的真理与公正。具体编辑发行事务由文学研究
会来负责，编辑部就设在宝山路宝兴西里九号的郑振铎家里。郑振铎
与叶圣陶、胡愈之等负责编辑，王伯祥负责发行。

此后一段时间里，郑振铎把全部精力都放在《公理日报》的编辑
事务上，正如胡愈之后来所赞扬他的那样："你把一切都丢开了，整
晚不睡觉，自己动手写稿、编报、校对、接洽印刷，还在你自己的家
门口亲自派报，所有当时参加工作的朋友都比不上你的干劲。"经过
郑振铎与叶圣陶、胡愈之一个通宵的奋战，6月3日清晨，散发油墨
香的《公理日报》同上海人民见面了。已经工作了一夜的郑振铎顾不
得休息，同大家一起在家门口派发报纸，而母亲郭老夫人和妻子高君
箴则在厨房忙碌着做早点和烧水给大家泡茶喝。而取报的报童争先恐
后向门里挤，有的爬上铁栅栏翻进了院里；有的唯恐领不到报纸，就
登上窗户向里爬，以致把玻璃都挤碎了。[①] 那时候，郑振铎的家是7
岁的叶至善每天上学的必经之路，叶至善每天早晨去上学时总看到郑
振铎家的铁栅和铁门上爬满了报童，"重叠好几排，闹嚷嚷的，好像
蜂房门口的蜜蜂。一会儿，一叠又一叠的报纸从报童的头上递出来
了。报童们分到了报纸就分头开跑，一边跑一边喊'《公理日报》，刚
刚出版！《公理日报》，一只铜板！'好像满街都是他们的声音。"[②] 为
了进一步扩大《公理日报》在群众中的影响，陈云和商务印书馆的许
多青年工人也加入到卖报的行列。每天天未亮，他们就来到郑家门口

---

① 郑尔康：《石榴又红了——回忆我的父亲郑振铎》，中国人民大学出版社1998年版，
第130页。
② 叶至善：《五卅运动中的〈公理日报〉》，《为了纪念》，湖南教育出版社2007年版，
第2—3页。

领取报纸。在大家的努力下，《公理日报》成为五卅运动时期重要的报纸之一，日销量最高达到 2 万份。

6 月 24 日，《公理日报》在出版 22 期之后被迫停刊了。究其原因，首先在于经济上的入不敷出。《公理日报》开办之初的经费主要依靠商务印书馆张元济、高梦旦、王云五每人所捐的 100 元。虽然此后也有一些团体和个人的捐助，以及报纸广告收入，但是相较于印刷费用的浩大，上述收入明显不足。《公理日报》每日印 15000 份至 20000 份，印刷费用约在 80 元以上，而每日的收入则至多不过 30 余元。因此，当捐助款项完全用尽后，《公理日报》也就难以为继。其次，找不到合适的印刷厂承印。虽然是商务职工办的报纸，但是"在商言商"的商务印书馆不允许其印刷厂印刷《公理日报》，因此《公理日报》只能在馆外寻找印刷厂。当时闸北地区能够承印如此大量报纸的印刷厂仅有二三家，而在这二三家中，又仅有一家肯承印。之后这家印刷厂也因为种种顾忌而不肯再印。这直接导致《公理日报》的停刊。最后，"上海学术团体对外联合会"内部各团体在一些观点上存在差异。在"上海学术团体对外联合会"的 12 个团体中，明显分为左中右三派：中华学艺社、孤军杂志社是一派，中心人物是商务印书馆编译所的陈慎侯、郑心南等，可以说是中间偏左的；太平洋杂志社、中国科学社上海社友会也可以归属到中间偏左，但是他们不敢提"打倒帝国主义"的口号；醒狮社是国家主义派，是右派；文学研究会、上海世界语学会（胡愈之是此学会的会员）、妇女问题研究会，可以说是左派。① 所以，当《公理日报》发表一些激烈言论时，就会引起一些团体负责人的不满。

---

① 茅盾：《五卅运动与商务印书馆罢工》，《茅盾全集》(34)，人民文学出版社 1997年版，第 303 页。

郑振铎（1898—1958）

毕业纪念册上的郑振铎

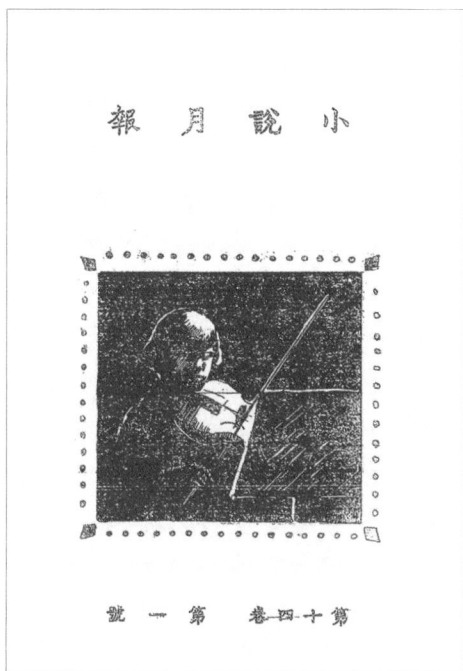

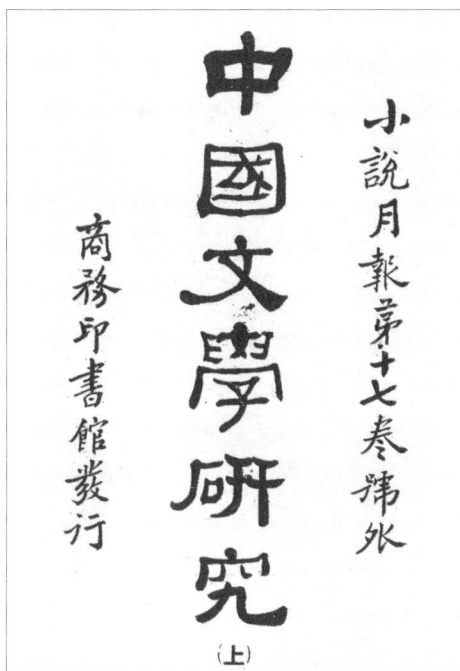

《小说月报》及其《中国文学研究专号》

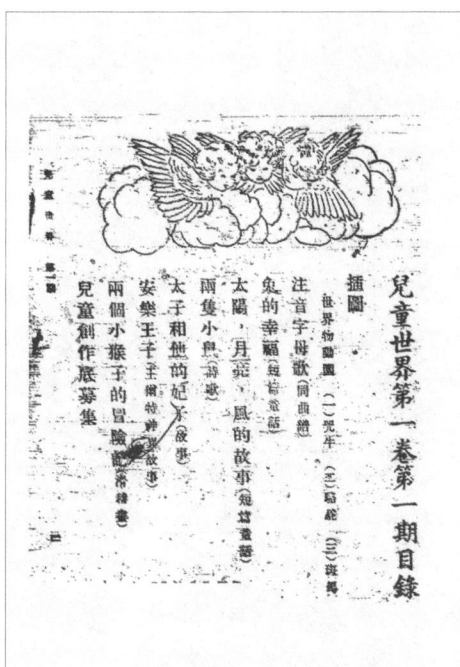

《儿童世界》封面及第 1 卷第 1 期目录

1923 年 10 月 10 日，郑振铎与高梦旦之女高君箴结婚

1931 年夏，郑振铎在北平与夫人、女儿合影

《文学》创刊号

《文学季刊》

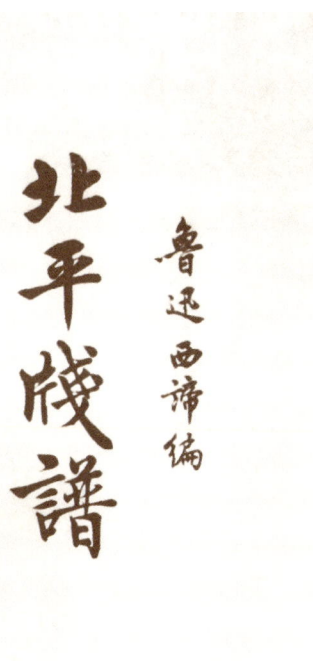

郑振铎与鲁迅合作编印的《北平笺谱》和《十竹斋笺谱》

1933 年夏，郑振铎与谢冰心夫妇摄于北平。左三起：吴文藻、谢冰心、郑振铎

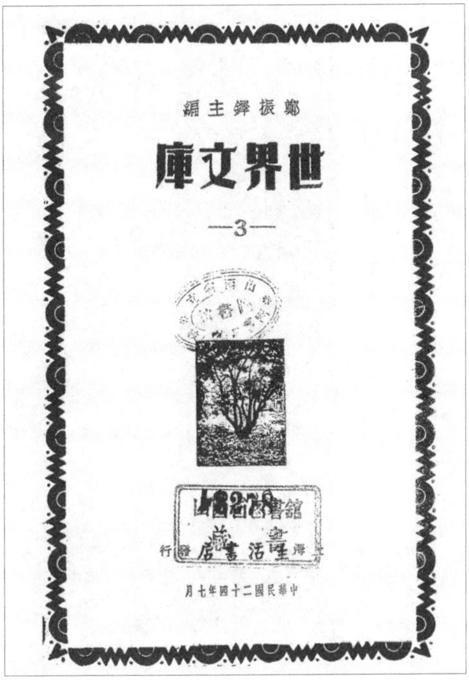

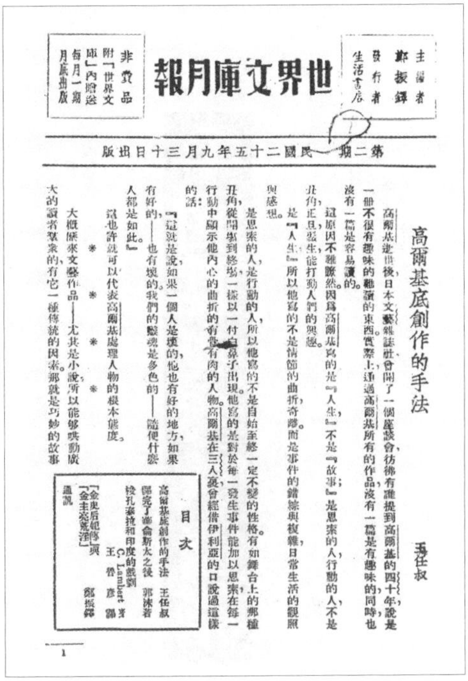

鄭振鐸主編

世界文庫

—3—

上海生活書店發行

中華民國二十四年七月

主編者 鄭振鐸　發行者 生活書店

世界文庫月報

非賣品 附「世界文庫」內贈送 每月一期 月底出版

第二期　民國二十五年九月三十日出版

高爾基底創作的手法

王任叔

高爾基逝世後，日本文藝雜誌社曾開了一個座談會，彷彿有誰提到高爾基的四十年，說是一冊不很有趣味的難讀的東西。實際上，通過高爾基所有的作品，沒有一篇是有趣味的，同時，也沒有一篇是容易讀的。

這原因不難瞭然。因爲高爾基寫的是『人生，』不是『故事；』是思索的人，行動的人，不是丑角，正旦，鬚生，能打動人們的興趣。是『人生，』所以他寫的不是情節的曲折，奇蹟。而是事件的錯綜與複雜，日常生活的觀照與感想。

是思索的人，是行動的人，所以他寫的不是自始至終一定不變的性格。有如舞台上的那種丑角，從開場到終場，一樣以一付白鼻子出現。他寫的是對於每一發生事件能加以思索，在每一行動中顯示他內心的曲折的有骨有肉的人物。高爾基在三人裏，曾經借伊利亞的口說過這樣的話：

『這就是說，如果一個人是壞的，他也有好的地方，如果有好的，——也有壞的。我們的靈魂是多色的——隨便什麼人都是如此。』

這也許就可以代表高爾基處理人物的根本態度。

＊　＊　＊　＊

大概歷來文藝作品——尤其是小說，所以能夠哄動廣大的讀者羣衆的，有它一種傳統的因素。那就是巧妙的故事

目次

《世界文库》及其月报

《中国版画史图录》书影

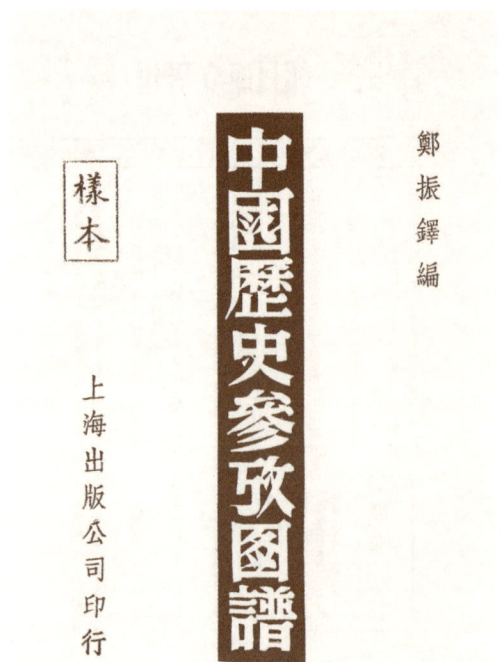

《中国历史参考图谱》书影

第七节 "他不走，我们就走！"

1931 年 9 月，郑振铎应好友燕京大学国文系主任郭绍虞之邀，离开商务印书馆，前往北平担任燕京大学和清华大学的合聘教授，主讲中国古典小说及戏曲。在此之前，郑振铎也曾短暂离开过商务。1927 年，蒋介石在上海发动四一二反革命政变，在收缴工人纠察队枪支的同时大肆屠杀徒手请愿的工人群众，商务印书馆编译所的职工异常愤怒，胡愈之起草了一封给上海政治临时分会委员蔡元培、李石曾、吴稚晖的抗议书，声讨国民党军队的暴行，并通过其弟的关系将该抗议书刊登在《商报》上。在该抗议书上署名的除了胡愈之外，还有郑振铎、冯次行、章锡琛、周予同、吴觉农和李石岑，而郑振铎列头名（因郑字笔画最多）。吴稚晖看后大怒，令人按名搜捕。为免遭不测，在岳父高梦旦的帮助下，郑振铎乘船前往欧洲躲避追捕，在欧洲游历近一年后，于 1928 年 6 月回到上海。如果说 1927 年的离开是迫不得已，那么这次郑振铎是想彻底、永远地离开了。一方面是为了静下心来从事相关著作的撰写，另一方面则是不满于商务印书馆总经理王云五在商务进行的系列改革。郑振铎日后就曾说，"后来又到意大利去了一下，回法国后归国。再编《小说月报》时王云五订了很多规章……他不走，我们就走！圣陶走了，我也离开了。"①

---

① 郑振铎：《最后一次讲话》，《郑振铎全集》(3)，花山文艺出版社 1998 年版，第 376—377 页。

一

王云五是中国近代史上颇具传奇色彩的人物。王云五（1888—1979），原名云瑞，字云五，号岫庐，生于上海，祖籍广东中山。"他只有小学毕业的学历，却在青年时期即担任大学教授；他发明了四角号码检字法，又创制了中外图书统一分类法；他一生前后主持商务印书馆达40年之久，使商务馆曾名列世界三大出版机构之一；抗战时期，他作为社会贤达参政；1946年起历任国民政府经济部长、行政院副院长、财政部长；1954年出任台湾'考试院'副院长、'行政院'副院长，至1964年退出政坛，辞去官职后，重新将主要精力投入文化教育事业。在台湾，他有'博士之父'的誉称，但直至1969年获韩国建国大学名誉法学博士学位，他才算有了'文凭'。"[1]他自诩"一生以出版为主，教学次之，公务政务殆如客串"，可见其对出版事业的热爱，有人称他为民国时期"一流的出版家，甚至可能是中国首屈一指的出版家"。[2]以他策划出版的"万有文库"为例，虽然由于战乱最终只出齐了两集，但是规模已足够震撼：第一集包括图书1010种，2000册，1.15亿字；第二集虽然不及第一集，但也包括国学丛书第二集300种，1200册；汉译世界名著150种，450册；自然科学丛书初集200种，300册；现代问题丛书50种，50册。除此之外，王云五在经营上颇见智慧，以"万有文库"的推销为例，1929年前后第一集开始预约时，市场反应冷淡，王云五为扭转局面一面采用集体预约的办法，分别按合购部数之多少，予以相当折扣；一面分函各分

---

① 李楷：《国民党43名头等战犯通缉令》，华文出版社2011年版，第134页。

② ［美］黄仁宇：《黄河青山》，生活·读书·新知三联书店2001年版，第445页。

馆，令其与该省教育厅和其他主管机构接洽。在其努力下，各省集体订购者"至少五十部，多至一二百部，不久便增至两千余部之预约"。如时任浙江省财政厅厅长的钱新之，即用一笔"陋规"购买了 80 余部，浙江省每县均分发一部。最终在集体购书的带动下，"万有文库"第一集最终订出 8000 余部。

1920 年年底，沈雁冰接替王蕴章主编《小说月报》，同在北京的郑振铎建立联系，对以往由"鸳鸯蝴蝶派"文人把持的杂志进行大刀阔斧的改革。例如以前的"弹词"、"文苑"、"杂载"等栏目被取消，新设置"海外文坛消息"、"社评"、"译论"、"读者文坛"等栏目传播新文学信息；以往在《小说月报》里常出现的林纾、周瘦鹃、程小青等作家，被以文学研究会为主体的新文学阵营作家所取代。

但是正当沈雁冰与郑振铎以《小说月报》为阵地抨击"鸳鸯蝴蝶派"文学的时候，接替高梦旦担任商务编辑所所长的王云五却新创办了一份"鸳鸯蝴蝶派"刊物《小说世界》：

> 早在一九二二年夏初，王云五对我和郑振铎说，他们……想办一种通俗刊物，名《小说》；并郑重声明：《小说月报》方针不错，万无改回来之理，但《小说月报》有很多学术性的文章，一般人看不懂，现在他们要办个通俗性的《小说》……等到《小说世界》在市面上发行，我们才知道这里面有包天笑、李涵秋（黑幕小说《广陵潮》的作者）、林琴南、赵苕狂的"大作"，我们大吃一惊……
>
> 这件事，王云五他们做得非常机密。料想他们一定在商务当局面前自吹他们"化无用为有用"，把我在接手主编《小说月报》

时封存的许多"礼拜六派"的来稿和林琴南的译稿都利用上了，为商务省下一笔钱……①

　　虽然最终发生正面冲突的双方是沈雁冰与王云五，但是作为沈雁冰的忠实支持者，"鸳鸯蝴蝶派"文学的坚决反对者，可以想见郑振铎对于王云五的看法。

　　一波未平，一波又起。五卅运动之后的商务印书馆大罢工又将王云五与郑振铎推到谈判桌前。1925年8月19日，商务"一处三所"（总务处、发行所、印刷所、编译所）的低薪职工秘密联合起来，商讨并布置罢工事宜。之后商务当局虽口头承诺每年提取10万元利润给员工加薪（约加薪一成），但商务员工并不买账。在商务印书馆工会领导下，上海商务印书馆职工于8月22日开始罢工，到了8月23日下午，陈云领导商务印书馆发行所和印刷所近4000名职工在东方图书馆门前广场集会，向商务印书馆馆方提出增加工人工资、缩短工作时间、优待女工等条件。8月24日，编译所职工也开始进行罢工。当天下午，商务印书馆资方代表张元济、高梦旦、王云五等与沈雁冰、郑振铎等13名劳方代表进行谈判。由于双方分歧巨大，谈判陷入胶着。

　　据沈雁冰回忆，1925年8月26日上午，正当劳资双方代表正在总务处会客室里继续谈判时，突然戏剧性的一幕出现了，"忽有淞沪镇守使派来的一个营长带了几个卫兵闯进会议室，说是奉命来调解的。这个营长高踞上座，命资方代表及劳方代表各坐一边，拿起罢工中央执行委员会的条件和资方的表示能接受的答复条件，草草看了一

---

　　① 茅盾：《复杂而紧张的生活、学习与斗争》，《茅盾全集》(34)，人民文学出版社1997年版，第214—215页。

下，就大声说：你们工人不是要加工资么？我说可以。商务印书馆有的是钱。你们工人又说要成立工会么？那不成。联帅（孙传芳，时称五省联帅）命令取缔一切工会。几千人罢工，地方治安就不能维持了，限你们双方今天立即签字复工。这一番话，劳资双方都不赞成，都不作声。这个营长就拍案而起，威胁说：明天我派兵来，一定要复工。说着就朝外走了。这时候，王云五突然快步上前，拉住了营长，扑的跪在地下哀求道：请营长息怒，宽限一、二天，我们自己解决，千万不要派兵来。营长不置可否就走了。王云五回身对大家痛哭道：我们双方让步一点，免得外边人来干涉。"① 虽然 8 月 28 日，劳资双方最终达成协议，员工复工，但有过这样的屈辱经历，王云五心胸再宽广，对于郑振铎这些参与罢工、谈判的人员没有任何看法和意见显然很难做到。

二

直接导致郑振铎离开商务的还是王云五 1930 年在商务推行的"科学管理法"。其实早在这次改革之前，就有许多人对商务的管理方式颇有微词，要求改革的呼声很高。1921 年 7 月胡适来商务考察时，杨端六就反映商务印书馆"无人懂得商业，无人能通盘筹算，无人有权管得住全部。馆中元老皆（1）退职官僚，（2）工人，（3）文人，没有一个能懂得营业的道理的。馆中最大的弊是不用全力注重出版而做许多不相干的小买卖。编辑所中待遇甚劣，设备（图书、房子）甚

① 茅盾：《五卅运动与商务印书馆罢工》，《茅盾全集》(34)，人民文学出版社 1997 年版，第 315 页。

不完备，决不能得第一流人才"①。这种不懂商业、不懂管理直接导致商务经营效率低下，如郑贞文在东京时卖稿给商务，每千字约三元或四元。现在在编译所中得的薪俸与出的书稿字数平均起来，每千字约在十元以上。②而作为商务印书馆元老，时任编译所所长的高梦旦也十分支持编译所进行改革，他曾认为郑贞文等人的改革步伐太小，可以再加大一些，"郑心南诸人只要'立宪'，我要的是'革命'。"③这为王云五的改革创造了有利环境。

1930年3月，王云五作为商务印书馆总经理出国考察西方企业经营制度。半年时间里，他先后游历了日本、美国、英国、法国、瑞士、德国、比利时、荷兰、意大利九个国家，参观的公司、工厂有40余家，咨询专家有五六十人，访问研究所及各种团体，也有几十处。王云五考察的重点是企业管理，尤其是像日本朝日新闻社、美国国家印刷局、麦克米伦出版公司等知名新闻出版机构的经营管理。回国后的第三天（9月11日），经过深思熟虑的王云五正式向商务董事会提交了三万多字的《本馆采行科学管理法的计划》报告，希望把泰罗的科学管理法运用到商务的经营管理中去，商务董事会经过讨论一致通过了王云五的报告。9月13日，王云五正式向商务印书馆"一处三所"职工宣布"本馆采行科学管理法计划"。12月18日，王云五又向编译所一些职员和职工会代表谈了改组编译所的构想。他指出编译所人员多达300余人，这在国内外是没有先例的，编译、编辑、审查、核改、发排、校对等各类人员混杂在一起，致使机构庞大，工

---

① 胡适著，曹伯言整理：《胡适日记全编》(三)，安徽教育出版社2001年版，第386页。
② 胡适著，曹伯言整理：《胡适日记全编》(三)，安徽教育出版社2001年版，第380页。
③ 胡适著，曹伯言整理：《胡适日记全编》(三)，安徽教育出版社2001年版，第380页。

作效率低下。针对这种弊端，拟将出版部、事务部、函授社等划出，留任的编译人员，分为编辑、副编辑、助理编辑或编辑生等数级。将来各专科编辑部门的组织，大概以科目为单位，务使部分缩小，职务专一。1931 年 1 月 10 日，王云五颁布了他拟定的《编译所编译工作报酬标准试行章程》。该章程共 26 条，把编译工作分为著作、翻译、选辑、校改、审查 5 种，各种编译工作按担任者资格、工作种类以及品质高下（质量优劣）3 项规定其报酬标准。据这 3 项标准综合评定，将编辑工作分为 8 个等级，每一等级都详细制定编、译、校等各类工作千字计酬标准，并明确规定"编译所内担任编译者之资格，由编译所所长提交编译评议会评定等级后，报告总经理决定之"，"工作之种类由编译所所长参酌总编译部之意见决定之"，"品质高下由编译所所长参酌审查员意见决定之"。①

　　除了上述改革外，王云五也更加注重对编译所职工编译活动的控制，加强商务内部的出版审查，据陶希圣回忆：

　　　　向例，每出一部书，一份刊物，须先送样本到总经理室，原本是备查的意思。至北伐清党之后，出版家对于出版物所负责任甚重。总经理指示我，每部新书的样本，尤其每份刊物的最后校样，送来时务必检查。于是《东方杂志》乃至《妇女杂志》、《学生杂志》乃至《教育杂志》，每一期须经检查，方可付印。②

---

　　①　该章程全文见《商务印书馆编译所之轩然大波》，《中国新书月报》1931 年第 1 卷第 3 期。

　　②　陶希圣：《商务印书馆编译所见闻记》，《商务印书馆九十五年》，商务印书馆 1992 年版，第 495 页。

　　王云五的这套改革方案遭到很多编译所员工包括郑振铎的激烈反对，最终只能宣布暂停科学管理的改革。不过王云五并未因这场改革而失势，反因善于处理工潮而为商务高层所支持。想到以后两方之间可能会产生无休止的斗争，郑振铎不再眷念这个"是非之地"了。

第四章

北平时光

1931 年 9 月 7 日，郑振铎偕夫人及幼女离开上海奔赴北平，担任燕京大学和清华大学的合聘教授，开始了他在北平近四年的大学教授生涯。教书生活有乐有苦，乐在有大量时间著书撰文，并结识了众多优秀学子，苦在燕京大学内部的人事纠纷以及同好友间产生的龃龉。也正是人事纠纷，最终使得郑振铎不得不离开燕京大学，返回沪上。

在北平近四年的时间里，郑振铎始终没有离开编辑出版工作，先后主编了《文学》、《文学季刊》等大型文学刊物，与鲁迅合作完成了《北平笺谱》的辑印工作。尽管角色有所变换，但不变的是对出版的热爱和斐然的成绩。

第一节 《文学》

1932 年 1 月 28 日，日本侵略者进攻上海，中国军队奋起抵抗，史称一·二八事变。商务印书馆在这场战事中损失惨重，许多杂志都被迫停刊，其中也包括《小说月报》。虽然之后商务印书馆在王云五的带领下，经历了一番苦斗终于恢复了元气，许多杂志也得以复刊，但《小说月报》不在此列。据说王云五认为《小说月报》有左翼倾向，所以拒绝复刊这份延续了 21 年之久的老牌杂志[①]。

一·二八事变爆发时，郑振铎正在燕京大学执教，上课之余积极实施他的著述计划。1933 年 3 月，作为"左联"负责人的沈雁冰给郑振铎去了一封信，希望他回一趟上海，商议创办一份大型文学刊物的事宜。原来，国民党反动势力此前加紧了文化管制，对于进步书刊进行疯狂查禁。据不完全统计，到 1931 年 4 月时国民党政府部门查禁的书刊就有 228 种，后来更是达到了 700 多种。[②] 当时左翼文艺界面临的情势尤为严峻，"左联"的机关刊物，如早期由冯雪峰主编的《萌芽》及鲁迅与冯雪峰共同主编的《文学导报》都遭到国民党当局的查禁。稍后，丁玲主编的《北斗》也被迫停刊，而周扬主编的《文学月报》也被禁止发行，"'左联'自己办的文艺杂志已无法出版，出路何在呢？采取什么政策，什么方式才能不仅继续战斗，而且扩大战

① 黄源：《鲁迅与〈文学〉》，《黄源文集》（第一卷），上海文艺出版社 2005 年版，第 178—179 页。

② 参见阳翰笙：《左翼文化阵营反对国民党反动派文化"围剿"的斗争》，载《左联回忆录》编辑组编著：《左联回忆录》，知识产权出版社 2010 年版，第 123 页。

线的范围与影响?"① 作为"左联"领导人的沈雁冰想到再办一份像当年的《小说月报》那样的大型文学刊物,色彩不那么浓烈,这样既可以继续发出自己的声音,又不会被当局注意。由于沈雁冰已是国民党通缉的对象,不便公开抛头露面,所以他希望由郑振铎来担任这个刊物的主编。郑振铎一口答应,不过考虑到自己平日既要上课,又要忙着写作,精力实在有限,所以他提出找一个人来跟他一起合编这个刊物。思来想去,郑振铎选择了文学研究会会员傅东华②。之所以选择傅东华,不仅因为他是郑振铎多年的好友,而且作为文学研究会成员,对于文学的认识与郑振铎及沈雁冰等人相近,更为重要的是他的哥哥当时正担任江苏省教育厅厅长,这样的背景能给身处国民党文化"围剿"中的刊物涂上一层"保护色"。

共同主编人选确定后,郑振铎与沈雁冰又拟定了一份十人的编委会名单,除了不公开出面的鲁迅外,还有叶圣陶、郁达夫、陈望道、胡愈之、洪深、傅东华、徐调孚、郑振铎、沈雁冰。4月6日,郑振铎在会宾楼宴请鲁迅、沈雁冰、胡愈之、叶圣陶、陈望道、郁达夫、巴金、王伯祥、傅东华、徐调孚、谢六逸、施蛰存、樊仲云等人。大家商定这本刊物就叫《文学杂志》(后来郑振铎得知北平"左联"要出一份同名的刊物,于是决定把将在上海出版的《文学杂志》更名

---

① 黄源:《左联与〈文学〉》,《黄源文集》(第一卷),上海文艺出版社 2005 年版,第171 页。

② 傅东华(1893—1971),浙江金华人,本姓黄,因过继外祖父家,所以又名傅则黄,字约斋,笔名伍实、郭定一等。少年家贫,自学成才,擅长英语。民国元年(1912)毕业于上海南洋公学中院(中学部),1913 年考入中华书局做练习生,后任编辑。1916 年离开中华书局,到浙江东阳县立中学教英文。1919 年起,在同乡邵飘萍的介绍下,先后在北平平民大学附中、北京高等师范学校任教。1924 年从京返沪,在郑振铎的介绍下,当时正在上海商务印书馆编译所任编译员。

为《文学》)，以"文学社"的名义出版，社址设在法租界拉都路敦和里 12 号。此后，一向支持进步文化事业的邹韬奋也一口承诺《文学》月刊可以由生活书店出版。至此，《文学》月刊的创办工作基本就绪，郑振铎便放心地返回北平，继续教书的同时，负责在京津地区为《文学》月刊组稿。

上海的这次聚会之后，消息灵通的新闻媒体似乎嗅到了什么，小道消息开始在文坛广泛传布，如 4 月 16 日的《出版消息》上就登载了两则消息："闻《小说月报》将于最近复刊，惟不由商务印书馆出版，将由某新书店出版，主编已定为郑振铎与傅东华……并闻内容有变更云。""据闻鲁迅、沈雁冰、田汉、郑振铎等，近日正积极进行团结成某一集团，性质将与以前之'文学研究会'相类，不日将召集开会讨论事宜云，确否待证。"1933 年 5 月 6 日，上海《生活》周刊正式刊登了《〈文学〉出版预告》："编辑这月刊的目的，在于集中全国作家的力量，期以内容充实而代表最新倾向的读物供给一般文学读者的需求。它为慎重起见，特组九人委员会负责编辑。聘请特约撰稿员数达五十余人，几乎把国内前列作家罗致尽净。内容除刊登名家创作，发表文学理论，批评新旧书报，译载现代名著外，并有对于一般文化现状的批判；同时全力介绍新近作家的处女作，期使本刊逐渐变成未来世代的新园地；又与各国进步的文学刊物常通消息，期能源源供给世界文坛的情报。"

1933 年 7 月 1 日，《文学》月刊在广大文学爱好者的翘首企盼中如约而至。傅东华在创刊号中发表了名为《一张菜单》的文章，作为《文学》月刊的发刊词：

　　我们这杂志的内容确实是"杂"的。这似乎用不着我们特别声明，读者只消一看本志负责编辑人和特约撰稿人的名单，便知端的。但是这个"杂"，并不就暗示我们这杂志是第三种人的杂志。我们只相信人人都是时代的产儿，无论谁的作品，只要是诚实由衷的发抒，只要是生活实感的记录，就莫不是这时代一部分的反映，因而莫不是值得留下的一个印痕。①

正如文中所言，《文学》月刊不仅内容多样，作者队伍也是十分"庞杂"，据统计，为《文学》月刊撰稿的作家多达 108 人，除编委会 10 名成员外，还有郭沫若、曹聚仁、萧军、王任叔、夏衍、楼适夷、梁宗岱、巴金、张天翼、黄源、艾芜、沙汀、黑婴、王统照、朱自清、夏丏尊、丰子恺、刘廷芳、朱湘、臧克家、顾颉刚、俞平伯、陈子展、曹靖华、耿济之、胡风、何家槐、夏征农、白薇、周扬、谢六逸、丁玲、鲁彦、贺昌群、许地山、李健吾、吴组缃、徐懋庸、老舍、靳以、冰心、王伯祥、沈从文、沉樱、李辉英、陈瘦竹、伍蠡甫、刘延陵、方光焘、黎烈文、马宗融、欧阳山、林语堂、丽尼、卞之琳、魏建功、刘复、夏承焘、乐嗣炳、赵景深、吴晗、穆木天、许杰、沈起予、蔡希陶、草明、陈白尘、徐訏、陈企霞、蒋牧良、苏雪林、杨骚、季羡林、周文、叶紫、芦焚、聂绀弩、萧红、许钦文、孟十还、阿英、赵家璧、王独清、刘白羽、舒群、孟超、唐弢、郑伯奇、端木蕻良、周立波、戈宝权、田涛、于黑丁、周木斋、贾祖璋、蒲风、万迪鹤、罗烽、苏金伞、欧阳凡海、朱光潜、王亚平、邹荻帆、王西彦、陈荒煤、碧野等。这其中不仅有小说家，还有诗人、散

---

① 傅东华：《一张菜单》，《文学》1933 年创刊号。

文家、翻译家以及理论家，不仅包括知名的文人学者，而且还包括大批新进作家。当然，这一长条的撰稿人名单也清晰地表明，文学研究会成员依然是《文学》月刊作者队伍的主体，从这一角度来看，说《文学》月刊是《小说月报》的后续一点都不为过。

不过，正是作者与内容的"杂"，满足了不同口味、不同爱好读者的阅读需求。以《文学》月刊创刊号为例，可谓名家云集，精彩纷呈，如"五四文学运动的历史意义"专栏就刊登了郁达夫、金兆梓、楼适夷、胡秋原、杜衡、沈起予等人的文章；小说诗歌创作方面，叶圣陶的《多收了三五斗》、茅盾的《残冬》、艾芜的《咆哮的许家屯》后来都成了经典名篇；理论研究方面有陈望道的《关于文学诸问题》；中国古典文学方面有鲁迅的《谈金圣叹》、郭源新（郑振铎）的《谈〈金瓶梅词话〉》、陈子展的《两宋词人与诗人与道学家》；外国文学方面有梁宗岱主持的纪念法国散文家蒙田诞辰400周年的专栏。因此，《文学》月刊创刊号在期刊市场上一炮打响，读者反映极好，首印1万册不到5天即告售罄，随后一个半月里又加印了3次，可见受读者欢迎的程度。

随着1933年年底开始预谋和酝酿的国民党书报检查制度在1934年开始正式执行，《文学》月刊在上海的生存处境越来越艰难。1933年12月初的一天，傅东华急匆匆地找到沈雁冰，告诉沈雁冰有人透露消息说《文学》月刊在国民党上海市党部的被禁书刊之列。茅盾在回忆录中曾说：

> 后来，我们看到国民党上海市党部的一个报告，其中也讲到查禁《文学》的经过，当然是歪曲和捏造了的。兹抄录如下："《文学》本系文总刊物，态度恶化已极。名由傅东华与郑振铎两人主

编，实际则由茅盾主干，经予查禁。嗣该傅东华联同郑振铎具请愿转变作风，为民族文艺努力，不采用左翼作品，并于印行前先送审核，始姑准继续出版。"[1]

尽管之后《文学》月刊并没有被禁，但是国民党上海市党部提出三条继续出版《文学》的条件：一是不采用左翼作品，二是为民族文艺努力，三是稿件送审。同时要求《文学》从第 2 卷起每期稿子必须经过他们的特派员的检查通过才能排印，而且编辑者不能署"文学社"，须署主编人姓名，让《文学》月刊出版遇到很大困难。自此之后，《文学》月刊上刊登的左翼作家作品经常遭到国民党的查禁，如第 2 卷第 1 期的新年号就被"检查官"抽去了巴金的长篇小说《雪》、欧阳山的《要我们歇歇也好》及夏征农的《恐慌》；征文特辑"文坛何处去"全部被抽，其中有郑伯奇、张天翼等人的文章；"新年试笔"一栏中有巴金的一篇文章，署名被"检查官"勒令改为"比金"。为此，《文学》只能在刊中发表声明来祈求读者的谅解：

本刊自去年七月创刊以来，每月一日发行，从未脱期，内容纯属文艺，绝无政治背景，极受读者界欢迎，销行至为畅广。近以特种原因，致出版延期，重劳读者垂询，致深歉憾！事非得已，尚祈曲谅是幸！[2]

---

① 茅盾：《一九三四年的文化"围剿"与反"围剿"》，《茅盾全集》(34)，人民文学出版社 1997 年版，第 628 页。

② 茅盾：《一九三四年的文化"围剿"与反"围剿"》，《茅盾全集》(34)，人民文学出版社 1997 年版，第 629 页。

这种状态对《文学》月刊极为不利，正如鲁迅在 1934 年 1 月 11 日给郑振铎的信件中所担忧的那样："《文学》2 卷 1 号，上海也尚未见，听说又不准停刊，大约那办法是在利用旧招牌，而换其内容，所以第一着是检查，抽换。不过这办法，读者之被欺骗是不久的，刊物当然要慢慢的死下去。"① 为此，郑振铎、沈雁冰同傅东华进行商量，决定从第 2 卷第 3 期起，连出《翻译专号》、《创作专号》、《弱小民族专号》、《中国文学研究专号》4 个专号，以此来对付国民党对杂志的"大抽大改"。他们在《文学》第 2 卷第 2 号上发布该计划，孰料一些小报小刊别有用心地传播谣言，说《文学》"出两期翻译专号，一期中国文学专号之后，即行停刊，其原因即为补足订户"。为了反击谣言，《文学》在第 2 卷第 3 期《翻译专号》上登出辟谣启事，指出某刊所载《文坛消息》"全与事实不符"，"至谓本刊专号出齐即行停刊，则更属捕风捉影之谈。本刊自始即以促进文学建设为职志，苟为环境所许，俾本刊得效绵薄于万一，本刊自当不辞艰险，奋斗图存，非至万不得已时决不停刊。"② 接着在第 2 卷第 4 号《创作专号》上又刊出一则"本刊第 3 卷第 1 号特大号征稿"的启事，以显示《文学》决不停刊的决心。

这 4 期专号犹如集束炸弹，在当时文坛产生了巨大震撼力。例如《弱小民族文学专号》除了刊载《现世界弱小民族及其概说》、《英文的弱小民族文学史之类》等论文外，还有 18 个弱小民族的短篇小说。这些文章为许多人了解欧洲诸多小国的文学提供了窗口，施蛰存

① 鲁迅：《致郑振铎》，《鲁迅全集》(13)，人民文学出版社 2005 年版，第 7 页。
② 茅盾：《一九三四年的文化"围剿"与反"围剿"》，《茅盾全集》(34)，人民文学出版社 1997 年版，第 631—632 页。

就曾回忆道："最先使我对于欧洲诸小国的文学发生兴趣的是周瘦鹃的《欧美短篇小说丛刊》，其次是《小说月报》的《弱小民族文学专号》，还有周作人的《现代小说译丛》。这几种书志中所译载的欧洲诸小国的小说，大都篇幅极短，而又强烈地表现着人生各方面的悲哀情绪。这些小说所给我的感动，比任何一个大国度的小说所给我的更大。尤其是《弱小民族专号》，其中又有一些论文，介绍欧洲诸小国文学状况之一斑，当时读后使我得到了初步的文学知识。"① 而此后的《中国文学研究专号》篇幅多达 300 多页，刊载了朱自清、顾颉刚、俞平伯、李嘉言等人的 37 篇文章。鲁迅看后曾给郑振铎写信道："本月《文学》已见，内容极充实，有许多是可以借以明白中国人的思想根柢的。"②

连出 4 期专号在近现代期刊出版史上应该算是一大创举，虽然是无奈为之，但是通过这种方式也取得了意想不到的效果，一方面使郑振铎等人对国民党的检查政策底细有了清晰的了解，"知道了文章应该怎样写，杂志应该怎样编，才能瞒过检查官的眼睛，达到预期的目的。从第 3 卷开始，虽然每期还有被抽被删的文章，但已难不倒我们了。"③ 另一方面也使得他们对于专号这种编辑方式的运用更为熟悉，此后在《文学》的办刊岁月中，又有多次专号的运用（见表 4）。

---

① 林祥主编：《世纪老人的话：施蛰存卷》，辽宁教育出版社 2003 年版，第 165 页。（注：《弱小民族文学专号》属《文学》，《小说月报》推出过《被损害民族文学专号》。此处应是笔误。）

② 鲁迅：《致郑振铎》，《鲁迅全集》（13），人民文学出版社 2005 年版，第 134 页。

③ 茅盾：《一九三四年的文化"围剿"与反"围剿"》，《茅盾全集》（34），人民文学出版社 1997 年版，第 659 页。

表 4 《文学》专号统计表

时间	名称	期数
1933 年 8 月 1 日	屠格列夫纪念专号	1 卷 2 号
1934 年 3 月 1 日	翻译专号	2 卷 3 号
1934 年 4 月 1 日	创作专号	2 卷 4 号
1934 年 5 月 1 日	弱小民族文学专号	2 卷 5 号
1934 年 6 月 1 日	中国文学研究专号	2 卷 6 号
1934 年 7 月 1 日	一周年纪念号	3 卷 1 号
1935 年 7 月 1 日	二周年纪念号	5 卷 1 号
1936 年 9 月 1 日	短篇小说专号	7 卷 3 号
1937 年 1 月 1 日	新诗专号	8 卷 1 号

1937 年 11 月,《文学》月刊在坚持出版了 9 卷 52 期之后被迫停刊。正如王统照在《文学》月刊第 8 卷第 6 号所写的《编后记》中所言:"这一期出版后,本刊足满了四岁。从下期(九卷一号)起,本刊进入了'生存'上的第五个年头。四年的期间,不能说多,然而这四年内文坛上的动态,用一句成语,正所谓'回黄转绿',后人若写民国文艺史,至少得给它一大章的地位!"① 确实,《文学》月刊在 20 世纪 30 年代中国文化界的重要性被现代研究者所公认,杨联芬先生就评价说:"《文学》在三十年代国民党文化专制的夹缝中顽强生存了四年,成为三十年代坚持时间最长的刊物,《文学》以其内容的充实,见解之敏锐精到,编排之严谨细致而赢得'三十年代中国第一刊'的美誉,为中国现代文学做出了重要的贡献。"而这一历史地位的取得,其实是"依恃着几位实际编辑者的才华互补和协同操作形成的综合效应","包括茅盾卓越的艺术眼光、理论修养,以及同左翼作家的

---

① 王统照:《编后记》,《文学》月刊 1937 年第 8 卷第 6 号。

因缘；包括傅东华的中间派色彩，其胞兄为江苏省教育厅长所形成的保护色，以及他的外国文学知识……还包括黄源在编校、杂务上的勤勉"，还应"包括郑振铎广泛的文坛交往、出色的组织能力和古典文学的兴趣"。[1]

第二节 《文学季刊》

1933年，青年靳以[2]为实现自己的文学梦想，拒绝了父亲安排的银行职员工作，只身来到北平闯荡。后来在朋友的推荐下，他承接了为北平立达书局筹办一份文学杂志的任务。考虑到自己能力和资历都不足以承担如此重任，靳以向曾对自己有提携之恩，此时正在燕京大学国文系执教的郑振铎求助，没想到郑振铎爽快地答应下来。据靳以回忆，郑振铎当时正在考虑在《文学》之外开辟新阵地的问题，所以靳以的邀请正当其时，"《文学》在上海的处境一天天地困难，有许多文章都被'检查老爷'抽掉，我们正好开辟一个新的阵地，这个阵地

---

① 转引自杨义：《中国现代文学图志》，生活·读书·新知三联书店 2009 年版，第421 页。

② 靳以（1909—1959），原名章方叙，天津人。少年时就读于天津南开中学，毕业后进入复旦大学国际贸易系学习。大学期间开始进行文学创作，毕业后专门从事写作和编辑工作。1933 年与郑振铎合编《文学季刊》，并担任《水星》杂志编委。1935 年开始在上海与巴金合编《文季月刊》、《文丛》等杂志以及"烽火抗日小丛书"。1938 年担任复旦大学国文系教授，并兼编《国民公报》文学副刊《文群》，1941 年到福建专科学校执教，并编辑《现代文艺》、《奴隶的花果》、《最初的蜜》等杂志。1944 年仍回复旦大学执教，1946 年随学校回迁上海，担任国文系主任，并编辑《大公报·星期文艺》，与叶圣陶合编《中国作家》。解放后担任作协上海分会副主席，并主持《收获》的编辑工作。1959 年 11 月 7 日，因心脏病辞世。

敌人还没有注意到，可以发挥作用。"① 在紧张的筹备之后，1934 年 1 月 1 日《文学季刊》正式创刊了，由郑振铎与靳以共同主编。

一

1934 年之前的北平被一些人称为"文化沙漠"，难得有大型的文学刊物，《文学季刊》一问世便以其恢宏气势让整个北平乃至全国文坛为之侧目。以创刊号为例，光正文就有 365 页，约 40 万字的篇幅，外加多页书刊广告，这样的规模在当时国内期刊界少有与之匹敌者。《文学季刊》封面设计简单却不失大气，除了上方仿宋体的"文学季刊"四个大字外，正中刊登了 45 名"本期执笔人"名单，其中包括郑振铎、老舍、杨丙辰、吴晗、臧克家、林庚、李长之、黄源、丰子恺、蹇先艾、季羡林、黎锦熙、李健吾、卞之琳、吴文祺、丽尼、顾颉刚、吴组缃、冰心、废名、吴世昌等众多文坛名人，此外还有瞿秋白、鲁迅以笔名列名其间（瞿秋白笔名"商霆"，鲁迅笔名"唐俟"）。发刊词既为刊物揭旨定性、规定内容、明确方向，也显示了编者的雄心壮志② ：

> 我们这一部分人，——列名于下面的本刊编撰人名录里的
> 百十个人，虽然作风未必完全相同，观点未必绝对的无歧异，却

① 靳以：《和振铎相处的日子》，载上海鲁迅纪念馆编：《郑振铎纪念集》，上海社会科学院出版社 2008 年版，第 87 页。
② 该发刊词虽未署名，但从内容判断，极有可能是郑振铎所写。参见陈鸿祥：《令人惊讶的"头版头条"》，《博览群书》2006 年第 11 期。

也自有一个共同的倾向，那便是：

以忠实恳挚的态度为新文学的建设而努力着。

在这个共同的目标之下，我们将：

（一）继续十五年来未竟全功的对于传统文学与非人文学的攻击与摧毁的工作；

（二）尽力于新文学的作风与技术上的改进与发展；

（三）试要阐明我们文学的前途将是怎样的进展和向什么方向而进展。

因此我们的工作将这样的分配着：

一、旧文学的重新估价与整理；

二、文艺创作的努力；

三、文艺批评的理论的介绍与建立；

四、世界文学的研究介绍与批评；

五、国内文艺书报的批评与介绍。①

有人认为郑振铎仅是挂名主编，并没有为《文学季刊》作出真正的贡献，这种论点无疑有失偏颇，特别是郑振铎在《文学季刊》创刊过程中所作的贡献是不应当被低估的。万事开头难，对于一本杂志而言，创刊之前的准备工作，包括重要作者的邀请、稿件的组织、宣传造势无疑是极为重要和关键的。郑振铎在筹备《文学季刊》过程中付出的热忱与心血是众多友人有深切体会的，例如李长之就曾回忆说："见面最多的时候，是在郑西谛先生在北平，大家共同编《文学季刊》

---

① 《发刊词》，《文学季刊》1934 年第 1 卷第 1 期。

的一段。这时期虽然不太长，可是因为每一星期（多半是星期六的晚上）大家都要在郑先生家里聚谈，并且吃晚饭，所以起码每一星期总是有一个很充分的时间会晤的。"①在朱自清的日记中也多次出现郑振铎为《文学季刊》请客吃饭的记录，如1933年8月31日，"振铎拟办一刊。又谈徐森玉在山西赵城所得金刻本卷子佛经，其地有霍山，山有某寺，经即藏寺中。"②9月15日，"晚振铎宴客，为季刊，晤李巴金，殊年轻，不似其特写。冰心亦在座，瘦极。归时与林庚等多人同行。"③11月18日，"晚赴振铎宴，仍《文学季刊》编辑。……宴中以巨碗盛菜，人前备置一碗，计菜六事，十人食之有馀，其制甚佳，可仿之。"④12月29日，"晚赴振铎宴，为《文季》也。振告我东华君将在《文学》中肃清左翼，如此则《文学》失其续办之理由矣。"⑤1934年1月6日，"入城应文学季刊社之招，赶得要命，到时众已餐毕矣。"⑥1月31日，"访振铎，谈刘翰怡被杜月笙敲竹杠事。又谈在上海小有天为《季刊》请客事，示菜单，名色甚精，可当大嚼。"⑦宴请如此之频繁，不难看出郑振铎为办好《文学季刊》之煞费苦心。

《文学季刊》第1期的文章也基本体现了郑振铎的编辑理念和特点，例如对文学创作与文学研究的并重，除了他自己的《大众文学与为大众的文学》外，还刊登了黎锦熙的《近代国语文学之训诂研

---

① 李长之：《杂忆佩弦先生》，《李长之文集》（第二卷），河北教育出版社2006年版，第365页。

② 朱乔森编：《朱自清全集》(9)，江苏教育出版社1998年版，第245页。

③ 朱乔森编：《朱自清全集》(9)，江苏教育出版社1998年版，第248页。

④ 朱乔森编：《朱自清全集》(9)，江苏教育出版社1998年版，第263—264页。

⑤ 朱乔森编：《朱自清全集》(9)，江苏教育出版社1998年版，第271页。

⑥ 朱乔森编：《朱自清全集》(9)，江苏教育出版社1998年版，第274页。

⑦ 朱乔森编：《朱自清全集》(9)，江苏教育出版社1998年版，第278页。

究示例》，华赛曼作、杨丙辰译的《六十生年的终结自观》，李健吾的《包法利夫人》，吴晗的《〈金瓶梅〉的著作时代及其社会背景》，贺昌群的《三种汉画之发现》，郭昌鹤的《佳人才子小说研究》，李长之的《王国维文艺批评著作批判》，吴文祺的《再谈王静安先生的文学见解》，吴世昌的《诗与语音》，黄源的《幽默文学与讽刺文学》，夏斧心的《所谓心理的描写》等研究性论文。带有强烈郑氏色彩的《文学季刊》创刊号一问世，立刻受到许多读者的关注，例如仲方（沈雁冰）看后就在《申报·自由谈》上对该创刊号进行评价："总而言之，看完了这本《文学季刊》创刊号以后，我的总印象是：傻态可掬。人家方努力于做新式应制文，努力于造谣卖友，努力于鸡毛当令箭出风头，敲诈，无奇不有，而《文学季刊》的 ·批人却真想努力于什么新文学的建设！他们自以为与人无争。独不知道举世皆傻瓜之日，固然不许有聪明人放乖，而举世多聪明人之日，却也不许有傻瓜作怪的！"① 其书评栏目，更是为专业读者所称赞，萧乾就说《文学季刊》"自创刊以来就有《书评副刊》一个固定的栏，这是极宜嘉许的。……一个领袖的文艺杂志对这事不应疏忽"②。而读者的踊跃购买更反映出该期杂志受读者欢迎的程度，初版1万册仍供不应求，立达书局在第1卷第2期上刊发订阅广告时就说："本刊自发行以来，销数至广，虽经再版，供不应求。……各地同业以先期现批为得，迟恐须候三版。"

正当《文学季刊》一切走上正轨时，郑振铎宣布辞去主编之职，1934年3月24日朱自清的日记中有记载："晚至铎兄处吃饭，铎兄辞

---

① 仲方：《读〈文学季刊〉创刊号》，《申报·自由谈》1934年2月1日。
② 萧乾：《悼〈文学季刊〉》，天津《大公报·文艺》1936年2月9日。

《季刊》编辑。"① 这其中又发生了怎样的变故呢？原来《文学季刊》创刊号"书报副刊"栏目曾刊登季羡林的《夜会》（书评）以及李长之的《离婚》（书评）两篇文章，此时正协助靳以编辑《文学季刊》的巴金于再版时将两文抽掉，并在之后的第 2 期《文学季刊》上用"余五"、"余三"的笔名撰文抨击，称两位作者为"即成式批评家"。因为季、李二人都是郑振铎的学生，所以有学者认为郑振铎离开《文学季刊》是出于"护犊"心理。但是据朱自清 3 月 25 日日记记载："下午振铎兄见告，靳以、巴金擅于《季刊》再版时抽去季羡林文，又不收李长之稿；巴金曾讽彼为'即成式批评家'，见《季刊》中；李匿名于《晨报》中骂之云"②，不难看出郑振铎不悦的是靳以、巴金没有知会自己，擅自抽去《夜会》（书评）、《离婚》（书评）两篇文章的行为。且不说对靳以、巴金等人而言，郑振铎绝对称得上文坛前辈，就是郑振铎来做《文学季刊》的主编，亦是靳以主动邀请来的。尽管如此，郑振铎还是十分豁达，此后也一直关心与呵护《文学季刊》的成长。《文学季刊》停刊后，赵家璧告知郑振铎良友图书公司准备将其复刊，并请巴金、靳以二人合编时，郑振铎完全同意，还称赞"良友又做了一件好事"。③

值得一说的是，鉴于《文学季刊》创刊号的热销，"当时北平的经售书商，见《季刊》销路好，眼红，商请出资另办一个小型纯登创作的文学月刊。《季刊》挂帅人郑振铎和负责人靳以、巴金，乐得有一个'副刊'，因为有同一个菜源，只需一副炉灶，一副人手。"④ 于

---

① 朱乔森编：《朱自清全集》(9)，江苏教育出版社 1998 年版，第 287 页。
② 朱乔森编：《朱自清全集》(9)，江苏教育出版社 1998 年版，第 287 页。
③ 参见赵家璧：《文坛故旧录：编辑忆旧续集》，中华书局 2008 年版，第 146 页。
④ 卞之琳：《星水微茫忆〈水星〉》，《读书》1983 年第 10 期。

是就有了《水星》的诞生。《水星》创刊于 1934 年 10 月，"专登创作，内容纯粹，不杂广告，版式干净"，定位为纯粹刊登创作的文学月刊，发表了不少优秀原创作品，如巴金的一些作品，还有沈从文的《湘行散记》、郑振铎的《西行书简》、萧乾的《篱下》、李广田的《画廊》、李健吾的《意大利游简》等名著名篇都是在这里发表的。其主编人虽标明为卞之琳、巴金、沈从文、李健吾、靳以、郑振铎，但实际负责者是靳以和卞之琳。

二

《文学季刊》于 1935 年 12 月 16 日停刊，总共出版了 8 期。其子刊《水星》于 1935 年 6 月停刊，共出版了 9 期。这两份刊物的停刊，正如陈思和先生所言，"除了有些内部的矛盾以外，最根本的问题仍然是经济的压力，或者说市场的压力。"① 陈先生所说的"经济的压力"、"市场的压力"在《文学季刊》的几则启事中就有反映。《文学季刊》第 1 卷第 4 期时曾刊出《文学季刊社特别启事》，"启事一"中说："本刊从本期（第四号）起，改由本社自行出版，并委托上海生活书店总经售。"② "启事二"中说："本刊为同人杂志，以前一切文稿酬资，均未与书店有明确的规定，故付给稿费，极不规则。第一号仅有四位得到极微薄的稿酬，计每面一元。第二号大部份稿酬，均已付出，惟尚有少数未付。第三号除一部份投稿者已支付稿费外——余皆不能继续

---

① 　陈思和：《总序：关于巴金和靳以联袂主编的旧期刊文选》，载周立民编：《文学季刊》，上海社会科学院出版社 2004 年版，第 3 页。

② 　文学季刊社：《文学季刊社特别启事一》，《文学季刊》1935 年第 1 卷第 4 期。

付出。从第四号起，已定妥稿酬办法，为数虽微，但全是一律，不分等级。"①而在当时，一般大型刊物的稿酬为每千字 5 元，可见《文学季刊》经济之窘迫。

在经济压力之外，杂志的编辑方面也存在一些问题。

书刊阅读与消费往往会打上时代的烙印，反映出整个社会的心理状态。正如普列汉诺夫在谈到法国大革命时期的文学需求时所说："当时的理想是要求公民为了公共的利益不断地努力工作，以致真正的审美需要不可能在他们的精神需要总和中占很大的地位。这个伟大的时代，公民最赞美的是行动的诗，是公民的勋业美，这种情况有时候使法国'爱国者'的审美判断具有相当独特的性质。他们对于那些不是以他们所珍视的某种政治思想为基础的艺术作品是漠不关心的，或差不多是漠不关心的。"②20 世纪 30 年代，蓬勃兴起的共产主义运动直接影响了中国青年的阅读兴趣与爱好。据大卫·威拉德·莱昂的调查，1934 年北京图书馆被借最多的 11 种书籍中有 6 种是关于共产主义理论的，其中包括布哈林、恩格斯、马克思及研究俄国五年计划的著作，其他 5 种为《甘地传》、《古代社会斗争》、《国际联盟李顿调查委员会报告书》、《十九人委员会关于中日纠纷调查报告》及《田中奏折》。③在文学方面，革命文学书刊更加受到青年学生的欢迎，徐懋庸回忆 20 世纪 30 年代时，"在青年知识分子中间大部分倾向马克思主义，国民党反动派办了许多宣传，三民主义的书刊却很少人予

---

① 文学季刊社：《文学季刊社特别启事二》，《文学季刊》1935 年第 1 卷第 4 期。

② [俄]普列汉诺夫：《普列汉诺夫美学论文集》（第 1 卷），人民文学出版社 1983 年版，第 494—495 页。

③ [美]尼姆·威尔斯：《现代中国文学运动》，《新文学史料》1978 年第 1 期，第 242 页。

以理会，而只要带点'赤色'的书刊，却大受欢迎。"① 另据燕京大学张官廉在 1930 年年底至 1931 年 6 月，对中国南北各地 20 所中学的近 2000 名中学生进行的调查显示，当时中学生喜爱的小说中，除了爱情外，革命、普罗最为普及。② 鲁迅对于当时出版市场的观察也可印证这一点，他曾在 30 年代初给友人的一封信中说道，"近颇流行无产文学，出版物不立此为旗帜，世间便以为落伍"，当时杂志中"销行颇多者为《拓荒者》、《现代小说》、《大众文艺》、《萌芽》等"。③ 这些都反映出当时社会中读者群体的某种阅读需求。④

萧乾就曾提议《文学季刊》在编辑上应有所改进，"从内容上说，最初季刊的'广博'是不相宜的。曾经有一时期，每位作者皆好谈谈国故，于是，每个文艺刊物也必要登些国故文章。那个时期已过去了。当今青年们更关切的是现在与将来的一切了。国故仍须整理，却不宜放在一个属于大众的刊物里。应该腾出那地方来安插新的创作和消化了的理想。"⑤ 沈从文在谈到北平文学期刊常常短命时也曾说：

> 迨到把它一放在商业立场上，和上海新书业竞争后，办杂志就必然赔本。在印刷技术上落后，在广告技术上落后，革命成功后，再加上一个在思想情趣上落后，因此纵有冒险者抱有雄心

---

① 　徐懋庸：《徐懋庸回忆录》，人民文学出版社 1982 年版，第 186 页。

② 　张官廉：《中国中学生心理态度之研究》，《燕京大学心理学研究专刊》第 2 种，1932 年 12 月。

③ 　鲁迅：《致李秉中》，《鲁迅全集》（12），人民文学出版社 2005 年版，第 15 页。

④ 　如王西彦回忆 1930 年进入杭州民众教育实验学校读书时，蒋光慈的《少年漂泊者》、《鸭绿江上》、《短裤党》和《冲出云围的月亮》在青年学生中间简直风靡一时。见王西彦：《船儿摇出大江》，《新文学史料》1984 年第 2 期。

⑤ 　萧乾：《悼〈文学季刊〉》，天津《大公报·文艺》1936 年 2 月 9 日。

和勇气，想在北方支持他那个刊物的生命，把一期一期刊物从编辑部送过印刷所，又从印刷所一捆捆取送往各书店书摊，到派给读者选择时，便发生了困难。原因易明，读者多是年青人，人人照例活泼跳动，富于情感而容易为有刺激性名词着迷，即或人在北方，需要杂志也常常是南方具商业意味的新刊物，有新插图和新论调刊物。一切要新，要奇，要广告上说明这是如何新，如何奇，方能吸引住眼睛和感情。①

另外，《文学季刊》在出版方式上亦有值得商榷的地方。首先是刊期的长短，《文学季刊》与大多数文学期刊不同，它采取按季出刊的方式，这种做法对于一个面向市场的刊物而言无疑风险很大，正如萧乾后来所言：

　　一个熟朋友终需要常见面的。刊物不是情人，即使那样，过久的分别也还不相宜呢。逢季出版的刊物似乎更适于天文学会一类有固定会员的团体出版物。对于企图拥抱大众，需要广遍读者支持的刊物，那显然是太疏久了。而况这刊物近来还时常愆期到一两个月之久！如果要讨论一个问题，要在三四个月后才能听到反响。继续性是力量的增加者。这个时间上的迟延自然会减少讨论的效果！②

---

① 沈从文：《对于这新刊诞生的颂辞》，《沈从文全集》（第17卷），北岳文艺出版社2002年版，第120页。
② 萧乾：《悼〈文学季刊〉》，天津《大公报·文艺》1936年2月9日。

鲁迅在 1934 年 1 月 11 日致郑振铎的信中也说道："我的意思，以为季刊比月刊较厚重，可以只登研究的文章，以及评论，随笔，书报介绍，而诗歌小说则从略，此即清朝考据家所走之路也。如此，则成绩可以容易地发表一部分。"① 或许之后《文学季刊》编辑也意识到了这一点，在停刊前几期改变了编辑方针，不再追求古今中外面面俱到。

当然，《文学季刊》的最终停刊还得归咎于国民政府的严密文网。《文学季刊》创刊初期虽也有文章被删除，但文网并不严密，据靳以回忆，"稿件全排好以后再送到警察厅的传达室送'审查'。一般他们是用一个'查讫'的木图章逐面地盖，有时他们忙了，就说：'你自己盖吧。'盖完了留下一份，再带回一份来。"② 但是刊物出到第二年，书报检查制度对其影响很大，"后来蒋介石的爪牙伸过来，把上海和南京的那一套全搬过来了，开'天窗'，抽文章的事就逐渐多起来；文化特务也时常来麻烦，最后还是停刊了事。"③ 鲁迅在 1935 年 4 月 30 日致增田涉信中也说："因检查讨厌，《文学季刊》只好多用译作，因而也就没有活气。"值得一说的是，在《文学季刊》创刊号中，署名问滔的论文《戏剧的重要性及其动向》被书报检查官删除了，但是郑振铎和靳以在创刊号的目录中印上《戏剧的重要性及其动向》并注明"检查删除"字样，标明页数，以此来揭露和抗议国民政府对文化界的摧残。

---

① 鲁迅：《致郑振铎》，《鲁迅全集》(13)，人民文学出版社 2005 年版，第 8 页。

② 靳以：《和振铎相处的日子》，载上海鲁迅纪念馆编：《郑振铎纪念集》，上海社会科学院出版社 2008 年版，第 87—88 页。

③ 靳以：《和振铎相处的日子》，载上海鲁迅纪念馆编：《郑振铎纪念集》，上海社会科学院出版社 2008 年版，第 88 页。

第三节 "南迅北铎"印笺谱

笺纸是指印有精美图饰的小幅纸张，主要是用于文人间诗文唱和及书信往来，而挑选精美笺纸分门别类并汇刻成帙者就是"笺谱"。笺纸在我国的历史可谓久远，唐代李匡义在《资暇录》中就说："元和初（806—807），薛涛好制小诗，惜其幅大，不欲长塍（剩），乃挟小为之。蜀中才子后减诗笺亦如是，名曰薛涛笺。"①此后笺纸作为一种"文房清玩"，逐渐在文人墨客间流行，品种也日趋繁多，"明大内各笺，洒金五色粉笺、印金花五色笺、青纸，俱不如宣纸。有褚皮者，茸细而白，有宣德五年造素馨纸印。元有绍兴蜡笺、黄笺、花笺、罗纹笺、江西白观音、清江等纸。宋有藏经纸、匹纸、碧云春树、龙凤团花、金花等笺，藤白、鹄白、蚕茧等纸。蒲圻纸，蜀中贡余。唐有浆硾六合漫麻经纸，入水不濡。硬黄纸以黄檗染，可辟蠹。"②明末天启、崇祯年间，饾版和拱花③技术广泛应用于笺纸制作，使得制笺艺术达到了顶峰，诸如《萝轩变古笺谱》、《十竹斋笺谱》等名谱均在这一时期编成。到了清代同光年间，笺纸艺术已开始没落，不过由于近人陈师曾、姚茫父、齐白石、张大千、溥心畲等画家努力，又使得笺纸艺术别开生面。但是这种"中兴"仅仅维持了一二十年的光景，到了20

---

① 潘吉星：《中国造纸史》，上海人民出版社2009年版，第238页。

② 邓之诚：《唐宋元明笺纸》，《骨董琐记全编》，北京出版社1996年版，第20页。

③ 饾版是一种分版分色套印技术，一幅作品需要经过许多块版的连续印刷，最终形成完整的多色版画。拱花则是指用凸凹两版嵌合，以凸出的线条来表现花纹，衬托画中的行云流水、花卉虫鱼，使画面更富神韵。

世纪 30 年代时，由于书写工具以及社会环境的变化，这项传统艺术不可避免地渐趋凋零。

1933 年，对于诗笺衰颓同有眷恋顾惜之意的鲁迅与郑振铎进行合作，开始搜罗、印行《北平笺谱》及翻刻《十竹斋笺谱》，为后人留下了有关中国套版彩印艺术的珍贵资料。[①] 鲁迅之所以邀请郑振铎共同完成此事[②]，一是因为郑振铎当时正在北平担任燕京大学、清华大学的合聘教授，不仅占有地利之便，同时在时间上也允许。二是郑振铎与鲁迅一样，对于木刻画有同样的嗜好。这一点鲁迅当然不会不知道，因为 1931 年 6 月 9 日鲁迅还在冯雪峰、蒋径三以及日本青年增田涉的陪同下到郑振铎寓所，欣赏其收藏的明清版刻插画。三是郑振铎在 1932 年出版《插图本中国文学史》并寄赠鲁迅，这可能更坚定了鲁迅选择郑振铎合作的决心。《插图本中国文学史》的一大特色就是图文并茂，书中影印了 174 幅珍贵版画插图，这些插画"大抵以宋以来的书籍里所附的木版画为采撷的主体，其次亦及于写本。在本书的若干幅的图像里，所用的书籍不下一百余种，其中大部分胥为世人所未见的孤本"[③]。鲁迅在 1932 年 8 月 15 日给台静农的信中说："郑君治学，盖用胡适之法，往往恃孤本秘笈，为惊人之具，此实足以炫耀人目，其为学子所珍赏，宜也。……郑君所作《中国文学史》，顷已在上海豫约出版，我曾于《小说月报》上见其关于小说者数章，诚哉滔滔不已，然此乃文学史资

---

① 《十竹斋笺谱》鲁迅生前只出版了第 1 卷，到 1941 年时才全部出完。

② 参见郑振铎：《永在的温情》，《郑振铎全集》(14)，花山文艺出版社 1998 年版，第 213 页。

③ 郑振铎：《插图本中国文学史·例言》，《郑振铎全集》(8)，花山文艺出版社 1998 年版，第 2—3 页。

料长编，非'史'也。但倘有具史识者，资以为史，亦可用耳。"①
从这段评语不难看出鲁迅对于郑振铎在史料搜集方面的能力是颇为
肯定的。

一

提议出版《北平笺谱》，一方面源自鲁迅对木刻艺术的真挚热爱。
鲁迅早在少年时代就对中国古代木刻插画充满了浓厚的兴趣，在"三
味书屋"读书时他就喜欢影描诸如《西游记》、《荡寇志》、《诗画舫》
等作品中的版画插图。成年之后的鲁迅对木刻艺术的热爱更甚，例如
他先后编选和出版了《近代木刻选集》三种，《落谷虹儿画选》、《比
亚兹莱画选》、《新俄画选》、《士敏土之图》、《一个人的受难》、《苏联
版画集》、《引玉集》、《死魂灵百图》、《凯绥·珂勒惠支版画选集》等，
为学习木刻艺术的年轻人提供参考。同时，他还邀请日本版刻家内山
嘉吉来华为中国青年开设木刻培训班，向青年们讲授西方木刻知识以
及用刀技法等。正是在他的努力推动下，中国现代木刻运动在 20 世
纪 30 年代蓬勃兴起，鲁迅也被誉为"中国现代木刻之父"。鲁迅认为
中国传统木刻技艺是西方木刻艺术的源泉，所以特别主张学习木刻的
青年们应该多从传统木刻艺术中汲取营养，"虽然还没有十分的确证，
但欧洲的木刻，已经很有几个人都说是从中国学去的，其时是十四世
纪初，即一三二〇年顷。那先驱者，大约是印着极粗的木版图画的纸
牌；这类纸牌，我似至今在乡下还可看见。然而这博徒的道具，却走

---

① 鲁迅：《致台静农》，《鲁迅全集》(12)，人民文学出版社 2005 年版，第 321—322 页。

进欧洲大陆, 成了他们文明的利器的印刷术的祖师了"①, 1935 年他在给艺术青年唐英伟的信中就问道: "先生既习中国画, 不知中国旧木刻, 为大众所看惯的刻法中, 有可以采取的没有?"② 笺纸作为中国传统木刻工艺的重要体现, 自然也受到鲁迅的青睐, 正如他自己所言: "我旧习甚多, 也爱中国笺纸, 当作花纸看"③。鲁迅很早就接触笺纸, 他十几岁时, 在杭州服刑的祖父周福清经常给绍兴的家中写信, 这些信大多写在彩色的笺纸上, 其中有一篇教导鲁迅兄弟读诗的文字, 就是写在一张印有"东篱秋色"的笺纸上。这无疑给鲁迅留下了深刻的印象。④ 据现有资料看, 鲁迅最早是在 1911 年 7 月 31 日给许寿裳的信中使用笺纸, 此后的 25 年中鲁迅大量使用笺纸, 用笺纸书写的书信达到 400 封, 涉及 170 种 560 张笺纸, 这显示出了一种稳定的情趣与文化涵养。⑤

另一方面则是鲁迅出于对现实文艺状况的不满, 希望能够有所改观。正如他 1931 年在《黑暗中国的文艺界的现状》一文中所言, "现在, 在中国, 无产阶级的革命的文艺运动, 其实就是惟一的文艺运动。因为这乃是荒野中的萌芽, 除此以外, 中国已经毫无其他文艺。属于统治阶级的所谓'文艺家', 早已腐烂到连所谓'为艺术的艺术'以至'颓废'的作品也不能生产, 现在来抵制左翼文艺的, 只有诬蔑, 压迫, 囚禁和杀戮; 来和左翼作家对立的, 也只有流氓, 侦探, 走狗, 刽子

---

① 鲁迅:《〈近代木刻选集〉小引》,《鲁迅全集》(7), 人民文学出版社 2005 年版, 第 335 页。

② 鲁迅:《致唐英伟》,《鲁迅全集》(13), 人民文学出版社 2005 年版, 第 494 页。

③ 鲁迅:《致姚克》,《鲁迅全集》(13), 人民文学出版社 2005 年版, 第 24 页。

④ 刘运峰:《鲁迅著作考辨》, 天津人民出版社 2009 年版, 第 230 页。

⑤ 王得后:《鲁迅书信的笺纸》,《鲁迅研究月刊》2002 年第 6 期。

手了。"① 在此种背景下，编辑出版《北平笺谱》就有其重要的现实意义，"这种书籍（按：《北平笺谱》），真非印行不可。新的文化既幼稚，又受压迫，难以发达；旧的又只受着官私两方的漠视，摧残，近来我直觉得文艺界会变成白地，由个人留一点东西给好事者及后人，可喜亦可哀也。"②

从现有资料来看，至迟到 1929 年时鲁迅已有搜集、整理北平笺纸的想法，并且开始着手进行，如 1929 年 5 月 23 日给许广平的信中他就提到："其次是走了三家纸铺，集得中国纸印的信笺数十种，化钱约七元，也并无什么妙品。如这信所用的一种，要算是很漂亮的了。还有两三家未去，便中当再去走一趟，大约再用四五元，即将琉璃厂略佳之笺收备了。"③5 月 29 日在给许广平的另一封信中又说道："昨天又买了些笺纸，这便是其一种，北京的信笺搜集，总算告一段落了。"④当时笺纸各地都有，为何鲁迅偏爱北平笺纸？这主要是因为其他城市笺纸都不及北平地区刻印精良，鲁迅在给郑振铎的信中就曾说："上海笺曾自搜数十种，皆不及北平；杭州广州，则曾托友人搜过一通，亦不及北平，且劣于上海，有许多则即上海笺也，可笑，但此或因为搜集者外行所致，亦未可定。"⑤1932 年 11 月，鲁迅因事回到北平，在琉璃厂看到齐白石、陈师曾所绘的笺纸，图案之美与刻印之精已经超过了日本，更是激发了他收齐北平笺纸，为这种传统艺术做

---

① 鲁迅：《黑暗中国的文艺界的现状》，《鲁迅全集》(4)，人民文学出版社 2005 年版，第 292 页。

② 鲁迅：《致郑振铎》，《鲁迅全集》(12)，人民文学出版社 2005 年版，第 488 页。

③ 鲁迅：《致许广平》，《鲁迅全集》(12)，人民文学出版社 2005 年版，第 171 页。

④ 鲁迅：《致许广平》，《鲁迅全集》(12)，人民文学出版社 2005 年版，第 180 页。

⑤ 鲁迅：《致郑振铎》，《鲁迅全集》(12)，人民文学出版社 2005 年版，第 469 页。

一个"总结"的愿望。但是，或许是考虑到自己的搜藏并不完备，加之自己常不在北平，联系印刷十分不便，因此只能将这个愿望暂时搁置下来。

1933 年春，在北平执教的郑振铎从北平回到上海，专门去拜访鲁迅，闲聊中鲁迅又谈到了这个话题。据郑振铎回忆：

> 那一年寒假的时候，我回到上海，到他寓所时，他便和我谈起在北平的所获。
>
> "木刻画如今是末路了，但还保存在笺纸上。不过，也难说，保全得不会久。"他深思的说道。
>
> 他搬出不少的彩色笺纸来给我看，都是在北平时所购得的。
>
> "要有人把一家家南纸店所出的笺纸，搜罗了一下，用好纸刷印个几十部，作为笺谱，倒是一件好事。"他说道。
>
> 过了一会，他又道："这要住在北平的人方能做事。我在这里不能做这事。"
>
> 我心里很跃动，正想说，"那末，我来做吧"。而他慢吞吞的续说道："你倒可以做，要是费些工作，倒可以做。"①

1933 年 2 月 5 日在给郑振铎的回信中鲁迅正式提及此事，希望郑振铎能与他共同完成这个"中国木刻史上的一大纪念"：

> 去年冬季回北平，在留黎厂（按：琉璃厂）得了一点笺纸，

---

① 郑振铎：《永在的温情》，《郑振铎全集》(2)，花山文艺出版社 1998 年版，第 546 页。

觉得画家与刻印之法，已比《文美斋笺谱》时代更佳，譬如陈师曾齐白石所作诸笺，其刻印法已在日本木刻专家之上，但此事恐不久也将销沉了。

因思倘有人自备佳纸，向各纸铺择尤（对于各派）各印数十至一百幅，纸为书叶形，采色亦须更加浓厚，上加序目，订成一书，或先约同人，或成后售之好事，实不独为文房清玩，亦中国木刻史上之一大纪念耳。

不知先生有意于此否？因在地域上，实为最便。且孙伯恒先生当能相助也。①

虽然郑振铎的回信今天我们已无法见到，但面对鲁迅的热情邀请，郑振铎必是十分欣喜与乐意的。一方面因为他自己对于传统木刻版画艺术的喜爱，此种工作正符合自己的兴趣，另一方面则是能与当时执文坛牛耳的鲁迅合作，这对于郑振铎来说无疑是一种莫大的荣幸。

二

辑印一本好笺谱并非易事，具体而言主要有三难：一是访笺难，要尽量做到"竭泽而渔"，搜罗齐备；二是选样难，样笺选择要有眼光，选好之后编辑方法要得当；三是刻印难，雕工务求忠实再现原作精神，而印工尤需展示原作神韵。为了保证《北平笺谱》最终的辑印

---

① 鲁迅：《致郑振铎》，《鲁迅全集》(12)，人民文学出版社 2005 年版，第 366—367 页。

效果，鲁迅与郑振铎费了许多心思。

当时郑振铎虽然住在北平，但是由于其执教的燕京大学坐落于西郊（今北京大学所在地），而琉璃厂地处城南，两者相隔很长一段距离，加上郑振铎在清华大学兼课，空闲时间本就不多，所以搜集笺样颇费一番工夫。正当郑振铎联系印刷笺谱事宜时，热河战事爆发，访笺工作随之搁置了起来，"沿长城线上的炮声、炸弹声，震撼得古城里的人民们日夜不安，坐立不宁，那里还有心绪来继续这'可怜无补费精神'的事呢?"① 等到9月时局势渐渐稳定，郑振铎与鲁迅均感重启此项工作之必要，"也许将来便不再有机会给我们或他人做这工作的!?"② 尤其是北平"雕工、印工现在也只剩三、四人，大都陷于可怜的生活状态中，这班人一死，这套技术也就完了"③。郑振铎只要一有时间就奔向北平城内几条有名的文化街，风雨无阻，如1933年9月底郑振铎去琉璃厂，"那一天狂飙怒号，飞沙蔽日，天色是那样的惨淡可怜，顶头的风和尘吹得人连呼吸都透不过来。一阵的飞沙，扑脸而来，赶紧闭了眼，已被细尘潜入，眯着眼，急速的睁不开来看见什么。本想退了回去，为了这样空闲的时间不可多得，便只得冒风而进了城。"④ 他一家纸铺一家纸铺地搜访，常常为偶遇一份精美笺纸而满心喜悦，又常为不得所愿而失望惆怅，《访笺杂记》真实记录了他的心路历程：

---

① 郑振铎：《访笺杂记》，《郑振铎全集》（14），花山文艺出版社1998年版，第213页。

② 郑振铎：《访笺杂记》，《郑振铎全集》（14），花山文艺出版社1998年版，第213—214页。

③ 鲁迅：《致田增涉》，《鲁迅全集》（14），人民文学出版社2005年版，第292页。

④ 郑茂达：《鲁迅与郑振铎深厚友谊的见证》，《人物》1997年第5期。该文作者指出上述语句引自郑振铎《访笺杂记》，但笔者查找原文并未发现，暂录于此，姑且存疑。

　　第一步自然是搜访笺样，清秘阁不必再去。由清秘阁向西走，路北第一家是淳菁阁。在那里，很惊奇的发现了许多清隽绝伦的诗笺，特别是陈师曾氏所作的，虽仅寥寥数笔，而笔触却是那样的潇洒不俗。转以十竹斋、萝轩诸笺为烦琐，为做作。像这样的一片园地，前人尚未之涉及呢。我舍不得放弃了一幅。吴待秋、金拱北诸氏所作和姚茫父氏的《唐画壁砖笺》、《西域古迹笺》等，也都使我喜欢。

　　……

　　先进松华斋，在他们的笺样簿里，又见到陈师曾所作的八幅花果笺。说他们"清秀"是不够的，"神来之笔"的话也有些空洞。只是赞赏，无心批判。陈半丁、齐白石二氏所作，其笔触和色调，和师曾有些同流，惟较为繁缛燠煖。他们的大胆的涂抹，颇足以代表中国现代文人画的倾向；自吴昌硕以下，无不是这样的粗枝大叶的不屑屑于形似的。我很满意的得到不少的收获。

　　带着未消逝的快慰，过街而到松石斋。古旧的门面，老店的规模，却不料售的倒是洋式笺。所谓洋式笺，便是把中国纸染了矾水，可以用钢笔写，而笺上所绘的大都是迎亲、抬轿、舞灯、拉车一类的本地风光，笔法粗劣，且惯喜以浓红大绿涂抹之。其少数，还保存着旧式的图板画。然以柔和的线条，温茜的色调，刷印在又涩又糙的矾水拖过的人造纸面上，却格外的显得不调和。那一片一块的浮出的彩光，大损中国画的秀丽的情绪。①

---

　　① 郑振铎：《访笺杂记》，《郑振铎全集》(14)，花山文艺出版社1998年版，第214—215页。

功夫不负有心人，在遍访 30 多家纸铺后，郑振铎终于得到样笺五百几十种，他将这些样笺打包寄去上海，请鲁迅决定取舍。鲁迅收到郑振铎寄来的样笺后，常常是连夜详加审阅，并给出意见。如 1933 年 9 月 29 日致郑振铎的信中就说：

> 关于该书：（一）单色笺不知拟加入否？倘有佳作，我以为加入若干亦可。（二）宋元书影笺可不加入，因其与《留真谱》无大差别也。大典笺亦可不要。（三）用纸，我以为不如用宣纸，虽不及夹贡之漂亮，而较耐久，性亦柔软，适于订成较厚之书。（四）每部有四百张，则是八本，我以为豫约十元太廉，定为十二元，尚是很对得起人也。
>
> ……
>
> 现在所有的几点私见，是（一）应该每部做一个布套，（二）末后附一页，记明某年某月限定印造一百部，此为第△△部云云，庶几足增声价，至三十世纪，必与唐版媲美矣。[1]

10 月 2 日夜鲁迅又写信给郑振铎，对于《笺谱》编纂提出了自己的看法：

> 书名。曰《北平笺谱》或《北平笺图》，如何？
>
> 编次。看样本，大略有三大类。仿古，一也；取古人小画，宜于笺纸者用之，如戴醇士，黄瘿瓢，赵撝叔，无名氏罗汉，二

---

[1] 鲁迅：《致郑振铎》，《鲁迅全集》(12)，人民文学出版社 2005 年版，第 450—451 页。

也；特请人为笺作画，三也。后者先则有光绪间之李毓如，伯禾，锡玲，李伯霖，宣统末之林琴南，但大盛则在民国四五年后之师曾，茫父……时代。编次似可用此法，而以最近之《壬申》，《癸酉》笺殿之。

前信曾主张用宣纸，现在又有些动摇了，似乎远不及夹贡之好看。不知价值如何？倘一样，或者还不 [如] 将"永久"牺牲一点，都用夹贡罢。①

10 月 19 日又致信郑振铎云：

蝴蝶装虽美观，但不牢，翻阅几回，背即凹进，化为不美观，况且价贵，我以为全部作此装，是不值得的。无已，想了三种办法——

一、惟大笺一本，作蝴蝶装，但仍装入于一函内。

二、惟大笺一本，作蝴蝶装，但略变通，仍用线订，与别数本一律，其法如订地图，于叠处粘纸，又衬狭条，令一样厚而订之，则外表全部一样了。

三、大笺仍别印为大册，但另名之曰《北平巨笺谱》，别作序目。

我想，要经久而简便，还不如仍用第三法了。倘欲整齐，则当采第二法，我以为第二法最好。请先生酌之。②

---

① 鲁迅：《致郑振铎》，《鲁迅全集》(12)，人民文学出版社 2005 年版，第 453 页。
② 鲁迅：《致郑振铎》，《鲁迅全集》(12)，人民文学出版社 2005 年版，第 460 页。

访笺、编选仅仅是《北平笺谱》出版的第一步，雕版印刷才是《北平笺谱》成书的关键，例如之后鲁迅选好的十几幅蔬果笺被迫从《北平笺谱》中剔出，原因就在于色调繁杂没有书局愿意承担刷印任务。对郑振铎而言，联系印刷的过程"可算是全部工作里最麻烦，最无味的一个阶段"。因为《北平笺谱》印数较少（刚开始准备印 50 部，后增加至 100 部），所以除了少数几家（淳菁斋、松华斋、松石斋）爽快答应印刷外，其他许多南纸铺都以数量太少而拒绝承印：

> 和他们谈起刷印笺谱之事时，掌柜的却斩钉截铁的回绝了，说是五十部绝对不能开印。他们有种种理由：板片太多，拼合不易，刷印时调色过难；印数少，板刚拼好，调色尚未顺手，便已竣工，损失未免过甚。他们自己每次开印都是五千一万的。
>
> "那么印一百部呢？"我说。
>
> 他们答道："且等印的时候再商量吧。"①

在郑振铎的软磨硬泡下，荣宝斋、宝晋斋、静文斋等几家原先坚持不到百部不能动工的纸店终于答应印刷，唯独专走官场、官派十足的清秘阁态度依然坚决，"独清秘最为顽强，交涉了好多次，他们不是说百部太少不能印，便是说人工不够没有工夫印；再说下去便给你个不理睬；任你说得舌疲唇焦，他们只是给你个不理睬，颇想抽出他们的一部分不印，终于割舍不下溥心畬、江采诸家的二十余幅作品。"②

---

① 郑振铎：《访笺杂记》，《郑振铎全集》（14），花山文艺出版社 1998 年版，第 213 页。
② 郑振铎：《访笺杂记》，《郑振铎全集》（14），花山文艺出版社 1998 年版，第 218 页。

郑振铎没有办法，只好请托好友刘淑度[①]女士去同他们协商，在刘女士的接洽下，清秘阁掌柜才最终答应下来。事后，郑振铎曾感慨道："看够了冰冰冷冷、拒人千里的面孔，玩够了未曾习惯的讨价还价、斤两计较的伎俩，说尽了从来不曾说过的无数恳托敷衍的话，有时还不免带些言不由衷的浮夸……一切都是为了这部《北平笺谱》！"

在原先的编排计划中，考虑到各个工种在笺纸制作中的独特作用，郑振铎和鲁迅都希望在《北平笺谱》中能记录下笺纸画工、刻工及印工姓名，"刻工实为制笺的重要分子，其重要也许不下于画家。因彩色诗笺，不仅要精刻，而且要就色彩有不同而分刻为若干板片，笺画之有无精神，全靠分板的能否得当。画家可以恣意的使用着颜料，刻工则必须仔细的把那么复杂的颜色，分析为四五个乃至一二十个单色板片。所以刻工之好坏，是主宰着制笺的命运的。"[②]但是画工姓名易得，刻工姓名却难求，"但为了访问刻工姓名，也颇遭白眼，他们都觉得这是可怪的事，至多只是敷衍的回答着。有的是经了再三的追问，四处的访求，方才能够确知的。有的因为年代已久，实在无法知道。"[③]最终费了许多周折，才确定以下一些刻工姓名，同画工姓名一道刊于《北平笺谱》的目录之中：淳菁阁刻工张启和（张老西），松华斋刻工张东山，静文斋刻工杨华庭（板儿杨），荣宝斋刻工李振

[①] 刘淑度（1899—1985），原名师仪，亦名仪，字淑度，以字行，与郑振铎夫人高君箴是同学。1927 年成为齐白石入门弟子，学习篆刻。齐白石对刘淑度评价很高，"从来技艺之精神本属士夫，未闻女子而能及。即马湘兰之画兰，管夫人之画竹，见知是女子所为，想见闺阁欲驾士夫未易耳。门人刘淑度之刻印，初学古人，得汉法。常以印拓呈余，篆法刀工无儿女气，取古人之长，舍师法之短，殊为闺阁特出也。"

[②] 郑振铎：《访笺杂记》，《郑振铎全集》(14)，花山文艺出版社 1998 年版，第 219 页。

[③] 郑振铎：《访笺杂记》，《郑振铎全集》(14)，花山文艺出版社 1998 年版，第 219 页。

环，懿文斋刻工李仲武，松古斋刻工杨朝正，成文斋刻工杨文、萧桂。而"刷印之工，亦为制笺的重要的一个步骤，因不仅拆板不易，即拼板、调色，亦煞费工夫。因印工太多，不能——记其姓名"①。

由于鲁迅对书贾盗版盗印有切肤之痛②，所以他在《北平笺谱》出版之初即想办法预防，在 1933 年 11 月 3 日致郑振铎的信中他说："此次《笺谱》成后，倘能通行，甚好，然亦有流弊，即版皆在纸铺，他们可以任意续印多少，虽偷工减料，亦无可制裁。所以第一次我们所监制者，应加以识别。或序跋等等上不刻名，而用墨书，或后附一纸，由我们签名为记（样式另拟附上），此后即不负责。此非意在制造'新古董'，实因鉴于自己看了翻板之《芥子园》而恨及创始之王氏兄弟，不欲自蹈其覆辙也。"③ 他们在初印的 100 部《北平笺谱》版权页上亲自签名，以此来防止南纸铺翻印，郑振铎后来回忆说："《北平笺谱》最初只印一百部。每部都是我们二人亲自在版权页签名的。后来，因为要的人多，便又再版了一百部。再版本的签字都是写好了木刻的。"④

1933 年 12 月，《北平笺谱》终于面世了，每部六册，线装包角，蓝面白签，由沈兼士作字，扉页题名则出沈尹默手笔，鲁迅和郑振铎的序

---

① 郑振铎：《访笺杂记》，《郑振铎全集》(14)，花山文艺出版社 1998 年版，第 220 页。

② 盗版对于鲁迅生活的干扰，可见他致曹靖华信："翻印的一批人，现在已给我生活上的影响；这里又有一批人，是印'选本'的，选三四回，便将我的创作都选在他那边出售了。不过现在影响还小，再下去，就得另想生活去。"一个月后，鲁迅再致曹靖华信，气愤地说："上海真是流氓世界，我的收入，几乎被不知道什么人的选本和翻版剥削完了。然而什么法子也没有。不过目前于生活还不受影响，将来也许要弄到随时卖稿吃饭。"北京地区翻印书籍者不少，如 1932 年 5 月 20 日鲁迅收到康嗣群的来信，就反映北京书贾盗印鲁迅著作事。而 1932 年致崔真吾的信中就提到"北平翻版的鲁迅全集，全部只有三百页"。

③ 鲁迅：《致郑振铎》，《鲁迅全集》(12)，人民文学出版社 2005 年版，第 475 页。

④ 郑振铎：《鲁迅与中国古版画》，《郑振铎全集》(14)，人民文学出版社 2005 年版，第 253 页。

言分别由魏建功（署名天行书鬼）和郭绍虞书写。全书共收笺谱 332 幅，计第一册 48 幅，第二册 59 幅，第三册 61 幅，第四册 50 幅，第五册 55 幅，第六册 59 幅。鲁迅对印刷和装帧都很满意，收到书册后致信郑振铎说："重行展阅，觉得实也不恶，此番成绩，颇在预想之上也。"[①]

三

《北平笺谱》最初准备印刷 50 部，此后判断需要者可能较多，于是又将数量提高到百部。为了广而告之，《北平笺谱》的预约广告刊登在当时著名的大型文艺刊物《文学》上：

中国古法木刻，近来已极凌替。作者寥寥，刻工亦劣，其仅存之一片土，惟在日常应用之"诗笺"，而亦不为大雅所注意。三十年来，诗笺之制作大盛，绘画类出名手，刻印复颇精工。民国初元，北平所出者尤多隽品，抒写性情，随笔点染，每入前人未尝涉及之园地。虽小景短笺，意态无穷。刻工印工，也足以副之。惜尚未有人加以谱录。近来用毛笔作书者日少，制笺业意在迎合，辄弃成法，而又无新裁，所作乃至丑恶不可言状。勉维旧业者，全市已不及五七家，更过数载，出品恐将更形荒秽矣。鲁迅西谛二先生因就平日采访所得，选其尤佳及足以代表一时者三百数十种（大多数为彩色套印者），托各原店用原刻版片，以上等宣纸，印刷成册，即名曰：《北平笺谱》。书幅阔大，彩色绚丽，实为极可宝重之文籍；

---

① 鲁迅：《致郑振铎》，《鲁迅全集》（12），人民文学出版社 2005 年版，第 32 页。

而古法就荒，新者代起，然必别有面目，则此又中国木刻史上断代之唯一之丰碑也。所印仅百部，除友朋分得外，尚余四十余部，爰以公之同好。每部预约价十二元，可谓甚廉。此数售罄后，续至者只可退款。如定户多至百人以上，亦可设法第二次开印，惟工程浩大（每幅有须印十余套色者），最快须于第一次出书两月后始得将第二次书印毕奉上。预约期二十二年十二月底截止。二十三年正月内可以出书。欲快先睹者，尚须速定。①

　　这个广告是鲁迅在郑振铎底稿上"加入意见，重作了一遍"，明显可看出行文风格上具有强烈的鲁迅特色，内容准确鲜明，文字表达生动有力，处处撩拨读书人的心神。②广告中所言"所印仅百部，除友朋分得外，尚余四十余部，爰以公之同好"，这并非鲁迅、郑振铎故弄玄虚，事实的确如此。按照预先的约定，100部《北平笺谱》中，郑振铎包销10部，鲁迅包销40部（其中20部由内山书店经销，鲁迅的20部或自存或赠送国内外机构及个人，包括苏联木刻家协会，纽约和巴黎图书馆、日本上野图书馆以及蔡元培、许寿裳、陈铁耕、内山嘉吉、增田涉、山本夫人、佐藤春夫、内山夫人、坪井等）。再加上给为书题签的沈兼士及沈尹默等人的送书，所以真正面向市场的也就40多部。

---

① 《北平笺谱》，《文学》1933年第1卷第6期。
② 广告的原文共为443字（不包括标点符号），经鲁迅修改后的定稿为441字。其中作了较大的增删者有12处（不包括个别字），计删去了103字，增加了102字。例如原文中提到制笺业衰落的原因时说："而近数年来，用毛笔作书者，日益减少其数。制笺业往往迎合外人嗜好，取作乃至丑恶不可言状。"经鲁迅改定后为："近来用毛笔作书者日少，制笺业意在迎合，辄弃成法，而又无新裁，所作乃至丑恶不可言状。"详见沈鹏年：《关于鲁迅佚文：〈北平笺谱〉预约广告》，《光明日报》1961年9月26日。

对于《北平笺谱》，读书界给予的评价很高，如北平图书馆所办的《图书季刊》在新书介绍中就以"中国木刻画者之佳音"形容之："鲁迅及西谛二氏于中国版画笃好深嗜，因就采访所得北平诗笺，选其尤佳者三百数十种（大都彩色套印），由各原店用原刻版片以宣纸刷印，辑成是谱，凡六巨册，印刷精良，绘画精工。十竹斋之风流余韵复得见于今日，未始非言中国木刻画者之佳音也。"① 当然，也并不是所有人都为鲁迅、郑振铎二人的行为叫好。就在这则广告刊登后不久，杨天南在邵洵美主编的《十日谈》上发表了一篇名为《二十二年的出版界》的文章，在文中特别批评了鲁迅及郑振铎出版《北平笺谱》一事："特别可以提起的是《北平笺谱》，此种文雅的事，由鲁迅西谛二人为之，提倡中国古法木刻，真是大开倒车，老将其实老了。至于全书六册预约价十二元，真吓煞人也。无论如何，中国尚有如此优游不迫之好奇精神，是十分可贺的，但愿所余四十余部，没有一个闲暇之人敢去接受。"② 对于上述批评，鲁迅很是愤慨："上海的邵洵美之徒，在发议论骂我们之印笺谱，这些东西，真是'前不见古人，后不见来者'，吃完许多米肉，搽了许多雪花膏之后，就什么也不留一点给未来的人们——最末，是'大出丧'而已"。③ 当然，杨天南的这种"愿望"很快就宣告破灭了，《北平笺谱》在市面上销路极好，如内山书店三天时间里就售出 11 部，不到一个星期 20 部全部售完。而其他 40 余部也都被读者预订一空，鲁迅和郑振铎决定再版印行 100 部，没想到不出两月，又全部售罄。

---

① 明：《新书简讯》，《图书季刊》1934 年第 1 卷第 2 期。

② 鲁迅：《致郑振铎》，《鲁迅全集》(12)，人民文学出版社 2005 年版，第 8—9 页，注 [3]。

③ 鲁迅：《致郑振铎》，《鲁迅全集》(12)，人民文学出版社 2005 年版，第 7 页。

在《北平笺谱》还没有面世前，鲁迅就对该书的未来颇有自信，他在《北平笺谱·序》中曾写道："意者文翰之术将更，则笺素之道随尽；后有作者，必将别辟途径，力求新生；其临睨夫旧乡，当远俟于暇日也。则此虽短书，所识者小，而一时一地，绘画刻镂盛衰之事，颇寓于中；纵非中国木刻史之丰碑，庶几小品艺术之旧苑；亦将为后之览古者所偶涉欤。"① 半个多世纪后，《北平笺谱》作为"中国木刻史之丰碑"已是学界公论，它不仅成为版画史、艺术史研究者案头必备之物，更被藏家视如拱璧。1998 年嘉德拍卖会上曾拍过一部《北平笺谱》，成交价为 11.55 万元，且不见得是初版编号本。② 而 2005 年的上海嘉泰秋季艺术品拍卖会上，一部鲁迅、郑振铎签名本《北平笺谱》起拍价 15 万元，最终以 38.5 万元为一收藏者拍得，受热捧程度可见一斑。③ 历史的天平，早已准确衡量了《北平笺谱》的意义与价值！

四

《北平笺谱》刻印好后不久，郑振铎又与鲁迅商量翻刻《十竹斋笺谱》事宜。《十竹斋笺谱》是我国古代著名笺谱之一，影响后世制笺业至为深远，"后来如《殷氏笺谱》、《萝轩变古笺谱》以及《芥子园画谱》，各擅胜场，大都自《十竹斋（笺谱）》脱胎而来也。"④ 该笺

---

① 鲁迅：《〈北平笺谱〉序》，《鲁迅全集》(7)，人民文学出版社 2005 年版，第 428 页。
② 参见宋庆森：《书海珠尘——漫话老版本书刊》，新华出版社 2001 年版，第 91 页。
③ 参见 http://auction.artxun.com/paimai-189-942241.shtm1。
④ 明：《新书简讯》，《图书季刊》1934 年第 1 卷第 2 期。

谱原为明人胡正言辑印。

　　胡正言（1584—1674），字日从，安徽休宁县城文昌坊人。明末清初著名印人、画家。胡正言少时即精究六书，以篆籀名世。天启初年，定居南京鸡笼山下，庭院植翠竹十余竿，对竹自娱，故自号"十竹主人"，并开设"十竹斋"书坊，经营刻书业。

　　胡正言通晓书画、精于篆刻，谙知奏刀规律，为创制水印木刻打下了良好基础。经过27年的磨砺，他悉心总结了前辈经验，先后创造了饾版、拱花等制版法，开彩色套印之先河，把徽派版画艺术推向新高峰。明天启七年（1627年）他辑印的第一部套色版画《十竹斋书画谱》出版。这是中国历史上第一部卷帙浩繁的中国画本印画册，集名人（如赵孟頫、唐寅、文徵明等）佳作300余件。内分书画谱、墨华谱、果谱、翎毛谱、兰谱、竹谱、梅谱和石谱8类，每类40幅，图文并茂，交相辉映。事隔17年后，他另一部套色版画《十竹斋笺谱》问世，共4卷，收作品289幅。《书画谱》、《笺谱》这两部画册，画面立体感强，富有层次变化，都运用饾版、拱花两法刊印，因此，不失原画神意，再现了原画笔墨韵味。

　　清兵入关后，明福王朱由崧在南京称帝，胡正言曾任武英殿中书舍人，掌管内阁敕房。清军攻克南京后，他隐居不出，誓不仕清，专心致力于出版业，有《印存初集》、《印存玄览》两书传世。①

---

　　① 安徽省地方志编纂委员会编：《安徽省志·人物志》，方志出版社1999年版，第939页。

作为胡正言代表作之一的《十竹斋笺谱》，初集共四卷，卷一包括清供八种、华石八种、博古八种、奇石十种、隐逸十种、写生十种。卷二包括龙种九种、胜览八种、人林十种、无花八种、凤子八种、折赠八种、墨友十种、雅玩八种、如兰八种。卷三包括孺慕八种、棣华八种、应求八种、闺则八种、敏学八种、极修八种、尚志八种、伟度八种、高标八种。卷四包括建义八种、寿征八种、灵瑞八种、香雪八种、韵叟八种、宝素八种、文佩八种、杂种十六种。"兼采'饾版'与'拱花'，作品水准较《(十竹斋) 书画谱》又有所提高。……这三谱在明代彩色套印版画中是最具代表性的，标志着中国古代的彩色套版雕印技术达到了非常成熟、空前绝后的地步。"①《十竹斋笺谱》在当时流传很广，《门外偶录》中就提及当时刻工汪楷因参与刻印《十竹斋书画谱》、《十竹斋笺谱》以及销售两谱而成为富户，其销量可见一斑。

到了近代，胡正言所刻《十竹斋笺谱》存世已经非常稀少，在郑振铎想重刻《十竹斋笺谱》时，世间仅留三部，一部被上海《时报》老板狄楚青收藏，一部流入日本"文求堂"，还有一部为书画收藏家王孝慈所有。上海狄氏所藏秘不示人，日本"文求堂"藏本惜而不卖 ②，所幸郑振铎在好友马隅卿处见到了王孝慈收藏的《十竹斋笺谱》，该版本黄绵纸初印，虽有缺页亦弥足珍贵。征得王孝慈同意

---

① 章宏伟：《胡正言生平及其"饾版"、"拱花"技术》，《美术研究》2013 年第 3 期。

② 在找到王孝慈所藏《十竹斋笺谱》前，郑振铎还应询问过日本"文求堂"老板田中庆太郎，但被告知已售出。1934 年 6 月 2 日鲁迅在致郑振铎信中就提及此事，"去年底，先生不是说过，《十竹斋笺谱》文求堂云已售出了么？前日有内山书店店员从东京来，他说他见过，是在的，但文求老头子惜而不卖，他以为还可以得重价。又见文求今年书目，则书名不列在内，他盖藏起来，当作宝贝了。我们的翻刻一出，可使此宝落价。"

后，郑振铎即着手进行《十竹斋笺谱》的翻刻工作。

在翻刻《十竹斋笺谱》的过程中，为了保证翻刻质量，郑振铎与鲁迅精益求精，在一些微小的细节上都认真斟酌，如在颜料方面，"《十竹斋笺谱》的山水，复刻极佳，想当尚有花卉人物之类，倘然，亦殊可观。古之印本，大约多用矿物性颜料，所以历久不褪色，今若用植物性者，则多遇日光，便日见其淡，殊不足以垂远。但我辈之力，亦未能彻底师古，止得从俗。抑或者北平印笺，亦尚有仍用矿物颜料者乎。"[1] 在纸张方面，"对于纸张，我是外行，近来上海有一种'特别宣'，较厚，但我看并不好，研也无用，因为它的本质粗。夹贡有时会离开，自不可用。我在上海所见的，除上述二种外，仅有单宣、夹宣（或曰夹贡）、玉版宣、煮硾了。杭州有一种'六吉'，较薄，上海未见。我看其实是《北平笺谱》那样的真宣，也已经可以了。"[2] "印《笺谱》纸，八开虽较省，而看起来颇逼仄，究竟觉得寒蠢，所以我以为不如用六开之大方，刻、印等等，所费已多，最后之纸张费，省俭不得也。"[3]

为了扩大销路，让读者乐于接受，他们在定价方面也多有考量，"我想豫约只能定为八元，非豫约则十二元，盖一者中国人之购力，恐不大；二则孤本为世所重，新翻即为人所轻，定价太贵，深恐购者裹足不至。"[4] 特别是针对广大青年读者，他们想到出版廉价本，1934年2月9日鲁迅在致郑振铎的信中说："上海之青年美术学生中，亦有愿

① 鲁迅：《致郑振铎》，《鲁迅全集》(13)，人民文学出版社 2005 年版，第 50 页。
② 鲁迅：《致郑振铎》，《鲁迅全集》(13)，人民文学出版社 2005 年版，第 157 页。
③ 鲁迅：《致郑振铎》，《鲁迅全集》(13)，人民文学出版社 2005 年版，第 285 页。
④ 鲁迅：《致郑振铎》，《鲁迅全集》(13)，人民文学出版社 2005 年版，第 169 页。

意参考中国旧式木刻者，而苦于不知，知之，则又苦于难得，所以此后如图版刻成，似可于精印本外，别制一种廉价本，前者以榨取有钱或藏书者之钱，后者则以减轻学生之负担并助其研究，此于上帝意旨，庶几近之。"① 而在同年 6 月 26 日致郑振铎的信中，鲁迅先生又对廉价本作了说明："书之贵贱，只要以纸质分，特制者用宣纸，此外以廉价纸印若干，定价极便宜，使学生亦有力购买。颇为一举两得。"②

翻刻工作正在进行，未料风云突变，郑振铎因故离开燕京大学，返回上海。因为经济窘迫，翻刻之事便暂缓。此后王孝慈去世，其子孙因家境窘迫不得不出售藏书来维持生活，《十竹斋笺谱》即出售给北平图书馆。而作为郑振铎良师益友，曾给他许多鼓励与指导的鲁迅，此时也因病去世。郑振铎倍感心力交瘁，遂无意再续刻此书。直到 1939 年，郑振铎又有了辑印一部《中国版画史》的想法，于是重启《十竹斋笺谱》的翻刻工作，并在 1941 年夏季完工。此书竟耗费了七年时光！《十竹斋笺谱》刻成时，郑振铎在其所作跋中详记刻书过程的曲折艰辛，让人读后备觉辛酸，兹将全文录之如下：

右《十竹斋笺谱》四册，重镌之工始于民国二十三年春末，告成于三十年夏六月，此七载中，大变迭起，百举皆废。余又南北迁徙，辛辛鲜暇，故镌版之业作辍靡恒，盖因于资力者半，而人事之乖迕，亦居其半焉，然终于斯时得竟全功。丧乱之中，艰辛备尝，同好之士，初赞其议，而未能睹其成者，不只一二人也。前尘回顾，悲忻交集，是乌能不纪数语以告世人，且有以慰

---

① 鲁迅：《致郑振铎》，《鲁迅全集》(13)，人民文学出版社 2005 年版，第 21 页。
② 鲁迅：《致郑振铎》，《鲁迅全集》(13)，人民文学出版社 2005 年版，第 164 页。

亡友之灵也。初，鲁迅先生与余既辑印《北平笺谱》，余曰："尝于马隅卿许见王孝慈所藏胡曰从《十竹斋笺谱》，乃我国木刻之精华，继此重镌，庶易流传，北平印工当能愉快胜任。"鲁迅先生力促其成。余北归，乃毅然托赵斐云先生假得孝慈藏本，付荣宝斋复印。然复印之工至为繁重，荣宝斋主人杨君初有难色，强之而后可。自复绘以至刷印之工，余曾目睹，故能语其层次：初按原谱复色分绘，就所绘者一一分刻，然犹是未拼成之板块也；印者乃对照原本，逐色套印，浅深浓淡之间，毋苟毋忽，虽一丝一叶之微，罔不目注手追，惟恐失样，用力之重轻，点色之缓急，意匠经营，有逾画家。印成，持较原作，几可乱真，余乃信其必有成矣。时在岁暮，第一册竣事。适孝慈至平，遂以复本贻之，是为余与孝慈订交之始。未几，隅卿亦归，每次晤言必语及版画，而于《十竹斋笺谱》尤著意焉，即微疵点污，亦必指令矫改，以期尽善。斐云与徐森玉，魏建功，向觉明诸先生亦间有参议。友朋之乐，于斯为最。适余赴沪，持是册示鲁迅，赏览之余，喜如所期。然第二册付镌后，工未及半，燕云变色，隅卿讲学北大，猝死于讲坛之上，余亦匆匆南下，以困于资，无复有余力及此，故镌工几致中辍，时时以是为言者，惟鲁迅先生一人耳。迨第二册印成，先生竟亦不及见矣。其后孝慈又故，遗书散出，此书幸归北平图书馆，可期永存。良友云亡，启余无人，日处穷乡，心力俱瘁，竟无意于续镌矣。故都沦陷后，北望烟云，弥增凄感，原书何在，尚不可知，遑问其他。又逾年，忽发大愿，辑印《中国版画史》，必欲遂成诸亡友之志，拟续镌笺谱，收入画印图录之中，姑驰书斐云，询其踪迹，不意历劫竟存，且得斐云之助，第三册继付剞劂，迄今一载有半。全书毕工，微斐云之力不及，此固不只余之私衷感荷无既也。呜呼！此书虽微，亦尝饱经世变，备历存殁之故矣！抑余重有感者，二十年来，余罗致版画书不下千种，于此书最为加意，几得复失者数数：初闻涉园陶氏有旧藏，比余询及，则已与他书归日本文求堂矣，为惆怅者久之；后见文求堂书目，此书尚在，飞函商购，得复谓已他售，盖托辞如是，欲自藏也；上海狄氏亦有此书，然不可见，闻某君购得一册，余意即一册亦佳，询以能否相让，则云已售去；孝慈故后，此书又先为北平图书馆所得，缘悭如是，余更不作收藏想矣。终假孝慈珍本，复印毕工，慰情胜无，每自感悦，然此本中阙若干页，以无他本可补，姑置之。去冬徐贾绍樵竟于无意中为余获此书于淮城，书至之日，乐忘晨饥。尤可欣者，孝慈本中所阙诸页，此本则一一俱在，刊书将成，余亦得偿夙愿，缘遇巧合有如此者。惟镌工已就，所阙者未能补入耳。他日痛饮黄龙，持书北上，以与孝慈藏本相校勘，斐云其将何以贺余耶！补刻之举，当在彼时，云日重昭，此愿终偿，斐云知我必首肯也。①

郑振铎曾计划抗战结束后用得自淮城一带的足本《十竹斋笺谱》补其不足，可惜直到 1952 年，北京荣宝斋才在他的提议下重印《十竹斋笺谱》，将 1941 年版中所缺之页全部补齐。一部《十竹斋笺谱》的刊刻，前后延续近 20 年，这恐怕是谁都没有想到的吧！

---

① 郑振铎：《〈十竹斋笺谱〉跋》，《漫步书林》，中华书局 2008 年版，第 251—252 页。

第四节　情非得已的离开①

1935 年 1 月 1 日，燕京大学国文系宣布下学期起郑振铎不再担任国文系教授。作为亲历者的顾颉刚，日后对于此事曾有一个说法：

> "郑振铎解聘事件"，本来是吴雷川校长的意思，因为他作的《插图本中国文学史》错误太多，给国文系学生吴世昌揭发出来，登在报上，妨了校誉，所以要辞掉他。……②

当然，顾颉刚的说法仅为一家之言。他提到的吴雷川③校长因《插图本中国文学史》有辞退郑氏之意，事情原委大致如下：1932 年 12 月，郑振铎编著的《插图本中国文学史》全四册由北平朴社出版，郑振铎自述"十余年来，所耗的时力，直接间接，殆皆在于本书。……故本书虽只是比较简单的一部文学史的纲要，却并不是一部草率的成就"④。而当时正在燕京大学国文系读书的吴世昌，先后撰写了《评郑振铎著〈插图本中国文学史〉第二册》、《评郑振铎著〈插图本中国文学史〉第一、三、四各册》等书评，从观点、史料、意义、考证等多方面对该书进

---

① 参见季剑青：《1935 郑振铎离开燕京大学史实考述》，《文艺争鸣》2015 年第 1 期。

② 顾颉刚：《顾颉刚自传》，北京大学出版社 2012 年版，第 108—109 页。

③ 吴雷川（1870—1944），原名震春，浙江钱塘人。清光绪二十四年（1898）进士，翰林院翰林。1912 年后在北洋政府教育部任职，先后担任佥事、参事等职。1922 年起在燕京大学任教，1926—1929 年任燕京大学副校长，1929—1934 年任校长。

④ 郑振铎：《插图本中国文学史·例言》，《郑振铎全集》(8)，花山文艺出版社 1998 年版，第 4 页。

行了批评。郑振铎对吴世昌的批评起初曾加以辩驳，但后来还是选择了沉默。据顾颉刚的说法，吴世昌或是因为年轻气盛，在书评出版后将之交给时任燕京大学校长的吴雷川，遂使校方有意辞退郑振铎。[①]

　　《插图本中国文学史》出版后虽遭吴世昌的批评，但当时社会对于该书的评价整体而言还是赞誉居多，例如《读书月刊》在1932年10月就曾刊载王庸的书评，盛赞《插图本中国文学史》是"中国文化界和史学界上很大的贡献"，不但对中国文学的源流变迁可以知道得比较详细，而且对于各家的文艺的研究也可得相当的门径。[②]1933年3月，日本学者长泽规矩也称赞该书引用材料既新且富，又不墨守旧说，不拘于儒家之见，而是突破了传统的旧套。[③] 除此之外，鲁迅在1933年12月20日致曹靖华的书信中指出，中国文学史方面的书籍可看谢无量《中国大文学史》，郑振铎《插图本中国文学史》（已出四本，未完），陆侃如、冯沅君《中国诗史》，王国维《宋元词曲史》以及鲁迅自己的《中国小说史略》。虽然鲁迅强调"这些都不过可看材料，见解却都是不正确的"，但是将《插图本中国文学史》与王国维及他自己的作品并列，可见对其评价不低。[④] 而到1935年，《人间世》杂志第22期发起征求读者推选"中国现代五十年来百部佳作"的活动，《插图本中国文学史》得到赵景深、陆侃如、冯沅君、周一鸿、王伯祥、

　　① 《顾颉刚日记》中"1934年6月25日"条记载："其第二册先出，吴世昌撷其中常识上之错误，为成一文，投寄《新月》杂志，出版后送与雷川校长，故校长拟将彼辞退。"载《顾颉刚日记》（第3卷），中华书局2011年版，第202页。

　　② 《王庸先生年谱简编》，载赵中亚选编：《王庸文存》，江苏人民出版社2014版，第494页。

　　③ 转引自金梅、朱文华：《郑振铎评传》，百花文艺出版社1992年版，第184页。

　　④ 鲁迅：《致曹靖华》，《鲁迅全集》（12），人民文学出版社2005年版，第523页。

叶圣陶、章锡琛、徐调孚等人的一致推荐。

至于郑振铎离开燕京大学的真正原因，正如研究者所指出的，"无论是文学观念、研究取向还是其运动家的姿态，郑振铎都体现出鲜明的五四特征，这使得他与 30 年代学院化的燕京大学之间的关系充满了紧张，以致发展为无法调解的冲突，这是导致他 1935 年离开燕京大学的深层根源，虽然我们不能完全排除个人纠纷和意气的因素。"[①] 这一点可在朱自清的日记中得到证明。朱自清在 1933 年 6 月 24 日日记中记载："访振铎，谈燕大国文系事，铎似与绍虞有不洽合。"[②]1934 年 6 月 9 日日记中又记载："上午访振铎，振铎谈以'五四'起家之人不应反动，所指盖此间背诵、拟作、诗词习作等事。"[③]大致可以推知郑振铎与郭绍虞的矛盾源于不同的教育理念。在当时北平的教育界，包括燕京大学，国文系中传统经典文学研究占据主流地位，而教师在讲授旧体诗词时，往往要求学生熟读精诵，同时伴随模拟仿作这样的练习，如郭绍虞就"要求学生在读有关赋、诗、词、曲和散文的课程时都要随班创作"。可能正是这种做法让秉持五四新文化立场的郑振铎十分不满，他曾撰文严厉批评此种"复古"风气："尤以大学校为然，如南京中山大学，广州中山大学，北平几个大学，复古的空气都很浓厚，比方一位教授讲什么文学科目，就要做出什么样的作品，如讲唐诗，就要做出唐诗，这岂非讲莎士比亚的戏剧，就要做得出莎士比亚那样的作品才配讲么。"[④] 而且在《〈刀剑集〉序》中还

---

① 季剑青：《1935 年郑振铎离开燕京大学史实考述》，《文艺争鸣》2015 年第 1 期。

② 朱乔森编：《朱自清全集》（第 9 卷），江苏教育出版社 1998 年版，第 235 页。

③ 朱乔森编：《朱自清全集》（第 9 卷），江苏教育出版社 1998 年版，第 298 页。

④ 《中国文坛之现状及今后之倾向——郑振铎在北大演讲》（续），天津《益世报》1935 年 1 月 1 日。

将大学教师要求学生拟作旧体诗词的现象归为"'文坛'上的恶势力"的表现："虽然还有不少大学里的文学教师们在课堂上迫着学生们写律绝诗，写草窗、玉田词；（乃至以这种古体诗文作为月课，强迫全校学生交卷的也有）然我不相信，这种现象会再延长多少年。"[①]

郑振铎的离开，对于北平出版界而言是一大损失。与上海相比，20 世纪 30 年代北平的出版业无疑冷清，明显与其文化中心的身份不符。而郑振铎在北平的编辑出版活动最重要的价值是为北平出版业树立了标杆，指明了方向。如《文学季刊》创刊号首印 10000 本迅速售罄，后又重版两次的市场表现就说明北平并非"文化沙漠"，也能够出版享誉全国的文学期刊。遗憾的是，郑振铎的这段北平时光十分短暂，他犹如一颗流星，闪过一道耀眼光芒的同时也给人留下无数的遐想。

---

① 郑振铎：《〈刀剑集〉序》，《水星》1934 年第 1 卷第 1 期。

第五章

重返上海

    辞去燕京大学教职后，郑振铎开始尝试一种新的出版形式——选辑中外古典文学名著，采用每月出版一册的方式出版——《世界文库》诞生了。作为当时文艺界的"两大工程"之一，《世界文库》以其系统性、普及性以及新颖的形式为当时社会所称道。与此同时，郑振铎应暨南大学校长何炳松之邀，出任暨南大学文学院院长一职，继续其文学教育事业。

第一节　《世界文库》

一

1935 年 5 月 20 日，一套丛书的出版在中国出版界引起巨大轰动，它被当时学界称为"中国文坛的最高努力"[①]，亦被今天学者称赞有"涵容天下百世的气魄"[②]，这就是郑振铎主编的《世界文库》。

按照最初的设想，《世界文库》在中国近现代出版史上可谓前无古人。

一是其预备收录书籍涵盖之广：

　　我们将从埃及、希伯莱、印度和中国的古代名著开始。《吠陀》、《死书》、《新旧约》、《摩诃巴拉他》、《拉马耶那》和《诗经》，一切古代的经典和史诗、民歌，都将给以同等的注意。

　　我们对于希腊、罗马的古典著作，尤将特别的加以重视。荷马、魏琪尔的史诗，阿斯克洛士、沙福克里士、优里辟特士的悲剧，阿里斯多芬士的喜剧，Hesiod, Sappho, Pindar, Simonides, Horace, Ovid, Catullus, Lucrettius 的诗歌，Plato, Aristot1e, Demostheus, Caesar, Cicero, Lucian 的著作，乃至 Plutarch 的传记，无不想加以系统的介绍。这样，将形成一个比较像样子的古典文库。

　　在黑暗的中世纪里，从 St. Augustine 到 Dante, Boccaccio,

[①]　《大公报》1935 年 5 月 15 日。

[②]　杨义：《中国新文学图志》，人民文学出版社 1998 年版，第 451 页。

Chaucer, Villion 伟大的名字也不少。各民族的史诗，像北欧的新老二 Edda，德国的 Nibelungen Lied，以至流行于僧侣间的故事集（像 Cesta Romanorum[①]），行吟诗人之作品，都想择其重要的译出。

中世纪的东方，是最光明灿烂的一个大时代。从中国的诗歌、散文、小说、变文、戏曲的成就到波斯的诗，印度、阿拉伯的戏曲、小说，乃至日本的《万叶集》、《源氏物语》都是不容忽略的。印度的戏曲，像 Bhavabhuti, Kalidasa，中国的杂剧，像关汉卿、王实甫之所作，都是不朽的优美之作品。如有可能，《一千零一夜》将谋全译。汉魏至唐的诗，唐宋的词，元的散曲，都将成为全集的式样。宋元话本将有最大的结集。《三国》、《水浒》、《平妖传》则将力求恢复古本之面目。

在文艺复兴以来的欧洲文学里，伟大的名字实在太多了！Cervantes, Shakespeare, Montaigne, Milton, Moliere，都是必须介绍的；而 Bandells, Conneillo, Racine, La Fontaine 以至 Perrault, Bacon, Marlowe, Aristo 诸人也必当在收罗之列。

十八、十九世纪到现代的欧美，诗歌和散文的选译是比较困难的工作。但 Goethe, Heine, Byron, Keats, Shelley, Baudelaire, Gautier, Verlaine, Mallarme, Whitman, C. Lamb 诸人的作品是必须译出的。小说乃是这两世纪的文学的中心，从 Swift, Defoe, Fielding, 到 Scott, Austen, Dickens, Thackaray, Eliot, Stevenson, Mrs. Stowe, Allan Poe, Hugo, Balzac, Dumas, Stendhal, George, Sand,

---

① 《罗马人传奇》，用拉丁文写的逸闻故事集。

Flaubert, Zola, Maupassant, Gogol, Turgenev, Dostoevsky, Tolstoi, Tchekhov, Gorky, Mark Twain, O. Henry, Barbusse, Romain Rolland 诸人都将有其代表作在这文库里。

近代戏曲的发展也是很可惊的；从 Schiller, Beaumorchais, 以下像 Ibsen, Bjornson, Brieux, Hauptmann, Suderman, Oscar Wilde, Synge, Galsworthy, Maeterlinck, Tchekhov 都是要介绍的，至少得包括三十个以上的伟大的名字。

近代的东方是一个堕落的时期。但中国仍显出很进步的情形。《金瓶梅》和《红楼梦》是最可骄傲的两部大著作。戏曲作家们尤多到难以全数收入。但尽有许多伟大的东西还在等待着我们去掘发。诗歌和散文是比较得落后。但我们将不受流行观念的影响，而努力于表扬真实的名著。

这样浩瀚的工程，决不是一二年或三五人之时，力所能成就的。我们竭诚的欢迎学人们的合作。我们希望能够在五六年之间，将这工作的"第一集"告一个结束。[1]

二是其编委会成员名家云集。在文库的编辑委员会中，除了主编郑振铎外，还有100多位当时中国第一流的作家、翻译家及学者。其中包括卞之琳、方光焘、王以中、王任叔、王西征、王伯祥、王统照、王鲁彦、巴金、江绍原、向觉明、朱光潜、朱自清、沈素、沈起予、阿英、李健吾、李青崖、李亦、李广田、李辰冬、李霁野、宋云彬、吴文祺、吴晗、周仁、周予同、周作人、周笕、周煦良、孟十

---

① 郑振铎：《世界文库发刊缘起》，《郑振铎全集》(15)，花山文艺出版社1998年版，第369—371页。

还、洪深、胡仲持、胡愈之、胡适、段可情、郁达夫、俞平伯、俞复唐、茅盾、高滔、耿济之、袁昌英、孙用、孙大雨、孙伏园、孙师毅、孙福熙、孙毓棠、浦江清、陈宇、陈望道、徐祖正、徐嘉瑞、徐调孚、徐霞村、徐鸿宝、毕树棠、陆侃如、秦宣夫、马宗融、许地山、许杰、梁宗岱、贺昌群、冯沅君、夏丏尊、彭基相、黄源、黄澹哉、傅仲涛、傅惜华、傅东华、曹葆华、曹亚丹、曾季肃、曾觉之、张露薇、叶绍钧、靳以、杨丙辰、万家宝、郑伯奇、郑效洵、赵邦铼、赵敏求、赵景深、赵万里、赵荫棠、穆木天、刘廷芳、刘师仪、刘荣恩、刘穆、刘薰宇、熊佛西、熊适逸、台静农、黎明、黎烈文、黎锦熙、储皖峰、鲁迅、蔡元培、蹇先艾、谢六逸、谢冰心、魏建功、钱玄同、瞿世英、罗根泽、丰子恺、顾一樵、顾均正、顾谦吉、严既澄、严群、萧乾等。在这个超豪华的编委会阵容中，既有蔡元培、鲁迅、胡适、朱光潜、朱自清、茅盾、郁达夫、俞平伯、许地山这样的文坛前辈，又有卞之琳、王任叔、万家宝、浦江清、台静农、梁宗岱这些后起之秀，说《世界文库》编辑委员会代表了当时整个中国文学界和翻译界的最高水平一点也不为过。

这样一个气势恢宏的出版计划的提出并非郑振铎一时心血来潮，其实在十多年前郑振铎即已有此想法。1921年他在主编《文学旬刊》时就以"介绍世界文学到中国，一面努力创造中国的文学，以贡献于世界的文学界中"作为该刊的办刊理想与编辑宗旨。[①] 同年由他创议的"文学研究会丛书"正式启动，"一方面想打破这种对于文学的谬误与轻视的因袭的见解，一方面想介绍世界的文学，创造中国的新文

---

① 《文学旬刊》第1号，上海《时事新报》1921年5月10日。

学，以谋求我们与人们全体的最高精神与情绪的流通。"①1923年他接替茅盾主编《小说月报》，同样为了达此目的，在杂志中设立了外国文学研究专号和整理中国文学的专栏；1926年时，郑振铎与茅盾设想创办一份《世界文学》季刊，专门向中国读者介绍世界文学，不过由于1927年郑振铎出国避祸，该刊的出版计划遂不了了之。直到1935年1月，郑振铎离开燕京大学，这才开始下决心完成这个计划。1935年1月21日，郑振铎与茅盾一起拜访鲁迅，在交流中向鲁迅谈到了出版《世界文库》的设想，得到了鲁迅的支持。此后，郑振铎又与鲁迅商定为《世界文库》翻译俄国作家果戈理《死魂灵》的事宜。之后又相继邀请蔡元培、茅盾等文化界知名人士作为该文库编委。4月，茅盾、胡愈之、陈望道、叶圣陶、许地山、夏丏尊、谢六逸、朱光潜、傅东华等为《世界文库》题词，赞扬郑振铎的这一举动为"中国文坛的最高努力"。

二

《世界文库》是一套系统介绍中外古典文学名著的大型丛刊。它的编排体例十分特别，集期刊和丛书两类读物的特点于一身，号称"文库"却是以定期刊物的形式出版，每月刊行1册，每年刊行12册，每册约40万字；中国的及国外的名著各占其半。长篇的著作，除极少数的例外，不连载到12册以上。为了扩大征订用户，作为出版方的生活书店在出版《世界文库》前曾专门编印了一本《征求预订样本》

---

① 《文学研究会丛书缘起》，载李玉珍、周春东、刘裕莲等编著：《文学研究会资料》（上），知识产权出版社2010年版，第552页。

以作宣传。该样本大 32 开，厚 48 页，用双色精印，内容包括发刊缘起、编例和所载名著的样张。发刊缘起、编例均由郑振铎撰写，名著样张包括《西游记杂剧》、《警世通言》、《死魂灵》、《冰岛渔夫》中的片段，以及果戈理的图像和《吉诃德先生传》的插图。此外，还收录了茅盾、胡愈之、叶圣陶、朱光潜、傅东华等众多文坛大家对于《世界文库》出版的祝词。如陈望道说：

> 刊行《世界文库》在外国也许还不怎么难，因为那边的读者多，在中国却要算一件大事，无论出版者、编辑者，都要有一点傻劲儿才好干。干得起来——当然干得起来的，现在就已干起来了——是有意思的。一、外国名著，像现在这样至少要弄通一种外国语才读得到，到底不能算是一个好现象。这样，读得到外国名著的，一定只有少数人；其余的许多人都是白地起家，总有许多气力是白费的。二、中国名著，像现在这样，大家都还当作古董藏，古董贩，也不能算是一种好现象。一部小小的书，就要几元钱，而且还不容易得到。钱和时间也有好些是白费的。我常戏说：出书要严守三易主义。所谓三易，就是一要一般人容易看；二要一般人容易买；三要大家容易带。这次刊行的《世界文库》大体都已经顾到。这对节省研究上精力的白费，打破文化上闭塞的风气，应该都不能说是没有意思的傻干。我希望这种工作扩大开去，对于世界美术、世界历史、世界政治经济等等，也有人这样干起来。①

---

① 钱小柏：《郑振铎与〈世界文库〉》，《出版史料》1992 年第 2 期。

茅盾则曰：

> 看了《世界文库》第一集的目录，非常高兴。"中国之部"收了许多传奇，其中有三十多种罕见的秘本。重要名著又注重最近于原本的抄本或刻本，且加初步的整理。"外国之部"介绍主要的名著，单是这第一集已经称得研究文学的基本书籍的集大成了。这种伟大的计划，在现今居然实现了，无论如何可说是极有价值的工作。至于代价低廉（全集约在五年内出齐，每年不过九元光景），这使购买力不大的读者，都有购读的机会，也是空前的快事。[1]

除了上述内容外，《征求预订样本》还附有征订办法，并将全书装帧形式、开本、字体和用纸以及出版日期、预订手续等作了详细的介绍。考虑到不同读者的消费能力，《世界文库》设计了两种版本：甲种用上等乳黄玉书纸精印，冲皮面烫金精装；乙种用上等新闻纸印，硬面精装，堂皇高雅，十分精美。至于预定方法，甲种全年14元，半年7元5角，乙种全年9元，半年4元6角。此外，读者还可分期付款，甲种先付5元，自第二月起每月付1元，连付10个月，共15元，乙种先付3元，自第二月起每月付7角，连付10个月，共10元。这种在今天出版界已经绝迹的做法，在当时的确为《世界文库》起到了良好的宣传效果。

在读者的翘首企盼中，《世界文库》第1册终于在1935年5月

---

[1]　钱小柏：《郑振铎与〈世界文库〉》，《出版史料》1992年第2期。

20 日正式出版，此后每月 1 册，一直持续出版到第 12 册。出乎郑振铎的意料，《世界文库》虽然不乏读者的赞扬，但是批评的声音也很多。特别是郑振铎在文库中加入古籍，被许多左翼人士认为是复古主义，逆历史潮流而动。如署名"临渊"的作者直斥《世界文库》的出版是在"传播流毒"：

> 世界文库接二连三地出版了……金瓶梅，花间集，娇红传，警世通言……都印出来了，当现在这时候，洪水旱灾并作，到处是流寇盗匪，只见人民喝黄泥水，观音粉，溺毙的溺毙，饿死的饿死；而在都市间人欲横流，精神萎靡，这些书籍与其说是遗产，不如名之谓火上加油的流毒。①

如果说类似的批评尚可以不去理会，那么邓恭三（邓广铭）在《国闻周报》上发表的《略论〈世界文库〉的宗旨选例及其它》一文则让郑振铎不得不认真思考。该文洋洋洒洒万余言，从选文、整理与印行等技术层面对《世界文库》进行了批评。如在书籍选择上漫无标准，挂漏过分失当，以"中国之部"第四类散文为例：

> 散文起自老子的《道德经》，迄于清代散文选。其春秋战国部分为《道德经》、《论语》、《孟子》、《庄子》、《韩非子》、《战国策》，却偏偏缺少了为后代散文作家所极力追摹的《春秋左氏传》。两汉部分仅有贾谊、枚乘、司马相如三人的集子，及《论衡》与

---

① 临渊：《给世界文库的编者们》，《客观》1935 年第 8 期。

两汉散文选，而西汉末的扬雄、东汉末的蔡邕诸人专集不与。魏晋南北朝部分，仅有《洛阳伽蓝记》、《佛国记》、《文心雕龙》、《水经注》、《颜氏家训》及六朝散文选，其时正为文章家最盛且多之时，既摈《文选》与《六朝文絜》等不收，而除散文选外之五部书中，北朝人的作品占去三部，既无一魏晋人的著作，而南朝宋、齐、梁各代大家的专集也全没有。在唐仅有《大唐西域记》及唐文选；在宋仅有《朱子语类》、《通志略》及宋文选，选本方面既不取《文苑英华》、《唐文粹》、《宋文鉴》等，而历来奉为散文大家的韩愈以下诸家文集也均从阙。明代仅有《阳明集要》、《汤若士尺牍》、《徐霞客游记》、《陶庵梦忆》及明文选，既不取黄梨洲的《明文海》，而于代表复古派的前后七子，承续唐宋韩欧文派的唐顺之、归有光，代表革新派的公安、竟陵诸家，以及鼎革之际的钱谦益、侯方域诸人文集也都不取。清代只有《浮生六记》、汪中《述学》及清代散文选，桐城、阳湖的古文，洪亮吉以下诸人的骈俪，以及后期的梁任公诸人的文集又都没有。①

再如在外国名著译本的选择上：

既说凡不能收入本文库的名著的译本，要一概重译，何以荷马的 *Odyssey*，Milton 的 *Paradise Lost* 等竟无资格加入？屠格涅夫之所以成为世界作家者，以其有六名著故，文库中将其六大名著一概不取，而反取其最早年的《猎人日记》和最晚年的散文

① 邓恭三：《略论〈世界文库〉的宗旨选例及其它》，《国闻周报》1936 年第 13 卷第 1 期。

诗，谁能从这两部作品里认取屠格涅夫的面貌呢？对于托尔斯泰几部长篇的评价，固多有不同，但最足以见其思想的当是《战争与和平》，而最足以见其晚年的艺术主张的，是《复活》，舍此二者不取而独取其 *Anna Karanina* 亦最可訾议。罗曼·罗兰的 *Jean Christophe* 是他的思想、学力和艺术天才三者最大的结集，其所以被认为伟大的作家，所赖于这部著作者特多，文库中的漏略似亦不当，如所重在取其传记文学，则他所作的伟人传记也非常之多，更绝无理由必选其篇幅无多，在中国且已有两种译本的《悲多芬传》。①

除此之外，在旧籍整理上、印行方式上，该文也认为郑振铎失误颇多：

　　但事实又是：现在已经出了六册，旧籍已有了不少的种类，而所谓整理的工作却仍唯限于标点和附以校勘记二事，不唯必要的新注释始终未加，并新序也很少见，其在前后附有郑先生的文字的，计有裴铏的传奇、王右丞集、刘知远传、投笔记、南唐二主词、娇红传、中山狼传、王梵志诗、尊前集、孟浩然集、云谣集杂曲子及权子等种，但都不过寥寥数语，只对版本或作者身世等事稍加叙述，而于各书内容，却全未给予一种新的看法、新的阐释，然则这些已经印出的究竟算已经整理竣事没有呢？

　　最后，是印行方式的问题。集合某种性质的书籍若干种而

---

　　①　邓恭三：《略论〈世界文库〉的宗旨选例及其它》，《国闻周报》1936 年第 13 卷第 1 期。

总括于某种文库的名义之下发行，在外国是有不少的前例可援
的，但将原可整本发行的书籍一一为之拆散，而将性质、作风、
思想、故事等等全不相同的东西，各取其中的一片段而汇为杂志
方式发行，这却是"有之，自《世界文库》始"，而最大的问题
也就正从这里发生。……而这《世界文库》，在每月所发行的一
册中，包有四五十万字的内容，而这内容的种类却至少为十四五
种之多，枝枝节节，杂然并陈，挨次读去，到头也终无一完整的
印象可以得到，即偶有一次可以登完的短篇，其前后各篇作者既
非一人，时代与地域之相去每甚远，因而在此篇所得的印象，迨
读至次篇即被混淆，而本来只需几日便可读毕的书籍，且又多为
必须于同一时间内继续读毕的书籍，又均被肢解而散见于无数册
中，使读者毫无理由地忽作忽辍，每是前节已全忘却而后节方姗
姗来迟，使兴趣与记忆力两者均苦于无法作此长久的持续，有比
这更浪费精力的事吗？①

这一批评戳到了郑振铎的软肋，等到 1936 年 4 月《世界文库》
出完 12 册后，郑振铎即宣布《世界文库第二年革新计划》，进行相应
调整：

（一）第一年的 12 卷，读者们所最感不便者，为长篇作品的
分册连载。在编者方面，为什么这样办，当然是自有苦衷的。但
在第二年，这样的困难已尽量的设法解决了。第二年凡刊行 18

---

① 邓恭三：《略论〈世界文库〉的宗旨选例及其它》，《国闻周报》1936 年第 13 卷第 1 期。

卷，每卷都是首尾完全的。只有《吉诃德先生传》是继续着第一年的未完稿，但这一卷是完全仍把她结束了。

（二）第一年中国部分的数量，有的读者们感觉到过多。但我们为什么使中国部分和外国部分的数量大略相等呢？为什么中国部分必须和外国部分合册刊出呢？第一，自然是当时的环境关系；第二是《文库》本身的刊行、发售问题。编者对于这，并不是没有经过仔细的考虑的。现在，在第二年的开始，我们把这问题也已解决了。第一是，使中国部分所占的分量较少。外国部分有12卷，中国部分却只有六卷。但在质的内容，却并没有减薄。第二是，使读者们得以各从所嗜的单独分藏中国部分或外国部分。

（三）加进了一部分较新的重要名著。第一年因为种种关系，未能多量容纳现代的作品。但在第二年，我们却把大部分的篇幅给了近代的重要的名著。有一部分是适应了这时代与这时代的中国的需要。关于中国部分，也特别注意到这一点；所刊"传奇"的一部分和散文一部分差不多都足以供这时代的读者们的参考或细读的。

（四）我们想每一卷加刊几页的《世界文库月报》，专载有关于本年所刊各种名著的批评论文，记载及作者们的遗闻轶事等等，对于读者们，这个"月报"，想来不会是没有用处的。①

显而易见，这种改革是郑振铎迫于读者和市场压力的无奈之举。以郑振铎之智慧与经验，自然不会不知以刊代书的弊端，他对此也说

---

① 郑振铎：《世界文库第二年革新计划》，《文学》1936年第7卷第1期。

"自有苦衷"。当时中国经济受整个世界经济危机的影响，在抗战前几年已经陷入某种恐慌，而受此拖累出版市场也很不景气[①]。经济环境的恶化使得"不等饭吃"的译者少之又少，大多数人难以有充足的时间从事翻译工作，仅能在其他工作之余勉强挤出时间译出一章半节以换得生活所需。以刊代书，每月一册的方式虽然看似十分不专业，但在一定程度上却是当时出版环境下的最优选择。而改以单行本出版，虽然看似符合了阅读与出版规律，但是最终结果却使《世界文库》失去了持久存在的可能性。在断断续续出版 15 种单行本[②] 后，《世界文库》就悄无声息地停刊了。

三

虽然囿于出版环境的日趋恶劣，《世界文库》最后只能草草收场，但是其成绩依然不可忽视。单以外国文学名著的翻译为例，在第一年出版的 12 册中，译载作品达 63 种，其中法国作品 21 篇，美国作品 14 篇，俄国作品 10 篇，英国作品 5 篇，德国作品 4 篇，希腊作品 3 篇，挪威作品 2 篇，罗马、西班牙、比利时、波兰作品各 1 篇。其中著名作品包括傅东华译塞万提斯的《吉诃德先生传》，鲁迅译果戈理的《死魂灵》，李霁野译夏洛蒂·勃朗特的《简爱自传》，曾季萧译哈代的《玖德》，黎烈文译罗逖的《冰岛渔夫》，梁宗岱译蒙田的《蒙田散文选》，徐霞村和穆木天译巴尔扎克的系列作品（《无神者之弥撒》、《一件恐怖

[①]　据王云五统计，1934 年全国新出文学类图书不过 796 册，到了 1935 年更是少到 491 册。见王云五：《一九三五年之出版界》，《出版周刊》1937 年第 240 号。

[②]　一说 16 种，见陈福康：《郑振铎年谱》，三晋出版社 2008 年版，第 1115 页。

时代的轶事》、《人间喜剧总序》、《信使》、《不可知的杰作》），李健吾译司汤达的系列作品（《圣福朗且斯考教堂》、《贾司陶的女主持》、《迷药》、《箱中人》、《费理拜·赖嘉勒》、《法尼娜·法尼尼》），徐梵澄译尼采的系列作品（《苏鲁支如此说》、《启示艺术家与文学者的灵魂》、《宗教生活》）……这些作品曾经鼓舞了许多的读者，例如黎烈文译罗逊的《冰岛渔夫》，年轻时读过这部译作的青年作家王西彦曾回忆道：

> 也就在那个时期，我们还读到黎烈文翻译的另一部法国古典作品，绿蒂（P. Loti）的《冰岛渔夫》，它先在郑振铎的《世界文库》上连载，随后又以单行本问世。出现在《冰岛渔夫》里面的那一个家庭的悲剧命运，再加上出于原作者手笔的对变化无常的、既温柔而残酷的大海的出色描写，把我们带入一个充满异域情调的艺术世界。当时我已经到故都北平读大学，正以初生之犊的勇气，开始学习写作；因此，对国外思潮和世界文学名著怀有一种似饥若渴的热情和热望。梅里美和绿蒂的介绍，正好投在我的迫切需要上，请想一想我对介绍者的感激之情。[①]

更值得一提的是其译书质量和精美插图，让人印象深刻。郑振铎及编委会成员们对翻译质量十分重视，郑振铎在编例中就对翻译标准作了说明，强调"信、达、雅"三字准则中"信"优先：

> 翻译者往往奉严又陵氏的"信、达、雅"三字为准则。其实，

----

① 王西彦：《我所认识的黎烈文》，《新文学史料》1981 年第 4 期。

"信"是第一个信条。能"信"便没有不能"达"的。凡不能"达"的译文，对于原作的忠实程度，便也颇可怀疑。"雅"是不必提及的；严氏的"雅"往往是牺牲"信"以得之的。不过所谓"达"者，解释颇有不同。直译的文章，只要不是"不通"的中文，仍然是"达"。假如将原文割裂删节以迁就译文方面的流利，虽"雅"，却不足道矣。所以我们的译文是以"信"为第一义，却也努力使其不至于看不懂。

而译者们在翻译中也少有率尔操觚的行为。以鲁迅为《世界文库》翻译《死魂灵》为例，他在上面耗费的精力与时间一点不输于创作：

我向来总以为翻译比创作容易，因为至少是无须构想。但到真的一译，就会遇着难关，譬如一个名词或动词，写不出，创作时候可以回避，翻译上却不成，也还得想，一直弄到头昏眼花，好像在脑子里面摸一个急于要开箱子的钥匙，却没有。严又陵说，"一名之立，旬月踟蹰"，是他的经验之谈，的的确确的。

新近就因为豫想的不对，自己找了一个苦吃。《世界文库》的编者要我译果戈理的《死魂灵》，没有细想，一口答应了。……可恨我还太自大，竟又小觑了《死魂灵》，以为这倒不算什么，担当回来，真的又要翻译了。于是"苦"字上头。仔细一读，不错，写法的确不过平铺直叙，但到处是刺，有的明白，有的却隐藏，要感得到；虽然重译，也得竭力保存它的锋头。里面确没有电灯和汽车，然而十九世纪上半期的菜单，赌具，服装，也都是陌生家伙。这就势必至于字典不离手，冷汗不离身，一面也自然只好怪自己语学程度的不够格。但这一杯偶然自大了一下的罚酒是应该喝干的：硬着头皮译下去。①

再如李霁野翻译的夏洛蒂·勃朗特《简爱自传》，是采用"字对字"的直译法，茅盾就曾说较之伍光建的译本《孤女飘零记》，虽各有千秋，但"完全直译的李译却使我们在'知道'而外，又有'感觉'。对于一般读者，伍译胜于李译；但对于想看到描写技巧的'文艺学徒'，则李译比伍译有用些罢（当然我不是说李译是标准的译本，但李译谨慎细腻和流利是不能否认的）。"②

《世界文库》插图多且精美。郑振铎素来喜欢收集插图，尤其喜爱在编辑书刊时添加书影、作者像及手迹等插图，例如他的《插图本中国文学史》就是一个很好的例子。他通过插图或把作家面目，或把原书式样，或把人物及其行事展现在读者眼前，除此之外，通过插图使读者得见各时代真实社会生活的情态。在编辑《世界文库》时，每一册都插入20多幅插图，其中许多都来自郑振铎收藏的珍本古籍。

郑振铎在《世界文库》编辑过程中的一些做法也为后来编辑界所沿袭。如连载《金瓶梅词话》时对书中的性描写文字都作了删节。删节字数较少时，用"□□"代替被删字节，删节字数较多时，则用括

---

① 鲁迅：《"题未定"草》，《鲁迅全集》(6)，人民文学出版社 2005 年版，第 362—363 页。

② 茅盾：《〈简爱的两个译本〉》，《茅盾全集》(21)，人民文学出版社 1997 年版，第 257 页。

号注明"（下删若干字）"。这在今天的古籍出版中亦被沿用。[①] 再如今天普遍流行的新书塑封在《世界文库》出版时就已使用，只不过那时用的是透明玻璃纸，看上去像糖果一般。这种处理既好看，又杜绝损失，实不失为一妙策。

或许正是因为上述原因，《世界文库》出版几十年后依然有许多人会想起它，如解放后傅雷给人民文学出版社副总编辑楼适夷的信中，就专门提及《世界文库》，建议出版社若不是做《世界文库》这样的"世界名著"，开本和版式就不必强求一律。[②] 而郑振铎的气魄与胆略更让后来人感到佩服，"通过了它，我们在 50 年前就看到有像郑振铎这样的先行者为整理和介绍中国、外国的文学名著而含辛茹苦地提出了如此宏伟的计划，他的气魄、胆略和精神，是永远值得我们称道的。"[③] 尤其考虑到"《世界文库》的全部责任还只系属于郑先生一人之身，其他的人手均为临时被拉来虚张声势，'帮忙''撑台'的，本非负责之人，自好随意而进退"[④]，更让人对郑振铎艰苦卓绝的努力钦佩有加。

第二节　《译文》风波

《译文》是 20 世纪 30 年代由鲁迅发起创办的一份文学刊物，作

---

① 参见徐柏容：《伊甸园中的禁果》，中国书籍出版社 1995 年版，第 208 页。
② 参见傅雷：《致楼适夷》，《傅雷全集》(20)，辽宁教育出版社 2002 年版，第 266 页。
③ 钱小柏：《郑振铎与〈世界文库〉》，《出版史料》1992 年第 2 期。
④ 邓恭三：《略论〈世界文库〉的宗旨选例及其它》，《国闻周报》1936 年第 13 卷第 1 期。

为中国最早的专门刊登翻译文学作品的文学期刊，该刊在传播外国先进文学思想，促进中国革命文学运动的发展上起了重要的作用。① 关于《译文》的诞生，鲁迅曾说是各种"偶然"因素聚合的结果：

> 有人偶然得一点空工夫，偶然读点外国作品，偶然翻译了起来，偶然碰在一处，谈得高兴，偶然想在这"杂志年"里来加添一点热闹，终于偶然又偶然的找得了几个同志，找得了承印的书店，于是就产生了这一本小小的《译文》。②

文学青年黄源③进入《译文》编辑部亦属偶然。鲁迅 1934 年 5 月提议创办一个专门登载译文的杂志，考虑到事务比较繁多，需要再找一位能够具体负责联系书店的人，茅盾于是想到了正在《文学》月刊做编辑的黄源，因为黄源为《文学》月刊出版事务常同生活书店经理徐伯昕打交道，彼此很熟。黄源答应了，至于具体工作，正如茅盾所说，"只要兄与书店办个交涉，并做个挂名编辑。至于编辑，看来稿，校对等事，皆由我们办，兄是忙不过来的。"④ 由于国民党图书杂志审查处要求杂志出版必须在版权页写上具体编辑人，此时鲁迅和茅

---

① 孟昭毅：《中国东方文学翻译史》（上卷），昆仑出版社 2014 年版，第 45 页。

② 鲁迅：《〈译文〉创刊号前记》，《鲁迅全集》(8)，人民文学出版社 2005 年版，第 415 页。

③ 黄源（1905—2003），名启元，字河清，浙江海盐人。早年留学日本，1929 年回国后曾参加编辑《文学》月刊、《译文》月刊。抗战爆发后，参与创办《烽火》杂志。1938 年参加新四军，次年加入中国共产党，负责编辑《抗敌》杂志、《抗敌报》文艺副刊、《新四军抗敌丛书》等。1941 年后历任鲁迅艺术学院华中分院教导主任、华东大学文学院院长、华东局宣传部文艺处处长、浙江省文化局局长、作协浙江分会主席。

④ 茅盾：《一九三四年的文化"围剿"与反"围剿"》，《茅盾全集》(34)，人民文学出版社 1997 年版，第 647 页。

盾早已成为国民政府当局的"眼中钉",不便出面,黎烈文也因为编辑《申报·自由谈》成为当局关注的对象,"也不愿意担任",于是大家决定让黄源挂名。

1934 年 9 月,《译文》正式创刊,由生活书店出版,每月一期,半年一卷。《译文》一出版就迅速在期刊界打开局面,除了这是第一份专门刊登译文的刊物,形式比较新颖外,"而且很快就传出了消息:《译文》是鲁迅办的,鲁迅亲自担任主编,发起人有哪三个。所以创刊号出版了一个月就再版了四次。"① 但是,就在被读者广泛接受之际,《译文》第 12 期上突然刊出一则公告,声明《译文》因为某些原因停刊。

原来,9 月 17 日,生活书店曾在新亚公司请客,出席者包括邹韬奋、毕云程、傅东华、郑振铎、胡愈之、茅盾、鲁迅七人。寒暄之后,接替徐伯昕担任生活书店经理的毕云程突然对鲁迅提出希望《译文》撤掉黄源,仍由鲁迅担任编辑。② 鲁迅听完非常气愤,说"这是吃讲茶的办法",拂袖而去。所谓"吃讲茶",原是江浙地区处置民间纠纷的一种办法,当事者双方在茶馆里面向茶客诉说对方如何不是,申述自己如何有理,旁听的茶客根据双方的理由判定谁是谁非。有些时候当事者双方也会预先请来权威人士充当仲裁人,进行调解,无论当事人是否心服口服,结果大多是饮茶过后,言归于好。到了清末,"吃讲茶"也成为上海一些地痞流氓的惯用手段,他们在敲诈之前必将他人圈至茶馆,名为吃讲茶,实则进行恐吓勒索。③ 新亚公司宴会后,鲁迅坚

---

① 茅盾:《一九三四年的文化"围剿"与反"围剿"》,《茅盾全集》(34),人民文学出版社 1997 年版,第 648 页。

② 至于生活书店方面要求撤掉黄源的原因至今不清楚,生活书店及当事人都没有给予说明。

③ 阎红生:《清末民初的茶馆》,《民国春秋》1992 年第 2 期。

持出版合同必须由黄源签字，而生活书店也坚持《译文》必须换掉黄源，双方各不相让，最终不欢而散。

事件发生后，出于对朋友的关爱，热心的郑振铎积极从中调解，据鲁迅 1935 年 9 月 24 日给黄源的信中所说：

> 前天沈先生来，说郑先生前去提议，可调解《译文》事：一，合同由先生签名；但，二，原稿须我看一遍，签名于上。当经我们商定接收；惟看稿由我们三人轮流办理，总之每期必有一人对稿子负责，这是我们自己之间的事，与书店无关。只因未有定局，所以没有写信通知。①

虽然生活书店方面撤掉黄源至今原因未明，但可以肯定的是郑振铎无疑是此事件最合适的调解人。正如茅盾所说，郑振铎是"一位搞文学而活动能力又很大的人"，与事件双方都有着良好的关系。在生活书店方面，郑振铎与生活同人交谊不浅，如胡愈之是郑振铎在商务印书馆的同事兼好友。更重要的是，郑振铎对于生活书店出版事业以及邹韬奋的出版理念深感钦佩与认同，在纪念邹韬奋逝世三周年时他就曾回忆说："上海第一次抗日战争之后，许多文艺刊物都停顿了，商务印书馆被毁了，《小说月报》不能出版。我从北平回到了上海，和他（韬奋）及愈之谈起了要出版一个杂志的事，他立即便将《文学》筹办起来。后来，和他说起《世界文库》的计划，他也立刻便答应下来，担任出版的事。像那样庞大而有系统的出版计划，在别的书

---

① 鲁迅：《致黄源》，《鲁迅全集》(13)，人民文学出版社 2005 年版，第 555 页。

店是再也不肯接受的。可是他对于文化工作热心赞助，只要他认为值得做、应该做的工作，他是毫不踌躇的悉力以赴的。"①因此，明知是件不讨好的事情但仍然热心出面调解，正是基于郑振铎对生活书店进步文化事业的理解和支持。

而郑振铎与作为事件另一方的鲁迅，也因为之前合作辑印《北平笺谱》等建立了良好关系。在此之前，鲁迅对于郑振铎印象颇好，并给予郑振铎编辑出版事业许多支持与帮助，例如对郑振铎、傅东华等主编的《文学》月刊，"其实《文学》与我并无关系，不过因为有些人要它灭亡，所以偏去支持一下。"②据黄源统计，《文学》月刊在1933年7月到1935年10月间刊登鲁迅作品达25篇。而1935年郑振铎开始编辑《世界文库》时，鲁迅接受郑振铎的邀约，不辞辛苦译成20多万字的《死魂灵》，分六期连载于《世界文库》之上。黄源就曾回忆说："翻译《死魂灵》，鲁迅先生吃了大苦头。每月发表二章，翻译这三万多字，要整整花他半个多月日夜的时间。刚放下《死魂灵》的译笔，马上给《文学》写论坛，接着又给《太白》写稿，给《译文》找材料，翻译。一稿接一稿，连续战斗，没有一点停息。加上那年夏天，刚刚出梅，连日大热，室中竟至九十五度。他室内又不装电扇，因为怕吹动纸张，弄得不能写字。但因杂志文章都有期限，而鲁迅先生交稿从不误期。这样他就顾不得汗流浃背，浑身痱子，仍然埋头苦干，不停息地写作和翻译。"③这既反映出鲁迅对于进步文学事业的无

---

① 毕云程：《韬奋和生活书店》，载《20世纪上海文史资料文库》(6)，上海书店出版社1999年版，第275页。

② 鲁迅：《致萧军》，《鲁迅全集》(13)，人民文学出版社2005年版，第501页。

③ 黄源：《鲁迅先生与生活书店》，《我与三联：生活·读书·新知三联书店成立六十周年纪念集》，生活·读书·新知三联书店2008年版，第369页。

私关爱，同时也是鲁迅郑振铎两人友好关系的明证。

可惜的是，不知何种原因，郑振铎的调解意见最终没有被生活书店所接受。在这个过程中，鲁迅对郑振铎产生了误会，"《译文》之夭，郑君有下石之嫌疑也。"①此种误会也让郑振铎之后的编辑出版事业蒙受了一些损失，正如茅盾所言：

> 在《译文》停刊的风波中，真正倒了霉的，却是郑振铎。因为鲁迅怀疑这次《译文》事件是振铎在背后捣的鬼，并从此与振铎疏远了。而且拒绝把《死魂灵》第二部的译文在《世界文库》上发表。这当然是冤枉了振铎。因为振铎是个热心肠的人，又好当和事佬；何况他与鲁迅有将近二十年的友谊，怎么可能反过来暗算鲁迅呢！②

---

① 鲁迅：《致台静农》，《鲁迅全集》（13），人民文学出版社2005年版，第594页。

② 茅盾：《一九三四年的文化"围剿"与反"围剿"》，《茅盾全集》（34），人民文学出版社1997年版，第651—652页。

第六章

抗战岁月

1937 年 8 月 13 日淞沪会战爆发，虽然南京国民政府动用 60 余万军队参战，但终因实力不济等多种原因于 11 月被迫撤出上海。从 1937 年 11 月到 1941 年 12 月日军侵入上海租界为止，史称"上海孤岛时期"。"孤岛"时期的上海白色恐怖弥漫，人们生活其间可谓朝不保夕，正如郑振铎在《蛰居散记》中所描述的："早上出去做事的人，带着自己的生命和运命同走，不知晚上能不能回家。等到踏进了自己家门口，才确切的知道，这一夜算是他自己的了。"[1] 为了躲避日伪的追捕，郑振铎被迫离家避难，甚至为了安全改名换姓，制造了一张文

---

[1] 郑振铎：《"封锁线"内外》，《郑振铎全集》(2)，花山文艺出版社 1998 年版，第 424 页。

具店职员的假身份证。不过作为一名具有爱国情怀的知识分子,即使身处如此险境,郑振铎依然坚持进行进步书籍的翻译出版活动,依然为保存中国珍贵文献四处奔走。

第一节　郑振铎与复社

关于"孤岛"时期的复社,胡愈之在回忆录中曾提及,这是为出版国际友人埃德加·斯诺的那本著名的《西行漫记》而临时组织的一个出版机构,"这本书是通过群众直接出版的,但对外总也得要一个出版名义。我临时想了一个'复社'的名义。"① 至于复社成立之初的情况,各种资料及当事人的回忆都很少提及,幸而上海市档案馆保存有其《社约》,可略见当初之情形,兹节录于下:

第一条　本社本促进文化、复兴民族之宗旨,在抗战时期特殊环境之下举办下列各项事业:

(一)编印各项图书;

(二)发行定期刊物;

(三)搜集抗战史料并整理保存之。

第二条　本社由社员与社友组成之。经本社创立会或社员会议推选、负本社完全责任者为社员;凡购买本社出版物之读者,以及参加本社工作之作者、编者、印刷发行者为本社

---

① 胡愈之:《胡愈之谈〈西行漫记〉中译本翻译出版情况》,《读书》1979 年第 1 期。

社友。

第三条　本社社员额定三十人，由本社创立会推选之。社员有缺额时，由社员会议补选之。

第四条　社员入社时一次缴纳社费五十元，合计一千五百元，作为本社流动金。

……

第八条　社员会议选出常务委员五人，其中社长一人、秘书一人、编辑主任一人、出版主任一人、发行主任一人，组织常务委员会向社员会议负责，掌管本社一切事务。常务委员任期一年，连选得连任。

第九条　社员会议选举监察委员二人，负监察本社会计账目之责。监察委员任期一年，连选得连任，并得列席常务委员会议，但无表决权。

第十条　本社基金来源如下：

（一）每月月底结账时抽提本月营业额十分之一；

（二）每年年底结账时抽提本年所获净利之全部。

第十一条　本社解散时，财产分配办法由最后一次社员会议决定之。

第十二条　本社暂设总社于上海，经社员会议之通过，得在其他各地设立分社。

第十三条　本社约于本社成立之日起实施，并得于社员会议修正之。①

---

① 冯绍霆：《有关复社的两件史料》，《历史档案》1983 年第 4 期。

从上述《社约》不难看出复社在创立初期对于出版事业有着清晰的规划。而在 1939 年 4 月 1 日召开的第一届复社年会上，各位社员就决议将下列出版工作列入下一年度的工作计划：

(1) 筹备出版百科全书。本社对此计划负推动及促成的任务。

(2) 译《高尔基全集》。采取每月出书方法，预计一年内出齐。

(3) 继续出版《列宁选集》。在可能范围内，在今年全部出齐。

(4) 继续印行正续《西行漫记》。

(5)《鲁迅全集》再版。

(6) 世界侵略地图（帝国主义殖民地的再分割）。

(7) 其他有关于政治、经济、文学的巨著至少五部。[①]

由于没有明确的文字记载和事后回忆，所以今天我们对郑振铎在复社中的地位和作用难以全面估计和评价。但是，通过 1939 年 4 月 1 日召开的复社第一届年会的记录，我们可以大致推定郑振铎应该是复社编辑出版事务方面的主要负责人。因为该年会记录显示本次大会分报告、讨论、决议三个程序，而报告环节里五个报告分别是复社主席报告、事业报告、账目报告、社员消息报告以及由郑振铎所作的报告。郑振铎所作的报告内容如下：

(1) 本社主要工作为推动文化界在抗建期内对出版等事业做些有力的工作，如出版《鲁迅全集》、筹备出版百科全书等。

---

① 冯绍霆：《有关复社的两件史料》，《历史档案》1983 年第 4 期。

（2）因上项原则，所以本社所主持的出版事业决不与他家竞争。

（3）过去一年即本上述主张进行，今后仍本着原来主张进行。①

尽管复社宏伟的编辑出版计划未能完全实现，但是它的出版物，尤其是《西行漫记》，不仅在中国现代出版史上具有标志性意义，同时在中国现代革命史上也是值得大书一笔的。

郑振铎在 1946 年发表的《记复社》中说，复社诞生的直接动因是《鲁迅全集》的出版——由于当时社会动荡，上海出版界对于书刊出版没有多少热情与动力，所以留在上海的鲁迅先生纪念委员会几位委员便想到不如自己来出版，这才有了 1938 年年初复社的成立。②作为发起人之一的郑振铎，当然知道复社首先出版的不是《鲁迅全集》，而是《西行漫记》中译本，不过考虑到当时国民党正积极准备内战，在文化领域进行白色统治，属于违禁读物的《西行漫记》自然不便在文中透露。同样，复社的地址就设在上海巨籁达路（今巨鹿路）174 号胡愈之家里，但出于保密起见，后来印在《西行漫记》版权页上的地址都是"香港皇后大道"。③

1928 年，美国记者埃德加·斯诺从密苏里大学新闻系毕业后来到中国从事记者工作，先后担任《密勒氏评论报》助理编辑、《芝加哥论坛报》驻华南记者，后任纽约《太阳报》、伦敦《每日先驱报》

---

① 冯绍霆：《有关复社的两件史料》，《历史档案》1983 年第 4 期。

② 郑振铎：《记复社》，《郑振铎全集》（2），花山文艺出版社 1998 年版，第 448—449 页。

③ 李娜、邢建榕：《复社：孤岛时期的秘密出版机构》，《都会遗踪》2011 年第 2 期。

特约编辑等职务。来到中国之后，他对中国共产主义运动产生了强烈的兴趣，出于新闻记者的敏感和严谨求实的职业态度，他希望完成一次对中共苏区的实地调查和访问。虽然此事屡因条件不具备而被迫放弃，但是在 1936 年 6 月至 10 月，他获得中国共产党的批准 ①，并在宋庆龄、张学良等人的帮助下，越过国民党的重重封锁，进入陕北苏区进行了三个多月的参观访问。之后，斯诺将这次陕北之行的所见所闻，以报告文学的形式公布于众，这就是具有世界影响的《红星照耀中国》(*Red Star Over China*，即《西行漫记》)。

英文版《红星照耀中国》于 1937 年 10 月由英国伦敦出版商维克多·戈兰茨公司出版。该书出版后，出版商给作者埃德加·斯诺邮寄了样书。11 月的某一天，胡愈之拜访斯诺（因胡愈之当时是文化界救亡协会国际宣传委员会负责人，经常与国外记者打交道，所以与斯诺早就相识），在斯诺住处偶然看到了这本书，翻阅后觉得很有意思。斯诺也随即把它借给胡愈之，并告诉胡愈之这是他写的，刚在英国伦敦出版，不过由于样书只有一本，故而要求胡愈之看完后还他。胡愈之回家后认真看完此书，发现这是一本客观描述中国共产党及苏区情况的著作，因此有了翻译出版的念头。不过此时胡愈之不清楚斯诺的底细，对于书中的一些描写是否可靠难以把握，于是他找到从陕北来、当时正在上海中共临时办事处工作的刘少文了解情况。刘少文告之确有此事，斯诺到过陕北，并且毛泽东主席亲自接待过他，谈了很长时间。毛主席有个把月时间每天找斯诺谈，谈完后，斯诺把英文

---

① 1936 年 5 月 18 日，中共中央召开政治局扩大会议，专门研究对美国记者斯诺采访的答复提要。见程中原：《有关斯诺采访陕北的若干史实》，载尹均生主编：《20 世纪永恒的红星》，华中师范大学出版社 1998 年版。

记录整理出来，再由人译成中文送毛主席改定。刘少文还说斯诺这人可以相信，对我们确是朋友态度，这本书也是可以译的。[①] 于是胡愈之决心组织力量把它翻译出版。

当时上海一些进步知识分子组织了一个"星二座谈会"，每星期二在上海八仙桥青年会地下室餐厅集会，讨论研究抗日宣传问题。胡愈之在座谈会上提出了翻译《红星照耀中国》的设想，大家都热烈支持。于是他将英文原著拆开，分给参加座谈的王厂青、林淡秋、陈仲逸、章育武、吴景崧、胡仲持、许达、傅东华、邵宗汉、倪文宙、梅益、冯宾符 12 人。译文统编、校对由胡仲持负责，由胡愈之审定润色并撰写"译者附记"。对于书中一些译名问题则请刘少文帮忙核定。在该书翻译中遇到难处理的地方，年轻的译者们还常常请教斯诺，得到了他的帮助。不到一个月，《红星照耀中国》便全部译完，堪称神速！斯诺不但给中译本写了序，提供了英文本中所没有的照片，而且将中文版版权无偿赠送给了复社。他在序言中就说道：

> 复社是由读者自己组织起来的非营利性性质的出版机关，因此，我愿意把我的一些材料和版权让给他们，希望这一个译本，能够像他们所预期的那样，有广大的销路，值得介绍给一切中国读者，对于中国会有些帮助。

由于 *Red Star Over China* 直译下来即为"红星照耀中国"，考虑

---

① 参见胡愈之：《胡愈之谈〈西行漫记〉中译本翻译出版情况》，《读书》1979 年第 1 期。

到在敌占区和国民党政府统治区发行，以之作为书名太过扎眼，于是将书名改为《西行漫记》。据译者倪文宙回忆称，"为了书名的翻译，大家颇费点脑筋……当时我提出用'西行漫记'这一书名，以笔记游记的轻松意味掩护着内容。"①据胡愈之的追忆，之所以改为这个名字，主要是因为之前《大公报》记者范长江曾写过一部著名的《中国的西北角》，其中许多是关于红军的报道。从此，"西"或"西北"就成了中国共产党所在地的代称，一般人看了《西行漫记》的书名就可以联想到中国共产党。②许多青年正是从《西行漫记》知道了中国工农红军，知道了二万五千里长征，知道了陕北苏区，知道了毛泽东、朱德以及其他红军领导人。据说，1938年《西行漫记》第1版出版时，由于社会环境恶劣，几经征订仍难达到预订的数字。正在此时，"海上闻人"杜月笙出资订购500册，成为最大的个人订户。杜月笙为什么对报道中共的《西行漫记》感兴趣呢？原来"八·一三"后，杜月笙产生了重新认识和了解中共的念头，并向手下的人吐露了这个想法。于是他周围的一些秘密党员建议他阅读外国记者写的此书，这位大亨欣然同意，慷慨解囊订购。③

当时《西行漫记》的发行主要靠三种秘密方式，一是在"星二座谈会"上以发售购书券的形式提前预约发售，二是在中共上

---

① 李娜、邢建榕：《复社：孤岛时期的秘密出版机构》，《都会遗踪》2011年第2期。

② 胡愈之：《胡愈之谈〈西行漫记〉中译本翻译出版情况》，《读书》1979年第1期。客观地讲，更改书名对于该书发行还是有一定影响，据说当时胡愈之向朋友们征订，朋友问《西行漫记》是讲什么的，胡愈之说你不必问内容，掏钱预订就是。预订者后来拿到书才知道买了一本什么样的书。参见范用：《在孤岛上海出版的三部名著》，《出版史料》2003年第4期。

③ 《〈西行漫记〉出版中的秘闻》，《新闻与写作》1994年第9期。

海市委领导的群众性团体"上海社会科学讲习所"内销售，三是通过中共上海市委领导下的书刊发行机构亚美书店发行。除了以上三种方式外，《西行漫记》还可能仿照当时一些进步报刊的做法，假借洋商名义公开发行。方行就曾回忆说："巧妙地请由德商别发洋行公开发行（实际上是通过爱国群众广泛发行的）"。[①] 尽管只能秘密进行，但是好酒不怕巷子深，《西行漫记》依然赢得读者的青睐。该书1938年2月10日初版，同年4月10日再版，10月10日三版，11月10日四版。1939年4月10日增订第五版。据胡愈之的回忆，"大概一个月时间就把《西行漫记》印出来了，第一次只印了一千本，很快就卖光了。开始大家不知道是什么书，等知道是写共产党、写延安的，买的人就更多了。仅半年工夫就销了五六版，卖到八九万本，还运到香港、南洋去卖，轰动了华侨所在地。"[②]

复社版《西行漫记》涤清了当时社会对于苏区及共产党的错误认识，在青年学子间广泛阅读、传抄，"我们拿到这本红书，争相阅读，心情兴奋。在上海一百多所大、中学校里，特别是学生组织的读书会里，普遍传阅或讨论。有的地方，一本书被拆成几部分，几个学生交换着看"。[③] 许多热血青年也正是阅读此书后有了奔赴革命圣地延安的念头，正如斯诺日后所写的：

---

① 梁志芳：《翻译·文化·复兴——记上海"孤岛"时期的一个特殊翻译机构"复社"》，《上海翻译》2010年第1期。

② 胡愈之：《永恒的纪念——〈鲁迅全集〉出版始末》，《胡愈之文集》(6)，生活·读书·新知三联书店1996年版，第216—217页。

③ 陈一鸣：《红星照耀青年去战斗》，载中国史沫特莱·斯特朗·斯诺研究会编：《〈西行漫记〉和我》，国际文化出版公司1991年版，第28页。

战事开始以后，我走到一处地方，那怕是最料不到的地方，总有那肋下挟着一本《西行漫记》的青年，问我怎样去进延安的学校，在有一城市中，教育局长象一个谋叛者似的到我这里来，要我"介绍"他的儿子，让他去进延安的军政大学。在香港，一个发达的银行家也使我吃惊地作了同样的请求。

……

假使我在上海或汉口或重庆设立一个招募站，我可以募集好几个大队；这也许是对中国最好的贡献。……据我所知道，"溜入"陕北最简易的途径是步行。成千的青年们都是步行的——从几百英里的距离外。当我回到西安时，他们还从中国各地源源而来。①

1939 年 4 月 15 日，斯诺夫人的《续西行漫记》（*Inside Red China*）由复社翻译出版，译者为胡仲持、冯宾符、凌磨、席涤尘、蒯斯曛、梅益、林淡秋、胡霍八人。但或许因为《续西行漫记》太偏于女性视角，该书 4 月 25 日再版后很长时间都未能再版。

第二节 《中国版画史图录》

一

1940 年 1 月，《良友画报》刊登了一则书籍广告，以"民国二十九

---

① ［美］埃德加·斯诺著，新民节译：《斯诺文集》(3)，新华出版社 1984 年版，第213 页。

年中国文化界之大贡献"为题推荐了一本书。抗战结束之后，学术界亦将该书与《鲁迅全集》的出版一起视作上海"孤岛"时期"文艺界的大事"①——这本书就是郑振铎编纂的《中国版画史图录》。

郑振铎原计划编成一部24册的《中国版画史》，其中正文四册：唐宋元版画史为一册，明代版画史为一册，徽派版画史为一册，近代版画史为一册；图录20册：唐宋元版画集为一册，明初版画集为一册，嘉隆版画集为一册，金陵所刊版画集为一册，黄氏所刊版画集为二册，明代画谱、墨谱选集为一册，刘项诸家所刊版画集为一册，《十竹斋笺谱》四卷为四册，明清之际版画集为二册，陈老莲《水浒叶子》、《博古叶子》为一册，萧尺木的《太平山水图画》为一册，康乾版画集为一册，嘉道以来版画集为一册，风俗画选集为一册，北平笺谱选集为一册。此时上海正值"孤岛"时期，出版环境已经十分恶劣，郑振铎之所以选择在此时进行如此规模庞大的编辑活动，一是在阅读相关书籍时深受触动，想为中国版画正名的意愿十分强烈，赵家璧曾回忆说：

> 他为了说服我，向我谈了他多年来的抱负。他说，在我国已出版的中国艺术史上，都没有谈到版画的，欧美人和日本人写的中国艺术史，版画也从未占据过一行半页的地位。商务印书馆出版英国人福开森用英文写的《中国艺术综览》，是一部国际上公认的权威之作，艺术各个部门都有，并详及纸墨笔砚等艺术用具，独无一语涉及版画。在日本艺术史上，"浮世绘版画"占的

---

① 蓝海：《中国抗战文艺史》，现代出版社1947年版，第50页。

地位却很高。他说，为什么世界版画之鼻祖，且雄踞版画史最高座的中国版画却无人注意呢？他认为出版这样一套书，将是中国美术出版史上的一大创举，是值得我们合作完成的。①

二是抗战以来中国时局动荡不安，郑振铎辛苦收藏的版画资料时刻面临散佚的威胁。郑振铎自青年时期就开始收集相关版画资料，到1940年时"所得附插版画之图籍在三千种以上。所见所得单幅之年画亦不下二千幅。有见必收，有闻必录，在各公私图书馆及各收藏家所摄得之版画影片亦盈数箧"②。如此丰富的收藏若放在平时或是值得庆贺的，但是在战争时期却是可忧的，一·二八事变中寄存在开明书店的藏书被毁的悲剧一直让郑振铎耿耿于怀，他意识到唯有将这些珍贵材料化一为万，方能真正使之流传久远，免于毁灭。正如他在《中国版画史》自序中所说："世事瞬息万变，及今不为纂辑，则并二十余年来所已搜集者或将荡为轻烟。虽百身何赎乎？因悍然不顾其疏漏，先就所已得者，次第刊印行世，庶或稍减杞忧，而有裨此大时代之艺人史家乎。"③

除此之外，出版《中国版画史》的想法可能也有一些救急的因素在其中，1940年5月25日叶圣陶在信中就曾记载："又得予同、振铎覆信。振铎仍致力于编辑出版，最近有《中国版画史》之作，谓其书于国际有地位，可换得若干外汇也。"④此时上海正处于"孤岛"时期，

---

① 赵家璧：《郑振铎和他的〈中国版画史〉》，《编辑忆旧》，中华书局 2008 年版，第284 页。

② 郑振铎：《谭中国的版画》，《郑振铎文集》，线装书局 2009 年版，第 147 页。

③ 郑振铎：《中国古代木刻画史略》，上海书店出版社 2006 年版，第 240 页。

④ 叶圣陶：《叶圣陶集》(19)，江苏教育出版社 1994 年版，第 258 页。

为了躲避日伪的搜捕，加之购书消费大量资金，郑振铎在经济上极度困窘。而此时，若能换得若干外汇，不仅可以缓解生活窘境，而且更重要的是有助于郑振铎在上海地区搜购更多珍贵文献。

虽然《中国版画史》的出版过程有些曲折，最终仅完成 20 册的图录，但是读书界对于郑振铎的苦心孤诣极为赞许，如叶灵凤就认为在郑振铎印行的所有图录之中，《中国版画史图录》最值得重视，"虽然他在这部历史的文字叙述方面并没有完成，但在图版的整理工作上，可说已经大部分完成了。这是一件以前从未有人做过，一切全靠自己力量从千头万缕之中去搜爬整理的工作，所以也最为难得。"[1]20 册图录因极具艺术价值和史料价值，受到国内外学者和研究机构的青睐。当时国内外各大图书馆和收藏家都来订购，国外订购者就包括美国哈佛大学、康奈尔大学、普林斯顿大学、夏威夷艺术学院和苏联的版画协会等。而据曾任上海出版局局长的宋原放所言，1982 年他出访英国，当地一家出版机构还特意来找他，希望能在英国重印此图录。据说欧美图书馆和国外的中国古代美术研究者对此书评价甚高，可惜其流传极少，觅购不易。[2]

二

郑振铎是现代屈指可数的大藏书家，20 多岁起就开始喜欢书籍收藏，"予素志恬淡，于人世间名利，视之蔑如。独于书，则每具患

　叶灵凤:《文艺随笔》，文汇出版社 1998 年版，第 279 页。

②　参见赵家璧:《郑振铎和他的〈中国版画史〉》，《编辑忆旧》，中华书局 2008 年版，第 300 页。

213 |

得患失之心。得之，往往大喜数日，如大将之克名城。失之，则每形之梦寐，耿耿不忘者数月数年。"①除毁于战火的不算，他一生共集得各类书籍（其中大部分为古籍，并不乏珍本、善本乃至孤本）近十万册。他酷爱藏书在亲朋好友中人尽皆知，市井坊间也多有他的购书"传说"：

> （郑振铎）平生酷嗜古书，尤好搜罗孤本。据说，他有时为了一本书，竟不惜千里跋涉，怀金以往，必得之而甘心。故海上之城隍庙及四马路之旧书铺中，常有郑氏之足迹，即远在北平，天津，无锡，苏州，杭州等处，书肆老板亦莫不知有郑振铎者。记者月前在某处旧书店浏览，见书架上有孤本书一册，不禁心喜，询之书价，乃不意此书早为郑氏所有矣。据书贾云："郑先生老早就到过此地来咯，叮嘱我们哉，格本书留心留心着，伊倷不久就会来取咯，勿好卖，勿好卖！"②

而 1931 年应郭绍虞之邀奔赴北平，担任燕京大学和清华大学的合聘教授之后，北平报刊中关于他买书、藏书的报道也多了起来：

> 郑氏（郑振铎）在有空的时候，就常常进城（燕大在北平的西郊外）到旧书店里去察访，收买一些他所认为有价值的旧书。

---

① 郑振铎：《清代文集目录跋》，《郑振铎全集》（6），花山文艺出版社 1998 年版，第 945 页。

② 德娟：《郑振铎与旧书铺》，《现代文学评论》1931 年第 1 卷第 3 期。

　　他不惜重价的买到了一些旧书，虽然价钱很昂贵，他却认为是合算的。但北平的大书贾是很厉害的，难得的书每要把价钱抬得很高；两部薄薄的木版曲本却要售五百块钱，他们的眼力真是厉害的很，因此，郑氏有时认为有价值的书确也不容易买得到——因为他不肯出那么高的价钱。

　　而且，像郑振铎、胡适之这一帮人到旧书店里去买那书名很生的旧书，书店老板就知道那一定是一部难得的有价值的书了：于是即使原意那部书是要售十块钱的，也不妨给他说了一声："一百五十块钱！"

　　所以，有时候像郑氏这一帮人到旧书店里看到了好书，偏问着那不要的书是什么价钱，这样的一部一部的问过去，末了才指着他原意所要买的书，如像有意无意的表示着可要可不要的神情说："这部呢？"非这样的绕了一个大弯，是难于用便宜的价钱买得到手的。有时候，看见了好书干脆就不问它价钱，却过了几天，叫另外一个人到那家书店买去了。①

　　在郑振铎的图书收藏中，版画一直是他的挚爱。版画在我国起源很早，正如鲁迅所言，"镂象于木，印之素纸，以行远而及众，盖实始于中国。法人伯希和氏从敦煌千佛洞所得佛像印本，论者谓刊于五代之末，而宋初施以采色，其先于日耳曼最初木刻者，尚几四百年。宋人刻木，则由今所见医书佛典，时有图形；或以辨物，或以起信，图史之体具矣。降至明代，为用愈宏，小说传奇，每作

---

① 《郑振铎喜买旧书》，《每周评论》1934 年第 118 期。

出相，或拙如画沙，或细于擘发，亦有画谱，累次套印，文采绚烂，夺人目睛，是为木刻之盛世。……"① 在中国传统社会里，版画的应用十分广泛，除了小说、戏曲插图这类主要形式之外，"诸如宗教宣传品、出版家的广告、科技图书（包括医书和动植物、武备、建筑、营造等等）、连环图画、人物肖像、名胜导游、通俗读物、美术专著（如画谱、笺谱、墨谱等等）、赌具（如叶子）、酒牌、进行封建道德教育的读物、黄色画册……必然还有漏略，但仅此种种，也可见当时的版画的应用之广，它的影响所及也绝非仅限于知识阶层，它的力量比起圣经贤传来也不知道要大到多少倍。"② 不过，版画在古代社会一直被认为是"末技"，难登大雅之堂，故而常为藏书家们所忽视。直到新文化运动兴起后，小说、戏曲等通俗文学渐为学界所重视，版画——特别是书籍插画——收藏才渐渐兴盛起来，郑振铎正是其中的收藏大家。他曾用庄子的"如鱼饮水，冷暖自知"来评价自己的这一爱好：

> 我个人搜集中国古代木刻画，已经有三十多年了。最初，为了研究小说、戏曲，买了些近代木刻的、石印的或铅印本的《水浒》、《红楼》和《西厢》、《还魂》等书，对于其中的插图感到了兴趣。后来在上海一家旧书店里，得到了明刊本的《李卓吾评琵琶记》、《玉茗堂评红梅记》、臧晋叔改本的《四梦》等，乃如贫儿暴富，摩挲不已，觉得这些明代所刻的木刻插图，又胜过石印、铅印本和暖红室等近代木刻本的插图不知多少倍。

---

① 鲁迅：《〈北平笺谱〉序》，《鲁迅全集》(7)，人民文学出版社 2005 年版，第 427 页。
② 黄裳：《榆下说书》，安徽教育出版社 2006 年版，第 118 页。

明刊的木刻插图，笔致生动，刀法精工，一翻开来就会令人感到神采奕奕，秀丽异常。这不是平常的庸俗的刀笔，这乃是上乘的精美的艺术创作。于是便着意于搜罗明刻的小说、戏曲书乃至其他有插图的明刊本书。然此类书往往可遇而不可求。辛勤阅肆三十年，所得不过五六百种。曾向友人吴瞿安、马隅卿、王孝慈诸先生摄得他们所藏的明刊本书籍的插图数百幅。然所见者都是明代嘉靖（1522—1566 年）到清代康熙（1662—1722 年）的东西。后来，又补收了些康熙以后的木刻画。但嘉靖以前的木刻画却极为罕见。1931 年，在北京市上得到了从"佛藏"中掬取出来的古刻本佛、道经二百多种，其时代从宋元到嘉靖都有。中国木刻画史的一段空白时期乃得以填补起来。彩色木刻画最为难得，像彩印本《程氏墨苑》，彩印本《花史》，彩印本《十竹斋画谱》、《十竹斋笺谱》，初印本《芥子园画谱》一至三集，彩印插图本《三国志演义》，彩印本《西湖佳话》插图等，都陆续的为我所得到。其间的艰苦，诚如庄子所说"如鱼饮水，冷暖自知"。①

即使在"孤岛"时期，因为生活拮据不得不卖书养家时，版画书籍也是郑振铎最后才决定要卖的品种，"虽然把旧藏的明刊本书、清刊的文集以及《四部丛刊》等书，卖得干干净净，然而所最喜爱的许多的版画书、词曲、小说、书目，都还没有卖了去，正想再要卖出一批版画书而在恋恋不舍的时候，'天亮'的时间却已经到了。如果再

<hr>

① 郑振铎：《〈中国古代木刻画选集〉序》，《郑振铎全集》(14)，花山文艺出版社1998 年版，第 270—271 页。

晚二三个月'天亮'的话，我的版画书却是非卖出不可的。"① 可见版画书在他心中的分量。

翻看郑振铎的《劫中得书记》、《西谛题跋》以及《西谛书跋》，可以发现其中为撰写《中国版画史》而购买版画书籍的记录颇多。郑振铎搜购的版画多有特色——如注重原刊本，如清人刘源所绘《凌烟阁功臣图》，康熙十七年（1678）由吴门柱茹堂刊印，该书传本罕见，郑振铎所收即是此原刊本。近代藏书家陶湘曾找人重绘并石印，效果远逊原刊本。《天竺灵谶》，南宋末年原刊本，虽然插图有些已经模糊，但仍极其精致，反映了中国早期木刻画的高超成就，所以郑振铎也花重金收购。或因书籍本身版本罕见，如《至大重修宣和博古图录》仅存四卷，虽属残本，但是因为元代版画不易见到，故亦为郑振铎所收购。再如重视图版，其所收《历代古人像赞》，"我们并不单是因为它是最早的一个本子，所以把它重印出来，也因为在所有的我们见到若干同类的图籍里，这个本子乃是绘刻得最好的一部。它不仅表现了中国人物图像的优良传统，也表现了十五世纪末期的中国版画的很高超的成就。"②《古今女范》"图近二百幅，为程伯阳绘，黄应泰、黄应瑞（伯符）昆仲所刊，线条细若毛发，柔如绢丝，是徽派版画书最佳者之一。余渴欲得之，屡以为言，而乃乾不欲见让。后在北平王孝慈先生处亦见此书一部，印本相同。他处则绝未一见。屡访各肆，皆无之。十余年来，未尝瞬息忘此书也。丁丑冬，国军西撤，乃乾忽持此书来，欲以易米。余

---

① 郑振铎著，陈福康编：《郑振铎日记全编》，山西古籍出版社 2006 年版，第 100 页。

② 郑振铎：《〈中国古代版画丛刊〉题跋四则》，《郑振铎全集》（14），花山文艺出版社 1998 年版，第 281 页。

大喜过望，竭力筹款以应之，殆尽半月之粮。然不遑顾也"①。

经过艰苦而不懈的搜寻，郑振铎在版画收藏方面所获颇丰，"二十余年来，倾全力于搜集我国版画之书……所得、所见、所知自唐宋以来之图籍，凡三千余种，一万余册，而于晚明之作，庋藏独多；所见民间流行之风俗画、吉祥画（以年画为主），作为饰壁与供奉之资者，亦在千帧以上。"② 正是有了上述收藏，郑振铎编纂起《中国版画史》才能得心应手，"本书所载我国版画史实及图录，自唐五代迄于民国。凡附有版画之图籍，自经子以至山经地志，小说戏曲，无不博采兼收；并选及通俗年画。参考书目在三千种以上。引用书目亦在一千数百种以上。……编者毕生心力，萃于有关版画图籍之收藏，虽零篇断简，无不兼收并蓄。本书所采，大致以编者所自藏者为主。"③

三

早在 1934 年，郑振铎同鲁迅商议重刻《十竹斋笺谱》时，鲁迅就曾说道："如先生觉其刻本尚不走样，我以为可以进行，无论如何，总可以复活一部旧书也。至于渐成《图版丛刊》，尤为佳事。"④

---

① 郑振铎：《劫中得书记》，《郑振铎全集》（6），花山文艺出版社 1998 年版，第784—785 页。

② 郑振铎：《〈中国版画史图录〉自序》，《郑振铎全集》（14），花山文艺出版社 1998 年版，第 236 页。

③ 郑振铎：《〈中国版画史〉编例》，《中国古代木刻画史略》，上海书店出版社 2006 年版，第 241 页。

④ 鲁迅：《致郑振铎》，《鲁迅全集》（13），人民文学出版社 2005 年版，第 21 页。

可见此时郑振铎就有了采用"图版丛刊"的方式对中国版画史作一总结的想法，郑振铎日后也曾对赵家璧说，"《版画丛刊》可以说是《中国版画史图录》的前身，也是它的雏形。"① 或许是一直在忙于搜罗相关材料，也或许是因为未能找到志同道合的出版机构，据赵家璧的回忆，郑振铎正式提议出版《中国版画史》已是在 1939 年下半年。

1940 年 4 月，《中国版画史图录》第一辑四册出版，分别是《黄氏所刊版画集》（上），陈老莲《水浒叶子》、《博古叶子》，《十竹斋笺谱》卷二以及萧尺木的《太平山水图画》。

《中国版画史图录》采用先印先出的方式，凑足四册就装成一函预约发售。从 1940 年 4 月到 1941 年 12 月，赵家璧所在的良友图书印刷公司一共出版了四辑 16 册，其他四册中，《明清之际版画集》（下）、《北平笺谱选》和《风俗画选集》需要使用彩色套印技术，由于当时上海缺乏这方面的人才和设备，所以一直未能出版。而《嘉道以来版画集》虽已装订完成，但因上述三册没有出版，故而无法装函预售。后来上海"孤岛"陷落，良友公司迁往桂林和重庆，《中国版画史图录》的出版工作也就停了下来。抗战胜利后，为了实现对预订者的诺言，郑振铎在上海出版公司的帮助下，完成了《诗余画谱》二册、《万历版画集》上册的出版工作，加上先前早已印好的《嘉道以来版画集》一册，以第五辑的名义装函发售，20 册图录就这样完成了。后来郑振铎还有续出第六辑的想法，但只印成两册，后因时局变动不

---

① 赵家璧：《郑振铎和他的〈中国版画史〉》，《编辑忆旧》，中华书局 2008 年版，第 289 页。这篇文章提到，鲁迅在设计《十竹斋笺谱》的里封和版权页时，在书名之左，加上了"版画丛刊之一"六个字，《图版丛刊》又正名为《版画丛刊》了。

了了之。

尽管完成了 20 册的《图录》部分,但是《中国版画史》依然留下了正文四册未能完成的遗憾,这也是今天人们仅知有《中国版画史图录》,而不知有《中国版画史》的缘由。此后郑振铎一直想完成正文部分,以对预订者有一个交代。但是由于局势变化频繁,再加上郑振铎事务繁忙,这笔"文债"一直没有办法偿还。[①] 直到 1956 年 8 月,他利用在青岛休假的时间,终于写成《中国古代木刻史略》一书。他在给刘哲民的信中说:"青岛风景甚好,我所住的地方,窗外即是大海,终日夜可听到涛声,小园里满是松树,清幽之至。故在这里倒能够写出不少东西来。《版画史》的'史'居然也在此二十天之内写成了。近二十年未能完成之作,居然在这个短短的时间之内完成之! 其为愉快,更何如也!"[②] 尽管这部"史"与当初广告所说的几十万字的长篇巨制还存在很大差距,但是对照《中国版画史》当初的广告,可以发现两者在写作的框架结构上基本一致,只不过《中国古代木刻史略》将原来四册改列为 12 章而已。另外,或许是受到马克思主义史观的影响,新增加了"年画"一章。总体而言,郑振铎还是将该书当作《中国版画史》的正文来完成的。

《中国古代木刻史略》于 1956 年写成,但是最终正式出版却在 1985 年,这中间又有着多少曲折呢? 正如南宋诗人郑思肖在其《心史》自跋中所言:"此书虽曰纸也,当如虚空焉,天地鬼神不能违,云雾不能翳,风不能动,水不能湿,火不能燃,金不能割,土不能

---

① 参见陈福康:《郑振铎的最后一部奇书》,载郑振铎编著:《中国古代木刻画史略》,上海书店出版社 2006 年版,第 1—13 页。

② 郑振铎:《致刘哲民》,《郑振铎全集》(16),花山文艺出版社 1998 年版,第 425 页。

221

塞，木不能蔽，万万不能坏之者！"①30年间发生在该书稿身上的故事可谓神奇：1956年该书写成后，郑振铎曾送人民美术出版社，但是由于接踵而至的"反右"和"文化大革命"运动，一直未能出版，书稿也一度不知所终。直到1980年，在郑振铎女婿、曾任人民美术出版社社长的萨空了家清理此前被"造反派"查封的书房时，才在书柜底下发现了《中国古代木刻画史略》的七至十二章，而到了1983年1月，又在萨空了家车库的垃圾堆里，神奇地找到了一至六章。就这样，《中国古代木刻画史略》书稿最终完璧了。1985年2月，《中国古代木刻画史略》正式出版，郑振铎以这种方式实现了当初他对《中国版画史》预订者的承诺。

第三节　郑振铎与"文献保存同志会"②

中国藏书文化源远流长，据来新夏先生的说法，"藏书"一词最早见于《韩非子·喻老》篇，而一个专用词的出现必然先有一段历史发展过程，所以大致估算中国的藏书事业当在2000年以上。与悠久藏书历史相伴随的则是书籍的旋聚旋散，特别是因为自然灾害

---

① 转引自陈福康：《唯大时代乃产生大著作——郑振铎〈中国古代木刻画史略〉发微及述评》，载鲍宗豪主编：《人文与社会》（文化哲学·宗教·历史），卷一，上海社会科学院出版社2004年版，第367页。

② 本节主要参考徐雁：《中国旧书业百年》（科学出版社2005年版）、陈福康：《郑振铎传》（北京十月文艺出版社1994年版）、沈津：《郑振铎和文献保存同志会》（《书韵悠悠一脉香——沈津书目文献论》，广西师范大学出版社2006年版）以及顾力仁、阮静玲：《国家图书馆古籍搜购与郑振铎》（《国家图书馆馆刊》2010年第2期），特致谢忱。

或人为破坏而散佚毁失的现象时有发生，人们以"书厄"称之。日本发动的侵华战争既是中国人民的巨大灾难，同时也是中国近代藏书事业史上最大的一次"书厄"，亦是中国历史上十五大"书厄"之一。① 在"孤岛"时期，郑振铎出于对珍贵典籍以及民族文化的热爱，冒着生命危险参与"文献保存同志会"的珍贵文献搜救工作，为他带来了崇高的社会声誉。抗战胜利后，上海某刊物曾在读者中做过"我最钦佩的一位作家"的调查，最终结果是巴金得票第一，郑振铎第二，茅盾第三。正如时人所指出的，"郑振铎得票极多，想系：（甲）一般知识青年对郑氏在上海沦陷期中艰苦卓绝精神的崇敬；（乙）郑氏于最近所撰文章及其所编刊物之受人重视。"②

一

20 世纪三四十年代，日本侵略者企图吞并中国，悍然发动对中国的全面军事进攻，中国古籍文献面临空前浩劫。一方面，大批珍贵古籍在连绵战火中被焚毁。这以商务印书馆的遭遇最为典型。1932年1月29日，日军飞机投弹炸毁商务印书馆总厂，四日之后，东方图书馆及编译所亦被焚毁。据事后统计，除普通中文书268000余

---

① 隋代学者牛弘在《请开献书之路表》中提出了著名的"五厄论"：一是秦始皇焚书；二是西汉赤眉入关；三是董卓移都；四是刘石乱华；五是周师入郢，梁元帝自焚烧书。明代学者胡应麟在此基础上提出"十厄论"，在牛弘的基础上新续五厄：一是隋大业十四年（618）江都焚书；二是安禄山入关；三是黄巢入长安；四是靖康之难；五是南宋末伯颜南下，大军入临安。民国时期学者祝文白在胡应麟"十厄论"基础上，再续五厄：一为李自成攻占北京，二为钱谦益绛云楼被焚，三为清高宗编《四库全书》时焚书毁板，四为太平天国战争及英法联军攻陷北京，五为日本侵华一·二八事变炸毁东方图书馆及在沦陷区劫夺中国公私藏书。

② 孙德镇：《你最爱》，《上海文化》1946年第2期。

册，外国文书东西文合计 80000 余册，图表、照片 5000 余种，以及出版的各种古画、油画及照片原底悉数被毁之外，东方图书馆中所藏 3745 种，35083 册善本书籍，商务印书馆所购得扬州何氏 40000 余册藏书，2641 种，25682 册各省、府、厅、州、县志均在战火中被焚毁。① 郑振铎的藏书也在战火中损失颇多，如他寄存在开明书店图书馆的 80 余箱图书就在八一三事变时悉数被毁。这些图书近 2000 种，一万数千册，其中包括元版书和清人稿本数部，明版书籍二三百部，近代丛书一批，以及有关《诗经》、《文选》的书籍十余箱，还有从欧洲收集到的关于艺术及考古学的书籍。惊闻噩耗的郑振铎默默伫立在街头，"东北角终日夜火光熊熊，烬余焦纸，遍天空飞舞若墨蝶。数十百片随风堕庭前，拾之，犹微温，隐隐有字迹。此皆先民之文献也。余所藏竟亦同此蝶化矣。然处此凄厉之修罗场，直不知人间何世，亦未省何时更将有何变故突生。"②

另一方面，战争使得古籍文献大量外流。频繁战祸和动荡政局使得许多藏书之家不得不出售藏书来维持生计，一时间平、沪等地旧书市场货源充足，畸形繁荣。以上海为例，"'八·一三'事变以后，江南藏书家多有烬于兵火者。但更多的是，要出售其所藏，以赡救其家属。常熟瞿氏'铁琴铜剑楼'燹矣，楼中普通书籍，均荡然一空，然其历劫仅存之善本，固巍然犹存于上海。苏州'滂喜斋'的善本，也迁藏于沪，得不散失。然其普通书也常被劫盗。南浔刘氏嘉业堂、张

---

① 何炳松：《商务印书馆被毁纪略》，宋原放主编：《中国出版史料（现代部分）》第一卷（下册），山东教育出版社 2001 年版，第 46—47 页。

② 郑振铎：《〈劫中得书记〉序》，《郑振铎全集》(6)，花山文艺出版社 1998 年版，第 780—781 页。

氏适园之所藏，均未及迁出，岌岌可危。常熟赵氏旧山楼及翁氏、丁氏之所藏，时有在古书摊肆上发现。其价极奇廉，其书时有绝佳者。南陵徐氏书，亦有一部分出而易米，一时上海书市，颇有可观。"①当时一些西方文化机构，诸如美国国会图书馆、哈佛燕京学社、日本东方委员会、南满铁路株式会社、兴亚院等，都凭借强大的经济实力大肆搜购中国古籍文献，上海旧书市场上的大量珍贵古籍流入日本或欧美。1940年3月16日英国伦敦《泰晤士报·文艺周刊》曾对中国藏书向美国流散进行评论称："中国珍贵图书，现正源源流入美国，举凡希（稀）世孤本，珍藏秘稿，文史遗著，品类毕备，国会图书馆暨全国各大学图书馆中均有发现。凡此善本输入美国者月以千计，大都索价不昂，且有赠予美国各图书馆者，盖不甘为日本人所攫，流入东土也。即以国会图书馆而论，所藏中国图书，已有二十万册，为数且与日俱增……自今而后，或将以华盛顿及各学府为研究所矣。"②除了购买外，日本侵略者赤裸裸的劫掠更是令人瞠目。据严绍璗先生的统计，仅1930—1945年约15年间，书画、碑帖、地图尚不计算在内，单是中国文献典籍被劫往日本的共计"二万三千六百七十五种，合二百七十四万二千一百八册，另有二百九箱，内装不知其数。其中属中国国家所有者为五千三百六十种，合二百二十五万三千二百五十二册，另四十一箱；属中国私人所有者为一万八千三百十五种，合四万八千八百五十六册，另一百六十八箱"。③

看到这种情况，郑振铎忧心忡忡，虽有心抢救却力不能及，他在

①　郑振铎著，陈福康编：《郑振铎日记全编》，山西古籍出版社2006年版，第94页。
②　转引自徐雁：《中国旧书业百年》，科学出版社2005年版，第407页。
③　严绍璗：《汉籍在日本的流布研究》，江苏古籍出版社1992年版，第202页。

《求书日录》中就曾写道：

几乎每一家北平书肆都有人南下收书。在那个时候，他们有纵横如意、垄断南方书市之概。他们往往以中国书店为集中的地点。一包包的邮件，堆得像小山阜似的。我每次到了那里，总是紧蹙着双眉，很不高兴。他们说的某人得到某书了。我连忙追踪某人，却答道：已经寄平了，或已经打了包了。寄平的，十之八九不能追得回来，打了包的有时还可以逼着他们拆包寻找。但以如此方法，得到的书实在寥寥可数，且也不胜其烦。他们压根儿不愿意在南方售去。一则南方书价不高，不易得大利；二则我们往往知道其来价，不易"虎"人，索取高价；三则他们究竟以平肆为主，有好书去，易于招揽北方主顾。于是江南的图籍，便浩浩荡荡的车载北去，我一见到他们，便觉得有些触目伤心。虽然我所要的书，他们往往代为留下，但我的力量是那么薄弱，我所要的范围，又是那么窄小，实在有类于以杯水救车薪，全不济事。而那两年之间，江南散出去的古籍，又是那么多，那么齐整，那么精好，而且十分的廉价。徐积余先生的数十箱清人文集，其间罕见本不少，为平贾扫数购去，打包寄走。常熟翁氏的书，没有一部不是难得之物，他们也陆续以低价得之。忆有《四库底本》一大堆，高及尺许，均单本者，为修绠堂孙助廉购去。后由余设法追回，仅追得其"糟粕"十数本而已。沈氏粹芳阁的书散出，他们也几乎网罗其全部精英，我仅得其中明刊本《皇明英烈传》等数种耳。又有红格抄本《庆元条法事例》，甚是罕见，亦为他们得去。他们眼明手快，人又众多，终日蟠踞汉口路一

带，有好书必为其所夺去。常常觉得懊恼异常。而他们所得售之
何人呢？据他们的相互传说与告诉，大约十之六七是送到哈佛燕
京学社和华北交通公司去，以可以得善价也。偶有特殊之书，乃
送到北方的诸收藏家，像傅沅叔、董绶经、周叔弢[弢]那里去。
殿板书和开花纸的书则大抵皆送到伪满洲国去。我觉得：这些兵
燹之余的古籍如果全都落在美国人和日本人手里去，将来总有一
天，研究中国古学的人也要到外国去留学。这使我异常的苦闷和
愤慨！更重要的是，华北交通公司等机关，收购的书，都以府县
志及有关史料文献者为主体，其居心大不可测。近言之，则资其
调查物资，研究地方情形及行军路线；远言之，则足以控制我民
族史料及文献于千百世。一念及此，忧心如捣！但又没有"挽狂
澜"的力量。同时，某家某家的书要散出的消息，又天天在传播
着。平贾们在天天钻门路，在百计营谋。我一听到这些消息，便
日夜焦虑不安，亟思"抢救"之策。①

对此种情况忧心忡忡者不止郑振铎一人，当时留居沪上的一些爱
国人士，如张元济、张寿镛、何炳松、张凤举等，都认为应该采取措
施保护这些珍贵文献。1940 年 1 月 5 日，一份由郑振铎草拟，张元
济、张寿镛、何炳松、张凤举、郑振铎等人联合署名的电报发给重庆
国民政府教育部部长陈立夫和中英庚款董事会董事长朱家骅，报告当
时上海善本古籍及文献的流散情况，希望重庆政府创立购书委员会，
秘密搜购上海地区的珍贵古籍。提议获得了陈立夫和朱家骅的认可与

---

① 郑振铎著，陈福康编：《郑振铎日记全编》，山西古籍出版社 2006 年版，第 95 页。

支持，不久二人回复："何、张、夏、郑先生钧鉴：歌电敬悉。关心文献，无任钦佩。现正遵嘱筹商进行。谨此奉复。弟朱家骅叩。""张、何、夏、郑六先生大鉴：歌电奉悉。诸先生关心文献，创议在沪组织购书委员会，从事搜访遗佚，保存文献，以免落入敌手，流出海外。语重心长，钦佩无既。惟值此抗战时期，筹集巨款，深感不易，而汇划至沪，尤属困难。如由沪上热心文化有力人士，共同发起一会，筹募款项，先行搜访，以协助政府。目前力所不及，将来当由中央偿还本利，收归国有，未识尊见以为如何？谨此奉复，伫候明教。弟朱家骅、陈立夫同叩。"① 后来，或许是考虑到由张元济、郑振铎等人在敌占区自行筹款着实不现实，朱家骅主张用中英庚款董事会保管的中央图书馆建筑费作为采购沦陷区善本图书之用，"中英庚款董事会存有中央图书馆建筑费一百数十万元，现在战时无法建筑，币制贬值，将来不值几钱，不如用来购书。国家胜利，将来建筑是不成问题的。"② 当经费有了着落后，"文献保存同志会"正式开始运作，拉开了抗战时期政府与民间合作大规模抢救保存珍贵文化典籍的序幕，一场没有硝烟的文化保卫战正式打响了。

让我们记住这些发起人的名字，感谢他们抢救和保护中国传统文献典籍，维系中华文化于不坠的不世之勋：

张元济（1867—1959），字筱斋，号菊生，浙江海盐人。光绪二十八年（1902）年初，应商务印书馆创办人夏瑞芳之邀进入商务印

---

① 《朱家骅陈立夫来电抄件》，载《郑振铎全集》(16)，花山文艺出版社1998年版，第4—5页。原文为电文，无标点，标点为作者所加。

② 《朱家骅陈立夫来电抄件》，载《郑振铎全集》(16)，花山文艺出版社1998年版，第4—5页。原文为电文，无标点，标点为作者所加。

书馆。1903 年，任商务编译所所长。1914 年夏瑞芳被刺身亡后，出任商务印书馆经理。1920 年退居监理。1926 年辞去监理职务，后当选商务董事会董事长。1953 年出任上海文史馆首任馆长。1954 年商务印书馆公私合营后仍任董事长。

张寿镛（1875—1945），字伯颂，一字咏霓，号约园，浙江鄞县人。辛亥革命后，历任浙、鄂、苏、鲁等省财政厅长、淞沪道尹、江苏省政府委员、财政部次长等职。1925 年上海发生五卅惨案，圣约翰大学师生 500 余人愤慨离校。张寿镛与王丰镐等创建光华大学于上海西郊法华乡，推张寿镛为校长，此后张氏担任光华大学校长近 20 年。张寿镛素好藏书，收罗近十万册，尤致力于宁波地方文献和乡贤遗著的收集、校刊，1930 年起开始编印《四明丛书》，历 11 年。全书凡八集 184 种，1184 卷，卷帙之巨，为国内乡邦文献所罕见。

何炳松（1890—1946），字柏丞，浙江金华人。曾留学美国，得硕士学位。1917 年，被北京大学聘为讲师，1919 年晋升北大史学系教授，兼北高师英语部主任，国文、史地两部代理主任。1922 年，归掌浙江第一师范学校，翌年改任浙江省立第一中学校长。1924 年应上海商务印书馆之聘，任史地部主任兼国文部主任。1928 年，任商务印书馆编译所副所长，翌年任所长。1934 年，出任商务印书馆协理，兼主编《教育杂志》，膺选中华学艺社理事长。1935 年夏，国民政府任命其为国立暨南大学校长。

张凤举（1895—1986），名黄，字凤举，又字定璜，江西南昌人。文物鉴定家，收藏家。

除此之外，时在香港的叶恭绰以及时任故宫博物院古物馆馆长的徐森玉在这场文献保护战中也作出过突出贡献。

叶恭绰（1881—1968），字誉虎，号遐庵，广东番禺（今广州）人。曾任民国交通部次长、路政局长。后数任北洋政府交通总长。1922年曾任孙中山大元帅府财政部长。1927年退居香港、上海。1931年一度出任国民党政府铁道部部长，旋去职。新中国成立后历任政务院文教委员会委员、中央文史馆副馆长等职。① 叶恭绰不仅主持香港地区的古籍搜购业务，而且还负责从上海寄到香港的善本书籍的转运事宜。②

徐森玉（1881—1971），名鸿宝，字森玉，后以字行，浙江吴兴（今湖州）人。历任北京京师图书馆编纂主任、北京大学图书馆馆长、西北科学考察团常务理事、故宫博物院古物馆馆长。1935年参加发起成立中国博物馆协会。抗日战争期间，迁居上海。新中国成立后，历任中央文史馆副馆长，全国第二中心图书馆主任委员，上海市文物保管委员会副主任委员、主任委员，上海博物馆馆长。徐森玉对目录学、版本学、金石学深有研究，而且为人谦逊，勤奋能干。"文献保存同志会"工作近一年后，重庆方面特派徐森玉潜往上海，协助进行版本鉴定工作。在1941年9月11日由郑振铎执笔的致蒋复璁的信中，就谈到徐森玉向香港邮寄古籍事：

> 最精品八大包，森公已由港航运尊处……现寄递各书，均系由森公独力负责。写中英文书目及付航邮各事，均是森公亲自料理。投寄时，森公竟立候数小时之久！可佩，可感！馀书装箱起运，亦系森公独自主持。犀（按，即郑振铎）本约定与森公同

---

① 章开沅主编：《辛亥革命辞典》，武汉出版社2011年版，第93页。
② 参见卢锦堂：《抗战时期香港方面暨冯平山图书馆参与国立中央图书馆抢救我国东南沦陷区善本古籍初探》，台北"国家图书馆馆刊"《馆刊》2003年第2期。

时南行，因此间琐事极多，未能料理就绪，暨大又开课在即，竟不能与行，未得稍分其劳，心中至为惭愧不安。装箱事，闻已工作二十馀日，尚未完毕，可想见其麻烦琐细，非森公之耐苦耐劳者，决难从事也。[1]

此处所说的"最精品八大包"正是"文献保存同志会"从搜购得来的三万多种古籍文献中精选出来的82种国宝级善本。其中包括宋刊本《礼记》、《后汉书》、《五臣注文选》、《中兴馆阁录》以及元刊本、明刊精本，明清人重要稿本、精抄精校本。1941年7月间，徐森玉护送这批珍贵古籍出上海，转香港，经桂林，辗转数千里，最终到达重庆并交给国立中央图书馆。

当然，当时文化机关主政者的贡献与功劳也不应被忘却，如沈津所言，"'文献保存同志会'的工作，从一开始即得到国民政府教育部和中英庚款董事会以及中央图书馆的指导、关心和支持。当郑振铎等人的'歌电'发往重庆后之第四日，重庆方面便有复电，而再过三日，蒋复璁即已秘密抵沪。由此可见，陈立夫、朱家骅等人对在上海地区秘密采购、抢救民族文献的重视，也可见在当时的形势下，他们处理此事之果断、快速。"[2]

在这场文献保卫战中，郑振铎及"文献保存同志会"的文献搜购之路艰难异常，前有投靠日伪机构的文化汉奸，后有受雇于美国学术机构的中国代理人，这些都给搜购工作带来很大麻烦。例如郑振铎

---

[1] 沈津：《郑振铎致蒋复璁信札》（中），《文献》2001年第4期。

[2] 沈津：《郑振铎和"文献保存同志会"》，《书韵悠悠一脉香——沈津书目文献论》，广西师范大学出版社2006年版，第185页。

曾提到的"刘某"便是一文化汉奸，"此人甚可恶！嘉业书满铁原出四十五万，彼来此，乃加价至六十万，平空腾贵了不少。殊不可测！文化汉奸，实可怕之至！去年曾有一日人来此，作'文化调查'，结果，无一藏书家愿与之见面者。彼只好废然而返。今换了刘某来，已见到不少人，必大有所得矣。'物腐而后虫生'，如果无内奸，外患必不至如此之烈！言念及此，痛愤无已！"而美国学术机构的中国代理人凭借其雄厚财力，在古籍收购上更是让郑振铎颇感无奈："可怪在价虽高而仍有人要。若燕京，若大同，（代美人购书者）如遇彼所欲得之物，几乎是不论价而购。"因此1941年春袁同礼来到上海，郑振铎在给张咏霓先生信中就说道："（与袁同礼）同来有王某，欲来此为美国国会图书馆购宋版书，见面时，当劝其为子孙多留些读书余地也！"

尽管困难重重，但是郑振铎及"文献保存同志会"的搜购工作依然是相当成功的，郑振铎曾不无自豪地说："在头四年里，以我的力量和热忱吸引住南北的书贾们，救全了北自山西、平津，南至广东，西至汉口的许多古书和文献。没有一部重要的东西曾逃过我的注意。我所必须求得的，我都能得到。那时，伪满的人在购书，敌人在购书，陈群、梁鸿志在购书，但我所要的东西决不会跑到他们那里去"。[1] 除了"文献保存同志会"艰苦卓绝的努力以及政府的大力支持外，平沪等地书贾的爱国心也是一重要原因。正如郑振铎所言："书贾们的爱国决不敢后人。他们也知道民族文献的重要，所以不必责之以大义，他们自会自动的替我搜访罗致的。"[2] 此外，藏书家的顾

---

[1] 郑振铎著，陈福康编：《郑振铎日记全编》，山西古籍出版社2006年版，第93页。
[2] 郑振铎著，陈福康编：《郑振铎日记全编》，山西古籍出版社2006年版，第93页。

虑也不应忽略——"一方面可能是光绪末陆氏'皕宋楼'以十万金售于日本，为国人訾骂痛惜的殷鉴不远，另方面也是国人素以典卖先人遗产为耻，卖诸书肆难免被目为败家子，售予图书馆则可名为归公，两者在评价上自是大为不同。"①

二

在"文献保存同志会"成立之初，各位成员对于文献搜集的种类与方法看法不一。作为国立暨南大学校长的何炳松因为事务繁忙，极力主张搜购著名藏书家的大宗藏书以求速见成效；张元济作为著名版本学家，则主张多购善本珍本，暂缓购置全集的零种、诗文选钞、铅印本、太平天国以后人的著作、非初印本、非极著名的诗集等；郑振铎认为"我辈收书，不重外表，不重古董，亦不在饰架壮观，惟以实用及保存文化为主"，所以"文献保存同志会"应该集中力量搜购：（一）普通应用书籍，包括《十三经注疏》、《二十四史》、《九通》至清人重要别集，以及近百年来刊刻的丛书；（二）明末以来的"史料"，包括明末以来及鸦片战争之后的史料；（三）明清未刊稿本；（四）方志、家谱，包括与宗教教育关系极密切的"书院志"及"山志"；（五）有流落国外之危险的书籍。② 除此之外，郑振铎还尤为注意《四库全书》相关著述的搜购：

> 我辈有一私愿，颇想多收四库存目及未收诸书。于四库所已

---

① 苏精：《近代藏书三十家》（增订本），中华书局 2009 年版，第 239 页。
② 参见陈福康：《郑振铎等人致旧中央图书馆的秘密报告》，《出版史料》2001 年第 1 期。

收者，则凡足以发馆臣删改涂抹之覆者，亦均拟收取之。……馆臣于宋元及明代之"史料"及文集，刈夷尤烈，涂抹最甚。乾嘉之佞宋尊元，断断于一字一笔之校勘者，未始非苦心孤诣，欲保全民族文化于一线也。然所校者究竟不甚多，且亦多亡佚。恢复古书面目，还我民族文化之真相，此正其时。故我辈于明抄明刊及清儒校本之与《四库》本不同者，尤为着意访求。然兹事体大，姑存此念。①

具体而言，郑振铎所指的《四库全书》相关著述包括：

（一）"四库"著录各书之乾隆以前刊本、抄校本，及乾嘉以来与"四库"本不同之抄校本。

（二）"四库"存目各书。

（三）"四库"未收书：甲，乾隆以前著述；乙，乾隆以后著述。

（四）禁书目录所著录各书。②

郑振铎的此种想法，体现了他的眼光与理想。郑振铎认为替中央图书馆购书，"务其远者、大者"，尤其是善本数量稀少，如果当下不朝齐备努力，恐日后无书可购；另一方面，"得书不易，应用尤难"，文献保存的目的是为研究，所以许多孤本，特别是一些禁书，有助于学者在一些领域取得突破性进展。例如刘承干的藏书中多明代稿本、抄本，"欲纂'明史长编'，必可成功""重编'全唐诗'之工作，亦

① 陈福康：《郑振铎等人致旧中央图书馆的秘密报告》，《出版史料》2001年第1期。

② 郑振铎：《郑振铎全集》（16），花山文艺出版社1998年版，第86页。

大可进行。"①

在文献搜购中，尤以嘉业堂和适园最为引人注目，一方面是金额巨大，另一方面是耗时长久，整个接洽、购买过程最让郑振铎劳心费神。

在民国十年前后，上海藏书家最著者，为刘氏嘉业堂、蒋氏传书堂、张氏适园。三家皆浙江南浔镇人。嘉业堂主人刘承干（1881—1963），字贞一，号翰怡，晚号嘉业老人。近代南浔富贾云集，民间有"四象八牛七十二黄金狗"②的说法，而刘家即是"四象"之一，据说家族财富上千万。刘承干出生后即过继给早逝的伯父，曾祖父刘镛死后，他继承了长房的巨额财富，加之他在上海投资房地产收益颇丰，因此有实力大量搜购善本古籍。丰顺丁日昌"持静斋"、仁和朱学勤"结一庐"、太仓缪司年"东仓书库"、平湖陆煊"奇晋斋"、江阴缪荃孙"艺风堂"等旧藏旋归他手。刘承干藏书最多的时候，达12450部，16万册，60万卷以上。这些藏书使得嘉业堂成为民国以来私家藏书的冠军，其规模较之国立图书馆亦不逊色。③而在藏书质量上，刘承干的藏书包括65部宋刊本、74部元刊本，21部宋元明递修的三朝本、2000多部明刊本以及2000多本钞校稿本，在近代各藏书楼中也可谓独占鳌头。以《永乐大典》的收藏为例，在20世纪二三十年代，海内外藏有《永乐大典》残本的单位和个人近50家，所藏超过20册的仅四家，除了嘉业堂42册外，其余三家分别是北平图书馆（88册），美国国会图书馆（36册），日本东京文库（26册），

---

① 郑振铎：《郑振铎全集》（16），花山文艺出版社1998年版，第130页。

② 这是按照财富多少给予的形象比喻。"象"是指财产达百万两以上者，50万至百万两者称为"牛"，30万至50万两者称为"狗"。

③ 苏精：《近代藏书三十家（增订本）》，中华书局2009年版，第227页。

由此可见其收藏之质量。①

　　1937 年，杭嘉湖地区沦陷，刘承干的嘉业堂也危在旦夕。不过，出于文化侵略的目的，日军暂缓侵占嘉业堂藏书的行动。② 而刘承干之后贿赂伪军，悄悄将包括各类明刊本在内的三万余册珍本转移到上海，使之免遭劫掠。不过经此变故，刘承干的收藏兴趣日渐衰退，1940 年六七月间，刘承干有意出让嘉业堂藏书的消息一出，日伪文化汉奸、美国哈佛燕京学社以及"文献保存同志会"等开始竞相角逐。为了最终能让嘉业堂藏书收归国家，郑振铎找到长期在嘉业堂从事编目造册工作的施韵秋从中斡旋。出于民族大义和个人情谊，刘承干最终答应出让给"文献保存同志会"，为了应付日伪方面的压力，双方想了一个"两全"之策，即将嘉业堂藏书分为三批，一部分宋元本、明刊罕见本、清刊罕见本、全部稿本及一部分批校本等"上品"售归"文献保存同志会"，而普通清刊本、明刊复本及质量不高之宋元本作为"下品"应付日伪，次要之宋元明刊本及一部分批校本、卷帙繁多之清刊本则作为"中品"由"文献保存同志会"日后续购。最终，"文献保存同志会"以 25 万元的价格购下嘉业堂之明刊本 1200 余种及 36 种钞校本，"余皆暂行放弃，待后再谈"。

　　适园是另一南浔富商张钧衡的藏书楼。张钧衡（1872—1927），字石铭，号适园主人。张钧衡出身豪富，张家也是南浔"四象"之一，不过与刘承干很晚才开始收罗古籍不同，张钧衡自光绪二十年（1894）即有志于此，此后几十年间一直孜孜不倦于善本收集。1916 年，《适园藏书志》中就收录适园所藏善本 763 部，其中宋本 45 部，

---

① 项文惠：《嘉业堂主：刘承干传》，浙江人民出版社 2005 年版，第 87—89 页。
② 王若：《嘉业堂未毁之谜》，《文汇读书周报》2003 年 12 月 8 日。

元本 57 部，明人抄校本上百部。1927 年张钧衡去世后，其长子张乃熊（1890—1945，字芹伯，一字芹圃），不但继承其父的多数藏书，而且又罗致众多名家旧藏，珍稀善本达到 1200 余部。据 1941 年编成的《芹圃善本书目》显示，其中就有宋本 88 部、元本 74 部。除此之外，张乃熊的藏书还有一大特色就是收藏了一大批抄本、稿本以及名人批校本，例如为世人所推崇的黄丕烈校跋本，张乃熊就收藏了 101 部，较之清末四大藏书家之一的杨氏海源阁还多出两部。

收购适园藏书的过程颇费周折。一方面是张芹伯索价不菲，一直以 3 万美元作为要价标准。由于当时法币贬值，要价一度涨到 70 万元。再加上张芹伯"为人至为反复无常，非俟款到后面谈"，而当时重庆方面对此笔巨额花费意见未能统一，直到徐森玉到重庆后极力游说才最终同意拨款，因此导致交易一拖再拖。另一方面则是有"第三方"的介入。郑振铎曾对此颇为忧虑，"闻芹书有某方面之接洽说，时刻有变化发生。……如芹货竟为某方所得，关系非浅！（此事乞秘之，为要！）且我辈又将为某作'嫁衣裳'矣！凡货最怕商谈接近时，有人插入竞购，不仅变化莫测，且价亦必将抬高也。"[1] 为避免夜长梦多，郑振铎与张芹伯商定"文献保存同志会"先付 10 万元订金表示购买诚意，余下 60 万元尾款在一个月内（后改为一个半月）付清。后来蒋复璁汇来 70 万元，终于完成了对张氏适园藏书的收购。

1941 年 12 月太平洋战事爆发，日军全面占领上海，"文献保存同志会"的搜购活动被迫停止，开始进入文献的秘密整理、储运阶段。

---

① 郑振铎：《郑振铎全集》(16)，花山文艺出版社 1998 年版，第 184 页。

据统计，两年间"文献保存同志会"总计耗资 320 万元（中英庚款董事会拨款 120 万元，国民政府教育部援助 200 万元）[①]，先后收购了安徽刘世珩"玉海堂"、广东莫伯骥"五十万卷楼"、江宁邓氏"群碧楼"、嘉兴沈氏"海日楼"、常熟瞿氏"铁琴铜剑楼"、庐江刘氏"远碧楼"、顺德李氏"泰华楼"、浙江刘氏"嘉业堂"以及张氏"适园"等著名藏书楼所藏珍本古籍。[②]

三

在"文献保存同志会"抢救古籍事业中，郑振铎的辛劳与贡献是有目共睹的。在最初分工中，由郑振铎与张凤举负责采访，张元济负责鉴定宋元善本，何炳松、张寿镛负责保管经费。但是后来张元济因故不愿在《文献保存同志会办事细则》上署名，即拒绝正式参与此事，而张凤举不久也离开上海，因此"文献保存同志会"的真正核心是何炳松、张寿镛与郑振铎（后来又增加了徐森玉）等人，实际负责人是何炳松。[③] 郑振铎主要是负责文献搜购，但正如他自己所言，"予生性好事，恐怕事实上非多负些责不可"（《求书日录》），实际承担的工作还有许多。如《文献保存同志会办事细则》草案就是由郑振铎起草，后交同志会成员审议的。因此有学者说"文献保存同志会"抢救民族文献工作"以郑振铎为中心，实际奔走，事无巨细，出力最多；而版

---

① 蒋复璁：《蒋复璁口述回忆录》，台北"中央研究院"近代史研究所 1990 年版，第 58 页。

② 李玉安、黄正雨编著：《中国藏书家通典》，中国国际文化出版社 2005 年版，第 897—898 页。

③ 房鑫亮：《忠信笃敬——何炳松传》，浙江人民出版社 2006 年版，第 154—155 页。

本、价格之审定等，张寿镛最称负责；何炳松主要负责管理经费及收发文件；张元济年事已高，主要备咨询顾问……'同志会'的工作自始至终与郑先生有关，他是中华民族最危险的时候的这次民国历史上最大的购书活动的发起者和实际主持者"①。这种评价无疑是恰当的。

郑振铎将自己看作一名保卫祖国文献的战士，"为国家保存文化，如在战场上作战，只有向前，决无逃避。且究竟较驰驱战场上之健儿们为安适。每一念及前方战士们之出生入死，便觉勇气百倍，万苦不辞。"②除了在暨南大学上课外，他把所有业余时间都耗费在这项"狂胪文献"的工作上：

　　"狂胪文献耗中年"，龚定庵的这一句话，对于我是足够吟味的。从"八·一三"以后，足足的八年间，我为什么老留居在上海，不走向自由区去呢？时时刻刻都有危险，时时刻刻都在恐怖中，时时刻刻都在敌人的魔手的巨影里生活着。然而我不能走。许多朋友们都走了，许多人都劝我走，我心里也想走。而想走不止一次，然而我不能走。我不能逃避我的责任。我有我的自信力。我自信会躲过一切灾难的。我自信对于"狂胪文献"的事稍有一日之长。前四年，我耗心力于罗致、访求文献，后四年——"一·二八"以后③——我尽力于保全、整理那些已经得到了的文献。我不能把这事告诉别人。有一个时期，我家里堆满了书，

---

　　①　陈福康：《两部巨著中的一点美中不足》，《编辑学刊》2002年第3期。
　　②　郑振铎：《致张寿镛》，《郑振铎全集》（16），花山文艺出版社1998年版，第99页。
　　③　此当为"一二·八"之误。1941年12月8日太平洋战争爆发，日军宣布英美等国为"敌国"，进攻并占领上海租界。

连楼梯旁全都堆得满满的。我闭上了门，一个客人都不见。竟引起不少人的误会与不满。但我不能对他们说出理由来。我所接见的全是些书贾们。从绝早的早晨到了上了灯的晚间，除了到暨大授课的时间以外，我的时间全耗于接待他们。和他们应付着，周旋着。我还不曾早餐，他们已经来了。他们带了消息来，他们带了"头本"来，他们来借款，他们来算账。我为了求书，不能不一一的款待他们。有的来自杭州，有的来自苏州，有的来自徽州，有的来自绍兴、宁波，有的来自平、津。最多的当然是本地的人。我有时简直来不及梳洗。我从心底里欢迎他们的帮助。就是没有铺子的掮包的书客，我也一律的招待着。我深受黄丕烈收书的方法的影响。他曾经说过，他对于书船到的时候，即使没有自己想要的东西，也要选购几部，不使他们失望，以后自会于无意中有惊奇的发现的。这是千金买马骨的意思。我实行了这方法，果然有奇效。什么样的书都有送来。但在许多坏书、许多平常书里，往往夹杂着一二种好书、奇书。有时十天八天，没有见到什么，但有时，在一天里却见到十部八部乃至数十百部的奇书，足以偿数十百日的辛勤而有余。我不知道别的人有没有这种经验：摩挲着一部久佚的古书，一部欲见不得的名著，一部重要的未刻的稿本，心里是那么温热，那么兴奋，那么紧张，那么喜悦。这喜悦简直把心腔都塞满了，再也容纳不下别的东西。我觉得饱饱的，饭都吃不下去。有点陶醉之感。感到亲切，感到胜利，感到成功。我是办好了一件事了！我是得到并且保存一部好书了！更兴奋的是，我从劫灰里救全了它，从敌人手里夺下了它！我们的民族文献，历千百劫而不灭失的。这一次也不会灭失。我要把这保全民族文献的一部分担子挑在自己的肩上，一息尚存，决不放下。……为了保全这些费尽心力搜罗访求而来的民族文献，又有四个年头，我东躲西避着，离开了家，蛰居在友人们的家里，庆吊不问，与人世几乎不相往来。我绝早的起来，自己生火，自己烧水，烧饭，起初是吃着罐头食物，后来，买不起了，只好自己买菜来烧。在这四年里，我养成了一个人的独立生活的能力，学会了生火，烧饭，做菜的能力。假如有人问我：你这许多年躲避在上海究竟做了什么事？我可以不含糊的回答他说：为了抢救并保存若干民族的文献工作，没有人来做，我只好来做，而且做来并不含糊。我尽了我的一分力，我也得到了这一分力的成果。①

在这场文献保卫战中，郑振铎四处奔走，义无反顾地担负起为国家抢救文献的使命与责任。在 1940 年 3 月 20 日致张寿镛的信中他说：

我辈对于国家及民族文化均负重责，只要鞠躬尽瘁，忠贞艰苦到底，自不至有人疵议。……故我不惜时力，为此事奔走。其中艰苦，诚是"冷暖自知"。虽为时不久，而麻烦已极多。想先生亦必有同感也。然实甘之如饴！盖此本为我辈应尽之责也。②

他为能使一些珍贵古籍留存国内兴奋不已，也常常为抢救工作的

---

① 郑振铎著，陈福康编：《郑振铎日记全编》，山西古籍出版社 2006 年版，第 91—93 页。
② 郑振铎：《致张寿镛》，《郑振铎全集》(16)，花山文艺出版社 1998 年版，第 19 页。

失误深深反省，如在 1941 年 8 月 19 日致张寿镛的信中说：

> 终夜彷徨，深觉未能尽责，对不住国家！思之，殊觉难堪！殊觉灰心！反省：我辈失败之原因，一在对市价估计太低，每以为此种价钱，无人肯出，而不知近来市面上之书价，实在飞涨得极多极快，囤货者之流，一万二万付出，直不算一回事。而我辈则每每坚持底价，不易成交，反为囤货者造成绝好之还价机会。诚堪痛心！二在我辈购书，每不能当机立断，不能眼明手快。每每迟疑不决。而不知，每在此千钧一发之际，便为贾人辈所夺矣，亦缘我辈不敢过于负责之故。往者已矣，不必再谈矣！谈之，徒惹伤心！将来，当有以自警、自励矣！①

正是由于在文献搜购中竭心尽力，郑振铎深得当时文化界的赞誉，徐森玉曾于 1941 年 1 月 20 日致信蒋复璁，称赞郑振铎为国家抢救文献，"心专志一，手足胼胝，日无暇晷，确为人所不能；且操守坚正，一丝不苟，凡车船及联络等费，从未动用公款一钱"。何炳松在 1941 年 2 月 20 日致蒋复璁的信中也说："此间事实际奔走最力者，当推西谛兄。而版本价格之审定则咏老最称负责。自森公驾临后，日夕与西谛兄商讨新本，检点旧藏，逐书经眼盖章，劳苦功高，同人极为心折。承奖贤劳，唯上述三公，足以当之无愧。"②当时徐森玉和何炳松都建议重庆当局给予郑振铎补贴和奖励，郑振铎知晓后专门给蒋

---

① 郑振铎：《致张寿镛》，《郑振铎全集》(16)，花山文艺出版社 1998 年版，第 175 页。
② 转引自陈福康：《书生报国——徐森玉和郑振铎抗战期间抢救珍贵图书的隐秘活动》，载上海市历史学会编：《上海史学名家印象记》，上海人民出版社 2012 年版，第 11 页。

复璁去了一封长信，此信体现的高风亮节和对祖国的赤子之心，今天读来依然让人深受感动：

> 弟束发读书，尚明义利之辨，一腔热血，爱国不敢后人。一岁以来，弟之所以号呼，废寝忘餐以从事于抢救文物者，纯是一番为国效劳之心。若一谈及报酬，则前功尽弃，大类居功邀赏矣，万万非弟所愿闻问也……
>
> 弟自前年中，目睹平贾辈在此专营故家藏书，捆载而北，尝有一日而付邮至千包以上者。目击心伤，截留无力，惟有付之浩叹耳！每中夜起立，彷徨吁叹，哀此民族文化，竟归沦陷，且复流亡海外，无复归来之望。我辈若不急起直追，收拾残余，则将来研究国史朝章者，必有远适海外留学之一日，此实我民族之奇耻大辱也！其重要似尤在丧一城、失一地以上。尝与菊、咏、柏诸公谈及，亦但有相顾踌躇，挽救无方也。故电蒋、朱、陈、翁诸公陈述愚见，幸赖诸公珍护民族文化，赐以援手，又得吾公主持其间，辛劳备至，乃得有此一岁来之微绩。虽古籍之多亡，幸"补牢"之尚早，江南文化之不至一扫而空者，皆诸公之功也……
>
> 我辈得供奔走，略尽微劳，时读异书，多见秘籍，为幸亦以多矣！尚敢自诩其功乎？书生报国，仅能收拾残余，已有惭于前后方人士之喋血杀敌者矣。若竟复以此自诩，而贸然居功取酬，尚能自称为"人"乎？望吾公以"人"视我，不提报酬之事，实为私幸！
>
> ……国难未已，分金均宜爱惜，我辈书生至今尚得食国禄，

感国恩已深，虽此间生活程度颇高，然量入为出，差足仰养俯育，更不宜乘机取利，肥己肥家。读书养气，所为何事！见利忘义，有类禽兽。良知未泯，国法具在。务恳吾公成全弟之私"志"，感甚，感甚！ ①

① 转引自陈福康：《书生报国——徐森玉和郑振铎抗战期间抢救珍贵图书的隐秘活动》，载上海市历史学会编：《上海史学名家印象记》，上海人民出版社 2012 年版，第 11—12 页。

第七章

黎明前夕

　　1945 年 8 月 15 日，日本昭和天皇通过广播向全世界宣布日本无条件投降。其实在之前的几天，日本投降的消息就已经在上海大街小巷中传播开来，郑振铎在日记中记载了当时上海社会的兴奋状态，"日本已经屈伏了。兴奋极矣！立即外出，消息已满城都知。秩序整然，闻昨夜有游行，有狂欢终夜者。至市场，已不做新交易，买不出东西，干着急。但现在已经不怕冻馁了！没有钱也不要紧。午归，国旗已满街飘扬。闻下午又有游行。……下午出，至耿宅，至家，全家欢声雷动。"（1945 年 8 月 11 日）① 战争的胜利给了人们想象的空间，

---

　　① 郑振铎著，陈福康编：《郑振铎日记全编》，山西古籍出版社 2006 年版，第 244 页。

正如胡风所描述的那样，"当风涛不起，旭日将升的晨光熹微的时候，海应该是一个奇景，比幸福本身还要幸福的奇景。上海也似乎经过了那样的时期。那是敌人刚刚投降，载着接收大员和法币图版的飞机将来刚来的时候。胜利的狂喜、解放的沉醉、大国的骄傲、民主自由的憧憬……由这些织成了一个似幻似真的梦境，使人连结着永远，连结着无穷的梦境。"① 郑振铎此刻也怀揣着同样的"梦境"："'和平'已实现矣！今后当可安居乐业，不愁饥寒了！"（1945 年 8 月 11 日）② 郑振铎同其他知识分子一样，积极投身到战后国家的重建工作中去。因为抗战期间替国家搜购珍贵书籍的表现，郑振铎被任命为"上海区清点、接受封存文物委员会"委员，负责上海地区日伪劫掠的图书文物的清点与接收工作。他还被蒋复璁领导的国立中央图书馆聘为顾问兼编纂，负责《玄览堂丛书》等书籍的编纂。除此之外，郑振铎还用手中的笔，撰写对于政治局势看法的文章，希望当政者能够倾听民声，关心民瘼，实现真正的民主政治。为此，他一方面积极为当时的民主刊物《周报》撰写文章，另一方面又亲自主编《民主》，向国民党政府当局发出"实现真正民主"的呐喊。与此同时，一直无法忘情于文学的郑振铎仍然极其渴望在战后重办一份大型文学期刊，就像当年自己主编的《文学》、《文学季刊》一样，这样既能为文化人提供一个发表作品的平台，支持和鼓舞因为战争而让生活陷入困顿的文化人士，同时又能冲破敌伪时期的文化窒塞，帮助这个百废待兴的国家实现文化上的复兴。于是，《文艺复兴》便在郑振铎与李健吾的共同主持下登上了历史舞台。

---

① 胡风：《上海是一个海》，《希望》1946 年第 2 集第 1 期。

② 郑振铎著，陈福康编：《郑振铎日记全编》，山西古籍出版社 2006 年版，第 244 页。

第一节 《民主》

一

抗战胜利的消息传来，流落大后方的文化人士们欣喜若狂，他们迫不及待地打点行装，买舟东下。随着众多文化人回到上海，各类出版机构亦纷纷在上海复业，一度冷清萧条的上海书业界又渐渐恢复了往日的繁荣。作为战前颇有名望的出版机构，生活书店也在总经理徐伯昕的带领下在上海很快重新开业。徐伯昕为了快速打开局面，恢复生活书店旧日气象，同时也是继承生活书店以办刊物为图书出版开路的传统，决定创办一份与《生活》周刊类似的杂志。

为了防止刊物因事牵累书店，徐伯昕将刊物与书店分开，除了邀请民主人士包鞠庭、包迪生、包逮传父子以及王丰年等人共同出资筹办外，刊物发行人也由时任上海利华保险公司总经理的王丰年担任。至于主编人选，徐伯昕最终选择了郑振铎，一是因为郑振铎的气节让徐伯昕深感钦佩。[①] 作为当时大名鼎鼎的文学家，郑振铎在上海沦陷期间宁愿饿死也坚决不同日伪合作，显示了坚贞高尚的民族气节，特别是冒着生命危险保护国家珍贵文献，更是体现了他深厚的爱国情怀。二是由于郑振铎素爱交友，加之在文教事业上的长期耕耘，与文

---

① 1944年徐伯昕曾对王丰年等人提议"沦落在上海的一些文化人高风亮节，宁肯饿死，不做文化汉奸，不为敌伪刊物写一个字，我们应该设法帮助他们"，后成立"利群公司"，向生活困难、不做文化汉奸的作家征了一批稿，酬金以斗米千字计算，目的在于帮助进步文化人渡过艰难岁月。见王丰年：《〈民主周刊〉始末记》，全国政协文史资料委员会编：《文史资料存稿选编》（第23辑·文化），中国文史出版社2002年版，第97页。

化界及国民党文教部门的高层都建立了良好关系，因此他出任主编也可为刊物减少许多麻烦，日后刊物办理登记手续就得益于他出面疏通关系。① 三是郑振铎为人谨慎，疾恶如仇但又不失理性，这不但可使期刊继承《生活》周刊的批判风格，同时又能掌握分寸，避免因"言论过激"遭到国民党政府的封杀。1945 年 10 月 13 日，这份杂志在上海出版界正式亮相，名为《民主》。该刊编委会成员除郑振铎之外，还有马叙伦、周建人、许广平、董秋斯、罗稷南等诸多文化界名人。具体编辑人员有蒋天佐、郑森禹、艾寒松等人，负责出版工作的先为张锡荣，后来方学武等也参与其中。

抗战胜利后争取和平与民主是人心所向，大势所趋。中间势力②也在这种社会背景下迅速崛起，"（国共两党的党派偏见问题）近则妨碍抗战，远则重演内战，非想解决办法不可。第三者于此，无所逃责。而零零散去，谁亦尽不上力量。故第三者联合起来，共同努力，当为第一事。"③中间势力以三种方式参与政治，除了以胡适为代表的"个人谏诤型"，以张君劢为代表的"组党介入型"外，还有一种就是以储安平及其《观察》周刊为代表的"公共论坛型"，企图通过报刊引领舆论，进而推动中国走他们理想的道路。④ 第三种方式尤为自由主义知识分子所推崇，傅斯年就曾对胡适说："我们自己要有办法，一

---

① 参见王丰年：《〈民主周刊〉始末记》，全国政协文史资料委员会编：《文史资料存稿选编》（第 23 辑 · 文化），中国文史出版社 2002 年版，第 97 页。

② 在中国近代史上，学术界关于"中间势力"的概念并没有统一的界定。中间势力又被称为"第三势力"、"中间力量"、"中间阶层"、"中间党派"、"中间派"、"民主党派"、"第三方面"、"第三种势力"、"第三种力量"，等等。

③ 梁漱溟：《忆往谈旧录：梁漱溟回忆录》，中国文史出版社 2012 年版，第 228 页。

④ 陈仪深：《国共斗争下的自由主义，1941—1949》，《"中研院"近代史研究集刊》1983 年第 23 期。

《民主》创刊号

《文艺复兴》创刊号

1949 年 2 月在北上的轮船上，郑振铎与女儿郑小箴在甲板上留影

在故宫东宫某殿前。宦乡（左）、陈国容（柯灵夫人，中）、郑振铎（右）

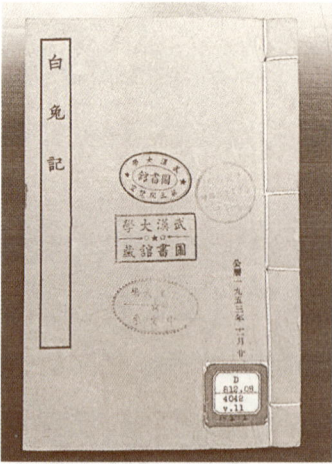

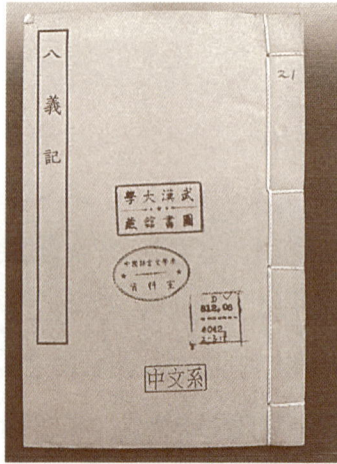

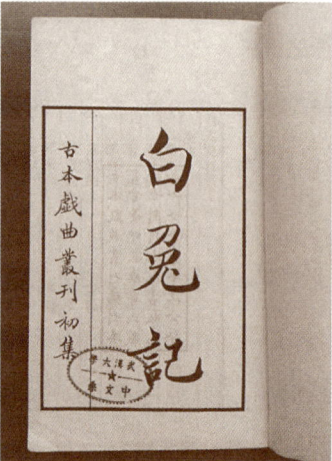

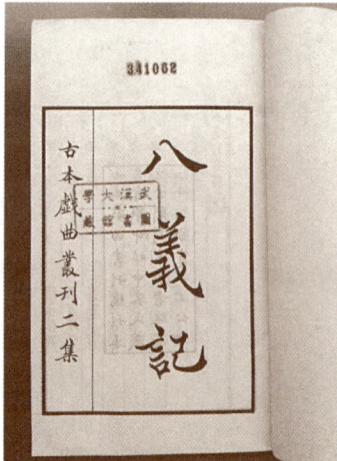

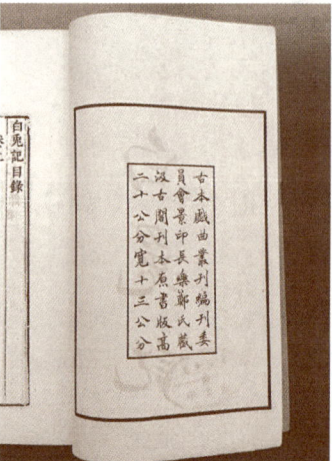

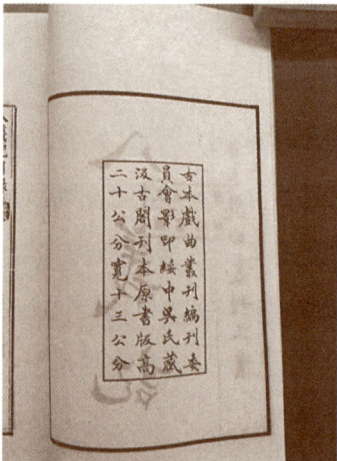

《古本戏曲丛刊》之《白兔记》、《八义记》书影

在前往莫斯科出席世界和平大会的列车上，徐悲鸿为郑振铎画的素描

全家出游之前。后排左起：郑尔康、郑振铎、高君箴；右侧抱小女孩者为女婿萨空了；摄影者为女儿小箴

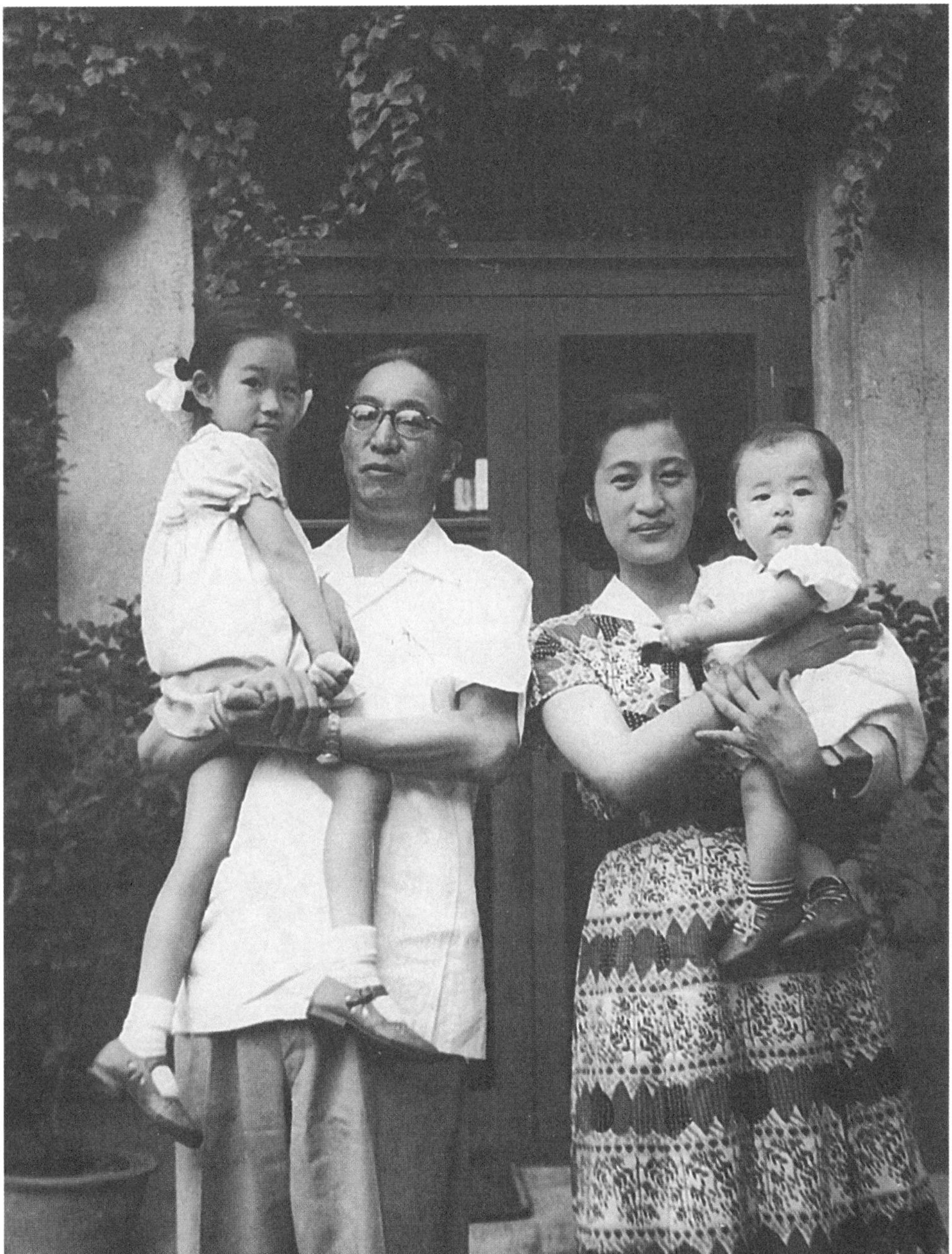

与女儿小箴及外孙在花园中

在自家花园的葡萄架下读书

入政府即全无办法。与其入政府，不如组党；与其组党，不如办报。"①
抗战胜利后在国统区内新增登记注册的报纸杂志急剧增加，而且多数
是社会政治类时评刊物，《民主》周刊即是其中之一。《民主》周刊创
刊时就强调自己的非党非派性——既非国民党的机关报纸，也不是共
产党或民主同盟的喉舌——它永远只会站在中国国民的立场发言：

> 我们是无党无派的中国国民。我们以中国国民的立场来发
> 言。我们是赤手空拳的。我们没有任何方式的政治组织；我们没
> 有任何军队或政党的支持。我们只有几颗赤热的心。我们愿意看
> 见中国向好处走。强大、自由、民主的中国，乃是我们所希求，
> 所要联合了全国的国民乃至一切的政党来缔造之的。②

　　《民主》周刊是当时颇有影响力的政论性刊物。"《民主》不仅在
国内有广泛的读者，发行范围远到南洋及欧美。它不仅有上海版，后
来还有了北平版、重庆版，甚至香港版。它和当时的《周报》、《文萃》
一起，被广大读者誉为国统区的'三大民主刊物'"。③它站在中国国
民的立场上，关心民生民瘼，争取民主自由，客观上也揭露了国民政
府的腐朽堕落，引导人们重新思考中国的前途。也正因为如此，与其
他进步刊物的命运一样，《民主》创刊之后屡遭国民政府的仇视和打
压，最终于 1946 年 10 月 31 日被迫停刊，前后共计出版了 54 期。

---

　　①　傅斯年：《致胡适》（1947 年 2 月 4 日），载中国社会科学院近代史研究所、中华民
国史研究室编：《胡适来往书信选》（下），社会科学文献出版社 2013 年版，第 938 页。
　　②　郑振铎：《发刊词》，《民主》1945 年第 1 期。
　　③　郑尔康：《火中凤凰》，《民主》1989 年第 1 期。

二

翻开《民主》周刊，不难发现经常为该刊撰稿者包括马叙伦、周建人、许广平、罗稷南、柳亚子、叶圣陶、郭沫若、茅盾、蔡尚思、胡愈之、沈志远、陆诒、石啸冲、胡绳、姚溱、费孝通、吴晗、陈家康、施复亮、邓初民、平心等一干文化名人，这都与郑振铎卓越的组稿能力密不可分。据说在《民主》周刊筹备之时，郑振铎曾特意在鲁迅生前常去的一家酒店里举行宴会，宣布刊物即将出版的同时，请到会的朋友们积极提供稿件。当时会场气氛非常热烈，到场的文化人士一致表示对《民主》周刊的支持。沈钧儒、沙千里、史良、闵刚侯四位名律师还同意担任周刊社的常年法律顾问。① 郑振铎还常常亲自上阵，为周刊写稿。"10 月 4 日，写《〈民主〉发刊词》一篇"，"10 月 6 日，晨起，写'民主政治'"。在其日记中，这类记载十分常见，据统计，除《发刊词》外，郑振铎在《民主》周刊上发表文章共 51 篇（以"编者"形式署名不计），其中重要论文包括《走上民主政治的第一步》、《人为的涨价与人为的抑价》、《我们的主张与态度》、《勖政治协商会议诸君》、《再勖政治协商会议诸君》、《国是问题的前瞻》、《日本投降以来的中国政局的清算》、《文化正被扼杀着》、《论联合政府》等。

作为《民主》周刊主编，郑振铎喜欢用"特辑"这种编辑方式。例如第 2 期有"鲁迅逝世九周年特辑"，刊登了景宋、克士、葛一虹、尊闻、许杰、秋斯、吴大琨等人纪念鲁迅的文章；第 5 期有"物价问

---

① 王丰年：《我所知道的〈民主〉周刊》，民进中央会史工作委员会编：《民进会史资料选辑》（第 1 辑），2000 年，第 12 页。

题特辑"，刊登了张凤举的《民瘼》、郑振铎的《人为的涨价与人为的抑价》、李玄伯的《物价平抑识小》、娄立齐的《从万花筒中看物价》、张一凡的《物价问题中比较谁进步》、景宋的《人民需要爱抚》、敏之的《物价问题和政治民主化》等文章；第 35 期有"时局笔谈特辑"，刊登了马叙伦、郭沫若、郑振铎、景宋等人关于时局问题的回答；第 41 期有"韬奋先生逝世两周年纪念特辑"，刊登有陶行知、周建人、沈志远、黄炎培、杨卫玉、孙起孟、寒松、邑君等人的怀念性文章。除此之外，还有一些虽然没有明确标明"特辑"字样，但是其实质等同于"特辑"。如第 10 期针对昆明学潮，就安排了郑振铎的《由昆明学潮说起》、郭沫若等的《声援昆明学生》、尊闻的《昆明学潮述评》等文章，使得读者对于昆明学潮有更深入的了解；再如第 12 期针对马歇尔特使来华，安排《美国对华政策与中国内争》、《美国人的正义呼声》、《美国人眼中的延安》、《上海市大中学生欢迎马歇尔特使始末》四篇文章，对相关背景进行解析，等等。值得一提的是，1946 年 10 月 31 日《民主》周刊出满 54 期即将被迫停刊时，以"我们的抗议"作为主打题目，登载了郑振铎的《我们的抗议》、叶圣陶的《又来挽"民主"》、柳亚子的《此时此地更有何话说》、余审之的《我不承认民主是休刊了》、罗稷南的《并非抗议》、天顽的《争取民主与言论自由》、马叙伦的《民主是封不了的》、吴耀宗的《黑暗与光明》、周建人的《民主也停刊了》、寒松的《真假分明》、郑森禹的《人民的口封不住》、贺依的《吟罢低眉无写处》、吴晗的《是谁绞杀了民主》、田汉的《天下那有民主而会休刊的?》、蔡尚思的《民主的休刊与评价》、许杰的《事实的证明》、求思的《民主不死》等 17 篇文章。这些文章形如集束炸弹，将国民政府摧残民主事业的罪恶，以及《民主》同人无比的愤慨——展现在国人面前。

郑振铎在北京铁路管理学校读书时就曾倡导"无论人种、国家或阶级之异同,尊重人类人格的平等,博爱一切人类"的人道主义精神。尽管之后思想有所变化,但是人道主义的思想底色依然清晰可辨,即把人和人的价值置于首位,承认人的价值尊严,关心人的权利、自由、幸福,把人作为万事的权衡标准。作为一名知识分子,郑振铎与同时代的许多知识分子一样,自觉承担起了社会良知的角色。他对有关人民福祉的问题,如政治民主、平稳物价、惩处汉奸、反对贪污、国共合作、反对内战等都十分关心。而通过郑振铎的文字,我们也能够清晰地感知郑振铎思想的渐变过程,更加深刻地理解以郑振铎为代表的自由知识分子如何一步步放弃对国民政府的最终幻想。

如政治方面,郑振铎一直强调保障公民人身、信仰、出版言论自由对于民主政治的重要性,"我们现在,在没有实际走到民主政治的道上的时候,只有一个要求,一个愿望:为了保障民主政治的实现,必须立刻保障一般国民的'自由权'——身体自由,信仰自由,出版言论自由等。……如果没有了这个保障,一般人民的身体、居住、信仰……等等自由还要被剥夺,被侵犯,那末,实施民主政治云云,也不过是一句空言而已。"①但是反观抗战胜利之后的蒋介石政府,非但没有保护人民自由的意愿,反而变本加厉地限制公民的自由权利,抗战胜利后不到一年的时间里,"北平禁止了七十七种刊物的出版;上海实行了警管区制,有了'特种户口'的调查;西安捣毁报馆,惨杀

---

① 郑振铎:《走上民主政治的第一步》,《民主》1945 年第 1 期。

新闻记者。昆明接连的出了许多惨案,民主同盟的负责人李公朴和闻一多也前后的被暗杀了;接着,有六十四种的刊物被禁止发行。上海呼吁和平的人民代表们一到了南京下关车站便被殴打……"①《民主》周刊被迫停刊更让郑振铎对此有了切身体会:

> 我们不能了解,为什么在一个民主国家的中华民国里,一个合法的刊物如本刊者,会不时的遭遇到这种的不幸?……这不仅是本刊一个刊物的生存与否的问题而已,实在也是整个中国究竟还有没有言论出版的自由的问题,而且,也是中国国民们究竟还能不能保护自己的合法的权益而不随时随地受侵犯,被剥夺的问题! ②

再如经济方面,郑振铎希望国民党政府能够打击贪腐,消灭官僚资本,控制物价,从而保障战后人民生活水平的恢复与提高。例如在《论官僚资本》中呼吁国民党政府"要导中国工商业于正途,要经济民主化,要扶植民族资本的发展,必须首先扑灭那些疯狂似的投机的官僚资本和一切官僚资本家!"③;在《怎样处置汉奸的财产》中建议国民党政府将变卖汉奸财产所得首先为军士遗属及荣军造福利,其次为义民们建造住宅及贷金,乃至回乡的旅费,再次为他们建设医院、学校等福利设施。④ 但是这些正义的呼声并未被政府所重视,正如郑

---

① 郑振铎:《日本投降以来的中国政局的清算》,《民主》1946 年第 43 期。
② 郑振铎:《我们的抗议》,《民主》1946 年第 53—54 期合刊。
③ 郑振铎:《论官僚资本》,《民主》1946 年第 19 期。
④ 郑振铎:《怎样处置汉奸的财产》,《周报》1946 年第 32 期。

振铎所言：

从西部飞到东南，飞到华北，飞到华南，一批批的军队，一批批的官吏们，全都跟随着胜利而归来了。以真诚的披肝沥胆的热忱来欢迎他们的是一般人民们。然而骨子里的矛盾、冲突，却是一般人民们所不曾想象得到的，一般人民们空喜欢了一个多月；物价跌了，敌伪的酷政去掉了，欣欣然有望治之心。箪食壶浆，以迎"王师"的结果，却渐渐的见到一个混乱不堪的局面。接收的杂乱无章，汉奸们的依然逍遥自在，使人民们的红热的心渐渐的冷了下去。一会儿党政机关的接收，一会儿陆军总部的统一接收，一会儿又有敌伪产业处理局的成立。乱糟糟的只见东一张封条，西一张封条。一面贴，一面却有人进进出出。至于许多仓库的接收的情形，则知者更少了。这一接收，工厂的烟囱没有烟了；一切机构全部停顿了。苛捐杂税，说是免除了，而不久又恢复了一批。种种现象似乎比敌伪时代还乱，还没有秩序。人民们的痛苦，一点也没有解除。物价又上涨了，而且急骤的高涨着。刚松了一口气的老百姓们，又紧蹙着双眉，觉得来日大难。成千成万的义民们要回家，简直是不可能，他们仍然过着流离迁徙的生活，没人理睬。所有的坏现象，大后方这几年所表现着的，这时候也依然存在着。……老百姓们目睹其盛，寒心不已。于是，有的舆论家便喊着"莫失尽了人心！"而其实，人心已经失尽了。[1]

---

[1] 郑振铎：《日本投降以来的中国政局的清算》，《民主》1946年第43期。

与许多充满良知的知识分子一样，郑振铎对于抗战胜利后的国民政府渐失信心：

> 当我们在一年之前，创办本刊的时候，我们对于中国的前途抱有无穷的热烈的希望。我们希望中国向好处走，向强大、自由、民主的大道上走。不幸事与愿违，几次偶现的光明，瞬刻间又为阴云所蔽，依旧是漆黑一团。
>
> 我们所要打破的一切建国的障碍，依然的还是障碍重重，建国的工作老是不能开始。
>
> 我们所要打破的一切的因循、敷衍、苟安、贪污的现象，依然的顽强的存在着，而且只有更坏更坏下去。
>
> 我们呼吁着不要打内战，而在打打停停的局面之后，却更大规模的打了起来，处处烽火，遍地干戈，自东北到冀、鲁、豫，到察、热，到苏北，几乎无处不在动手大打。
>
> 我们要求和平、民主、自由，而事实上却一件也没有实现。更加深，更加甚的黑暗，令企求呼吸得自由点的人们全都更感到窒塞难忍。[1]

他在《日本投降以来的中国政局的清算》一文的末尾，用一种近乎革命性的话语表达了他与国民政府的决绝：

> 我们不能依赖别人，我们不能乞求赐予；我们是中华民国的国

---

[1] 郑振铎：《本刊一年回顾》，《民主》1946 年第 50 期。

民；我们便有我们的重大的责任在；我们要清除这一切的和平的阻力，建国的障碍；我们必须以自己的手，开辟了今后的光明路！

第二节 《文艺复兴》

一

抗战胜利后的上海"虽有近二十种综合性刊物，却没有一个文艺刊物，许多作家只能在综合性的刊物上发表文章"，作为一位从事文学创作和编辑工作20多年的文坛宿将，郑振铎对此自然十分失望，他感慨"偌大一个中国，竟没有作家的文艺园地，实在不成话"[①]。于是，创办一份大型文学刊物的想法开始在他心中酝酿。正好此时上海出版公司[②]希望在出版界和读者中树立自己的品牌，有意打造期刊领域的"三叉戟"——"以《周报》顶替《生活》，《文艺复兴》顶替《文学》，《活时代》顶替《西风》"[③]。由于郑振铎在文学界的影响力和丰富的文

---

① 刘哲民：《回忆西谛先生》，载上海鲁迅纪念馆编：《郑振铎纪念集》，上海社会科学院出版社2008年版，第350页。

② 上海出版公司是1946年由《周报》、《文艺复兴》、《活时代》三家杂志社合并扩建而成，刘哲民任总经理、钱家圭任经理，柯灵、周煦主持编务。1950年改组为股份有限公司，刘哲民任董事长、秦鹤皋任经理、师陀任总编辑、郑振铎任监察人。1956年并入新文艺出版社。

③ 柯灵：《往事随想》，四川人民出版社2000年版，第79页。《生活》即邹韬奋主编的《生活》周刊，《文学》即郑振铎主编的《文学》月刊，都是此前著名的杂志，《西风》是当时著名的通俗杂志。由林语堂与黄嘉音、黄嘉德共同出资创办，1936年9月1日在上海创刊，至1949年5月上海解放停刊。

学杂志编辑经验，上海出版公司邀其出任《文艺复兴》主编。郑振铎在爽快答应之余，也考虑到自己事务繁多，精力不够，于是拉来曾在清华大学、暨南大学执教的李健吾同他一起主编。1946 年 1 月 10 日，《文艺复兴》正式创刊。

李健吾是谁？估计"70 后"、"80 后"都不陌生，他的散文《雨中登泰山》曾被收入中学语文课本，成为几代人朝夕诵读的范文。其实，他不仅散文写得好，在小说、戏剧创作、外国戏剧翻译及研究、中国文学戏剧作品的评论等方面，均有建树。其生平简介如下：

> 李健吾（1906—1982），现代作家、戏剧家、翻译家。曾用笔名刘西渭。山西安邑县（今运城县）人。幼年起移居北京。1925 年入清华大学中文系，次年转入西洋文学系学法语。1930 年毕业，留校任助教。1931 年去法国巴黎学习，专门研究福楼拜。1933 年回国，一直从事教学、写作和翻译工作。代表作有：短篇小说集《使命》，长篇小说《心病》，戏剧创作《委曲求全》、《这不过是春天》、《撒谎世家》，散文集《意大利邮简》、《切梦刀》。翻译：福楼拜的《包法利夫人》、《情感教育》，以及莫里哀、契诃夫、托尔斯泰、高尔基等人的戏剧，研究著作《福楼拜评传》，文学批评《咀华集》、《咀华二集》等。①

郑振铎之所以选择李健吾与自己共同主编，据李健吾自己的猜测，一是因为抗战时李健吾被日本驻沪宪兵司令部抓去，他在交代如

---

① 许觉民、张大明主编：《中国现代文论》（下），安徽教育出版社 2010 年版，第 478 页。

何到国立暨南大学执教时特意不提郑振铎的引荐，只说校长何炳松看到其在《文学季刊》上发表的论文就打电报约他到国立暨南大学教书，直接保护了郑振铎。二是由于李健吾思想中间偏右，可以团结广大的投稿人和读者。三是李健吾为人光明磊落，不搞个人主义和小圈子，对任何人、任何事不存私心。除了上述三点外，两人性格相似恐怕也是原因之一。郑振铎为人热情，性格开朗，朋友多称之为"大小孩"，而李健吾被人评价"一身是戏"，仅从以下一件事情便可看出其为人的诙谐幽默：

    1946 年 5 月李健吾在上海戏剧学院执教，并与郑振铎联合主编《文艺复兴》杂志，故此文坛剧坛好友甚多。一天，郑振铎、柯灵、臧克家、黄裳等笔友约李健吾看戏。他们到戏院后，先到后台看望剧坛好友，谁知后台正在着急，因为饰演巨商的演员临时误场。俗话说，救场如救火，李健吾演过戏，这一任务自然落到他头上。从外形上看，李健吾戴着金丝眼镜，圆圆的脸庞总是含着笑意，黑黑的头发油光水滑，一副典型的大商贾模样；从气质上看，李健吾语言幽默诙谐，到台上不会因没台词而冷场出洋相。

    在大家的哄笑声中，李健吾身着洋服，腆着肚子上场了。他挥了挥手中的文明棍，真有大商贾的风范，几句精妙的台词也恰当得体。谁知意外的事情发生了，按剧情规定，李健吾扮演的巨商要吸雪茄，且要达到吞云吐雾的地步。当台上的侍者为李健吾点燃雪茄后，这可难住了李健吾，因为他连纸烟也不会吸，哪里敢吸大雪茄？他接过雪茄看了看，把它夹在手指间，这样台上自然没有吞云吐雾的效果了。坐在第一排看戏的郑振铎、柯灵等人急得直冲他做吸烟的动作。李健吾把牙一咬，猛吸了一口烟，也许是因为用力过猛，烟没有在嘴里停住而直冲胸膛。只见李健吾满面通红，两眼一翻，雪茄掉在台上，人晕了过去。演员们急将李健吾抬了下去。郑振铎等人也赶到后台，只见李健吾两眼紧闭。懂得一点医道的郑振铎赶紧为他做人工呼吸。过了片刻，李健吾才睁开两眼，但仍然觉得天旋地转。朋友们急忙替他叫了辆三轮车，派人送他回家去。

途中，车夫问李健吾拉到哪儿，他有气无力地说："殡仪馆"。车夫大惊失色，但又不能不照客人所说而行。殡仪馆是昼夜有人值班的，所以当三轮车一停，马上有值班人员迎了上来。此时，李健吾知道又闹了误会，忙说自己的住处在殡仪馆对面，现在自己身体健康进殡仪馆为时尚早，一番话说得在场的人都捧腹大笑。李健吾又解释说："平常乘车为方便起见，都这样叫的，因为殡仪馆名气大，别人都知道。"正巧此时《文汇报》的一名记者路经此地，见李建吾在此，忙问其故。第二天，便在《文汇报》上发表了《李公吞雪茄，险入殡仪馆》一文。李健吾看后摇头笑道："苦趣!"①

正因如此，两人在共同编辑《文艺复兴》的过程中合作亲密无间，这也是《文艺复兴》取得成功的重要原因之一。作为"抗战胜利后最巨大的纯文艺刊物"②，《文艺复兴》办公条件简陋，编辑只有郑振铎与李健吾两人，据李健吾所言，"《文艺复兴》无所谓编辑部。他

---

① 周剑、喻连生：《中学语文作者轶闻趣事》，重庆出版社1992年版，第241—243页。
② 王谦叶：《每月期刊推荐》，《上海文化》1946年第2期。

的'庙弄'就是编辑部，我的家就是编辑部，还有就是上海出版公司的小小办公室。……创作大多由我负责，他负责大多是中国文学理论和文学史一类的文章。不过也不一定，有时稿子寄到他家，有时寄到我家，有时寄到出版公司，便由一位年轻叫阿湛的，送给我们看。快付印了，我总拿起每期的稿子到庙弄给他过目一遍。'编后'、'编余'，也分别由两个人写。"① 如此少量的人编辑如此大型的文学期刊，难怪解放后周扬谈起《文艺复兴》，勉励大家向其学习："这份杂志只有两个人编，大家应该向他们取经嘛。"②

二

早在《文艺复兴》创刊之前，郑振铎和李健吾就分头向在上海、南京、重庆、北平的一些文友约稿。以郑振铎现存的日记为例，便可见他数次为《文艺复兴》请文坛好友吃饭的记载，如 1945 年 10 月 6 日：

> 晨起，写"民主政治"一篇，毕。至办公处。午归，请客，到者有一樵、钟书、健吾、西禾、辛笛、芝联诸人，慰堂、振吾亦为不速之客，后来，唐弢、柯灵来，森老、沈仲章来，谈甚畅。《文艺复兴》决可实现出版。③

---

① 李健吾：《关于〈文艺复兴〉》，载上海鲁迅纪念馆编：《郑振铎纪念集》，上海社会科学院出版社 2008 年版，第 308 页。
② 参见李健吾：《关于〈文艺复兴〉》，载上海鲁迅纪念馆编：《郑振铎纪念集》，上海社会科学院出版社 2008 年版，第 307 页。
③ 郑振铎著，陈福康整理：《郑振铎日记全编》，山西古籍出版社 2006 年版，第 253 页。

10 月 12 日又有为《文艺复兴》请客的记载，"到联华，今夜为《文艺复兴》请客也。到者不少，谈得很高兴，此月刊大约下月中可以问世。"① 如果郑振铎之后数月间的日记没有遗失的话，相信这样的记载还会有很多。在郑振铎和李健吾的努力下，《文艺复兴》作者遍布全国各地，李健吾就曾说他感激那些远近写文章的朋友，"只要有一封信过去，立刻就有'货色'带回，往往都是自动送下，减去编者奔走之苦。"郭沫若、茅盾、巴金、沈从文、李健吾、郭绍虞、王统照、钱钟书、杨绛、赵景深、唐弢、柯灵、汪曾祺、臧克家、芦焚、黄裳等等均有作品在《文艺复兴》上发表。当然，这也与抗战时期知识分子颠沛流离，手头不乏稿件积压有关，如汪曾祺的《小学校的钟声》和《复仇》两篇稿件，好几年前就已写好，可惜一直无地方发表，等到《文艺复兴》创刊后，他的老师沈从文帮他把稿子寄给郑振铎，郑振铎收到稿件时发现稿纸上已经叫蠹虫蛀了好些洞，这让郑振铎大为感动。②

《文艺复兴》刊登了众多名家名作，在这些作品中，尤以钱钟书的《围城》、巴金的《寒夜》等长篇小说最为人所瞩目。

钱钟书学贯中西，载誉士林，是不折不扣的大学问家，但是当时知道他会写小说，尤其是长篇小说者寥寥无几。钱钟书于 1944 年动笔写《围城》，1946 年《文艺复兴》创刊时已完成了大半。郑振铎与李健吾从杨绛那里知道钱钟书正在写长篇小说时很是惊讶，于是向钱钟书约稿，希望该长篇小说能在《文艺复兴》发表，一年内连载完毕，钱钟书爽快地答应了。不料在《文艺复兴》创刊号组版时，钱钟书却以来不及抄写为由，要求延一期发表，并拿来短篇小说《猫》以

---

① 郑振铎著，陈福康整理：《郑振铎日记全编》，山西古籍出版社 2006 年版，第 254 页。
② 汪曾祺：《旧人旧事》，江苏文艺出版社 2010 年版，第 208 页。

抵"文债"。为了给读者一个惊喜，同时也是避免作者变卦，郑振铎与李健吾便在创刊号发表《猫》的同时，在"下期要目预告"中，将钱钟书的《围城》在头条予以公布。第 1 卷第 2 期起，《文艺复兴》开始连载钱钟书的《围城》，用了十期刊载完毕。据说，郑振铎和李健吾拿到《围城》的部分手稿时"又惊又喜，又是发愣。这个作学问的书虫子怎么写起小说来了呢？而且是一个讽世之作，一部新《儒林外史》"①。《围城》在《文艺复兴》上连载，引发很大轰动，"这小说一露布，风魔了许多读者，尤其在学校里，年轻人一拿到《文艺复兴》就抢着先看《围城》。《围城》虽遭不少批评家非议，但其趣味之浓郁，描写之生动，与其写作技巧上的成就之高，在国产新小说中显然是个奇迹。"②可以说，很多读者购阅《文艺复兴》就是冲着钱钟书的《围城》去的，如一位署名白香树的读者就说"钱钟书的《猫》，叫我对小说发生了兴趣。自从《围城》在《文艺复兴》连载之后，我又每期不放松地读了下去"③。

《寒夜》是巴金创作的最后一部长篇小说，《文艺复兴》自 2 卷 1 期起开始连载，至 2 卷 6 期完毕。《寒夜》的完成与《文艺复兴》密不可分，原来在此之前《文艺复兴》已经准备连载巴金的另一篇小说《第四病室》，并在第 1 卷第 1 期中刊登了一部分。但是 1946 年赵家璧回到上海创办晨光出版公司，告知郑振铎与李健吾《第四病室》将单独出书，作为"晨光文学丛书"之一种。于是郑振铎与李健吾只能将《第四病室》从《文艺复兴》撤掉了。1946 年 5 月巴金回到上海，

---

① 李健吾：《重读〈围城〉》，《文艺报》1981 年第 3 期。

② 天行：《记钱钟书》，《礼拜六》1947 年第 94 期。

③ 白香树：《围城》，《七日谈》1946 年第 31 期。

与李健吾相遇时才知晓撤稿之事，他觉得很对不起郑振铎、李健吾两位编者及《文艺复兴》读者，因此决定把下一部小说交给《文艺复兴》登载，这便是《寒夜》。巴金在 1944 年时就开始动笔写《寒夜》，但是一直时断时续，1946 年 5 月回到上海前才写成了八章。为了完成"文债"，也为了早日写出心中的那个故事，巴金减少了其他写作计划，每个晚上都用在《寒夜》的写作上，终于在 1946 年 12 月 31 日写完了整篇小说。在这段时间里，《文艺复兴》的助理编辑阿湛每月都到霞飞坊（淮海坊）的巴金家里取稿，取回就登，月月不落。由于"作者用朴素无华的笔，写湘桂战争高潮时，重庆小城中几个渺小人物的平凡的故事，虽然没有壮烈的牺牲，热闹的场面，却吐露出平凡的愿望、痛苦和哀愁"[1]，《寒夜》为巴金赢得世界赞誉，正如杨义所言："如果说《激流》三部曲（《家》、《春》、《秋》）曾经为巴金赢得了广大的青年读者，那么《憩园》、《寒夜》更能为他赢得世界声誉。前者表明他是具有充沛才情的善写史诗规模的'三部曲'的小说家；后者表明他是具有精致美感的能够写出传世精品的艺术家。'巴金——《寒夜》，《寒夜》——巴金'的巨幅广告，贴遍了巴黎许多书店的橱窗，于七八十年代之交的法国掀起过一股'巴金热'，就是很好的证明。"[2]

除了刊登名家作品以外，郑振铎也重视新秀的培养与挖掘，"我们并不怎样注意作者们的名字，只要他们的作品值得发表，即使是很生疏的名字，我们也常常使他和读者们相见的。"[3] 晚年李健吾也回忆

---

① 《文艺复兴》1947 年第 3 卷第 3 期，封底广告。

② 杨义：《中国新文学图志》，生活·读书·新知三联书店 2009 年版，第 535 页。

③ 郑振铎：《编后》，《文艺复兴》1947 年第 3 卷第 6 期。

说："郑振铎一向是爱护青年和青年的作品的，他们有什么东西也得到我的重视。《文艺复兴》当时发表了好多初露头角的作家的作品。有些年轻人，对我说来，姓名已经似烟似雾，和我如今的记忆已经隔着重峦叠嶂……"① 例如李白凤，虽然抗战时在大后方已有相当名气，但是在战后的上海却很少有人知道。为此郑振铎在第1卷第4期的《编后》中特别介绍他和方敬："我们在这里，介绍了几位不为江南人士所知的诗人们，李白凤和方敬先生们；他们在内地，知道的人也许比较多。他们的歌声是那么新鲜，那么秀丽！"② 臧克家也曾因为郑振铎的鼓励和支持而感动不已，他回忆道："这个时期，我的创作欲如火如荼。……我还学写小说，大半发表在郑振铎、李健吾同志主编的《文艺复兴》上，得到朋友们的鼓励，特别是郑振铎同志，他那发自衷心的赞誉之辞，我听了之后，真是一则以喜，一则以愧。他奖掖后进的热情，给予我极大的力量，为之感动不已。一篇又一篇，接二连三，我写了《挂红》、《拥抱》这两本小说。"③

正是因为如此，《文艺复兴》在当时的文坛颇具影响力，读书界对其印象颇佳。当时就有评论者将之与朱光潜等编辑的《现代文录》、杨振声和萧乾等编辑的《大公报·星期文艺》、沈从文编辑的《益世报·文艺周刊》并称为"目下文艺沙漠里的绿洲"，同时强调了《文艺复兴》刊物内容活泼丰富、注重刊登创作以及提拔新人等三大特色：

---

① 李健吾：《关于〈文艺复兴〉》，载上海鲁迅纪念馆编：《郑振铎纪念集》，上海社会科学院出版社 2008 年版，第 309 页。

② 郑振铎：《编后》，《文艺复兴》1946 年第 1 卷第 4 期。

③ 臧克家：《长夜漫漫终有明》，《新文学史料》1981 年第 2 期。

《文艺复兴》是比较不能以学院气相责的。……派别除开，就内容论，将《文艺复兴》与北平出的《现代文录》一比，我们就看得出前者的活泼和丰富。《文艺复兴》有一个好的编辑方针，就是多登创作，而不十分注意论文。……《文艺复兴》也注重提拔新人。①

三

抗战胜利后社会复兴的乐观情绪在《文艺复兴》的创办初期体现得极为明显，郑振铎撰写的发刊词，充满了对于未来幸福生活的向往：

假如没有经过"窒塞"的人，决不会明了经过了整整四个年头的"窒塞"，不能或不愿发表一篇小说，或一篇论文，或一首小诗，是怎样的烦闷、痛苦！假如没有受到过虎视眈眈的监视，要想发表一篇小说，或一篇论文，或一首小诗，而不得不在技巧上掩饰着自己心头上要写的想象，要说的话，要抒畅的情绪，而绝对不能畅直痛快地写出、说出的人，也决不会明了整整的四个年头天天在过着这样的不痛快的写作生活是怎样的扰恼不安！

我们都是在敌伪的统治之下，经过"窒塞"，受过不能痛快地发表自己的写作的人。我们愿意在今日痛痛快快地写出自己心头上要说的话，要抒畅的情绪。我们将不再受到任何的虎视眈眈

---

① 《平明日报》编者：《杂志，副刊，中国的新写作》，《平明日报·读书界》第18期，1947年3月23日。载李怡、易彬编：《穆旦研究资料》（上），知识产权出版社2013年版，第225—226页。

的监视，我们将不再恐惧任何时候会降到身上的桎梏与逮捕。我们将大声疾呼着，为中国的文艺复兴而工作！

……

抗战胜利，我们的"文艺复兴"开始了；洗荡了过去的邪毒，创立着一个新的局势。我们不仅要承继了五四运动以来未完的工作，我们还应该更积极的努力于今后的文艺复兴的使命；我们不仅为了写作而写作，我们还觉得应该配合着整个新的中国的动向，为民主，为绝大多数的民众而写作。

……

本刊愿意尽自己的一部分的力量，为新的中国而工作，为中国的文艺复兴而工作，为民主的实现而工作。我们欢迎同道者们的合作，也愿意尽量接受同道者们的批评与指正。走在同道上的人们永远是同道的！ ①

但这种乐观情绪只维持了短短几个月，便在种种社会问题前消磨殆尽。"原沦陷区人民的这种热情，迎来的是什么？他们得到了怎样的'慰劳'和'抚问'？事情的发展，完全出乎他们的意料之外。胜利后带给人们的第一个见面礼，竟是纷至沓来的一群群政府官员、军事机关和特务机关的洗劫式接收。他们贪婪搜刮的对象是'五子'：金子、车子、房子、女子、票子，被称为'五子登科'。社会上人人为之侧目，很快便把这种'接收'改成为'劫收'。" ② 这种心态的变

_____

① 《发刊词》，《文艺复兴》1946 年第 1 卷第 1 期。

② 金冲及：《转折年代——中国的 1947 年》，生活·读书·新知三联书店 2002 年版，第 6 页。

化也可从《文艺复兴》的封面看出。《文艺复兴》每卷封面都印着插图，这些插图既是每卷期刊之"主题"，也是编辑情绪及心态的反映。如第 1 卷封面选的是意大利美术大师米开朗琪罗的《黎明》，寓意抗战胜利，中华民族的苦难历程即将结束，黎明终于到来。第 2 卷封面选的是米开朗琪罗的《愤怒》，据李健吾所言，是寓意"国共谈判破裂了，内战又要开始了，流离失所的人民又要辗转沟壑了，因而人们怨恨之声，几可达于天庭"。[①] 第 3 卷封面选用西班牙画家高讶的《真理睡眠，妖异出世》，寓意当时上海乃至整个中国社会的乱象，内战爆发，物价飞涨，民不聊生……

1947 年 11 月，《文艺复兴》在出完第 4 卷第 2 期后基本就停刊了。虽然郑振铎一直希望《文艺复兴》能够支撑下去，但是《文艺复兴》最终还是未能摆脱停刊的命运。压垮《文艺复兴》的主要因素是通货膨胀。曾做过《文艺复兴》发行人的刘哲民就深有感触地说："到解放战争的后期，国民党统治区陷于一片混乱之中，币值日贬，物价飞涨，人民维持生活之不暇，哪里顾得上买书刊！《文艺复兴》的销数一期期落下去，甚至不到二千册。每期各项成本费用都必须预先支付，而交书报社发行，却要三个月后才付还书款，因货币天天贬值，计算起来几乎等于零了。因此，每刊行一期，成本就完全赔累了。"[②] 从《文艺复兴》每期的定价便可以看出当时通货膨胀是多么疯狂（见表 5）。

---

① 李健吾：《关于〈文艺复兴〉》，载上海鲁迅纪念馆编：《郑振铎纪念集》，上海社会科学院出版社 2008 年版，第 308 页。

② 刘哲民：《回忆西谛先生》，载上海鲁迅纪念馆编：《郑振铎纪念集》，上海社会科学院出版社 2008 年版，第 352 页。

表5 《文艺复兴》每期价格表 ①

期数	出版日期	价格
1卷1期	1946年1月10日	800元
1卷2期	1946年2月25日	1200元（精印本），1000元（普及本）
1卷3期	1946年4月1日	1600元（精印本），1200元（普及本）
1卷4期	1946年5月1日	1500元
1卷5期	1946年6月1日	2000元
1卷6期	1946年7月1日	2500元
2卷1期	1946年8月1日	2500元
2卷2期	1946年9月1日	2500元
2卷3期	1946年10月1日	2500元
2卷4期	1946年11月1日	3000元
2卷5期	1946年12月1日	4000元
2卷6期	1947年1月1日	5000元
3卷1期	1947年3月1日	7000元
3卷2期	1947年4月1日	8000元
3卷3期	1947年5月1日	10000元
3卷4期	1947年6月1日	12000元
3卷5期	1947年7月1日	15000元
3卷6期	1947年8月1日	15000元
4卷1期	1947年9月1日	15000元
4卷2期	1947年11月1日	20000元

通货膨胀严重干扰了郑振铎的编辑工作，《文艺复兴》创刊号原计划在1945年11月出版，但由于排印费的一再上涨，刊物推后了两个月才问世。而在编完第2卷第1期时，郑振铎已对《文艺复兴》的前途深感忧虑：

路途是艰苦的，可是也走了六七个月，除了感谢作者们和读

①　因《中国文学研究号》(上、中、下)与前期所出各期相隔时间较长，故未统计在内。

者们的帮助之外，上海出版公司的坚忍不拔的精神，编者也应该在此致谢。

出版的条件，够多末困难，且不说有什么干涉，没收等等的外来风险，就谈到本身的经济问题，也足以扼杀好些刊物而有余。纸价幸而不曾涨多少，而印刷工资却跟随着物价指数，天天在直线上升；为了这，售价也不能不随之而增加。然而定价一加，读者群便有些负担不起，而日见其窄小，寥落了。读者们一少，刊物便益难于维持。我们看到许多很有希望的杂志，都这样的被杀害了，好不痛心！文艺复兴这末一本东西，比较的可算是战后巨型之作，究竟命在何时，也不可知。①

为什么郑振铎明知艰难还要继续出版？除了"那一种为了民族的'文艺复兴'，'承受所有的物质精神的双重的波折'的勇气和决心"②外，恐怕还有其他原因：第一，对经济好转的期望。他在《文艺复兴》2卷1期《编后》中就认为"情形总可以有些好转吧"，一年之后他还在奢望或许某天经济能好转，物价能稳定，"但如能有一天物价，工资站住了不动，我们是求之不得的使本刊售价也停止着不动。"③第二，身份带来强烈的责任意识。鉴于在上海"孤岛"时期为保护传统古籍所做的艰苦卓绝的努力，郑振铎被推选为中华全国文艺协会上海分会的主席。当时中华全国文艺协会总会（原名中华全国文艺抗敌协会，1945年抗战胜利后取消"抗敌"二字）取得的成绩很多：

---

① 西谛：《编后》，《文艺复兴》1946年第2卷第1期。

② 邵宁宁：《艰难时世的"文艺复兴"梦想》，《新文学史料》2005年第2期。

③ 西谛：《编后》，《文艺复兴》1946年第3卷第6期。

一，八年来"文协"始终是一个团结统一的团体，不分派别不论主张，有意见大家拿出来坦白的谈，每一次都是很顺利就解决的。二，"文协"曾经替教育部和政治部编过许多通俗的文艺作品如大鼓和山歌，例如"胜利"大鼓。老舍先生并且主持过两次通俗化的讲演会。三，"文协"是得到各阶层的同胞们爱护的，教员学生工人行员纷纷捐款，曾经募到过五六百万元的捐款。四，"文协"的会报"抗战文艺"虽然因种种困难有脱期到二三个月的，然而始终没有"停过"，直到今天，还在出版。五，全盛时期，分会很多；昆明、广州、延安、成都、西安、长沙等等，差不多凡是各个主要城市，都有"文协"的分会，同时因为各地的文化团体不多，所以分会中也容纳音乐家画家等参加。①

反观上海分会，"很惭愧，没有很好的贡献，除了戏剧之外，发表的简直没有。我们这几年来差不多都没有写，即使有写的，也预备藏之名山，不愿发表"，所以作为上海分会的领导人郑振铎希望有所突破，"今后要努力刊物的复兴，文化人还没有死，还得努力工作，力量集中，可以补偿前5年的沉默而有余。"②正是在此种"补偿心理"的刺激下，出版工作经验丰富的郑振铎明知有巨大的风险，依然要坚持进行出版，希望能为繁荣上海文坛尽到自己的职责。

除通货膨胀因素外，时代变迁也注定了《文艺复兴》停刊的结局。20世纪40年代后期，整个出版业呈现一种"断裂"特征，"我们知道在40年代后期，或者说在大陆政权更替的这个时间，大陆的

---

① 赵景深：《记上海文协成立大会》，《文艺复兴》1946年第1卷第1期。
② 赵景深：《记上海文协成立大会》，《文艺复兴》1946年第1卷第1期。

期刊，文学杂志，除了极个别的以外，都陆续停刊了。包括左翼文学力量在香港，以及解放区办的杂志，也基本上在 1948—1949 年前后停刊。"① 这种"断裂"的主要原因是整个社会局势的动荡以及经济形势的恶化。叶圣陶在 1948 年 1 月 8 日日记中就在为未来出版及个人生计担忧：

> 通货膨胀益甚，物价跳涨益速，货物售出得货币，将无从取回原货，因而营业不如不营业之为愈。然开明之机构已不为小，如何维持支撑，实非易事。来日大难，局面不变不成，而变亦将益趋纷乱。就一般人生活而言，今后难堪殆将十倍于抗战时期矣。②

社会阅读风尚的转向或许也是一大原因。解放战争时期的社会心态呈现不同的面向，一方面，抗战胜利使得社会大众对于民主的追求及渴望日趋强烈，这可在以《观察》为代表的时事政治性期刊的流行中看出；另一方面，伴随内战爆发，末世景象使得人们开始"醉生梦死，拼作最后的狂欢"③，这也间接体现在以《论语》为代表的消遣性期刊的畅销上。对于《文艺复兴》这样一份文学期刊而言，内容风格限制了读者群体的接受程度。当然，并不是说只要是文学期刊就难获读者青睐。1948 年 3 月，由中共香港文委领导创办的《大众文艺丛刊》

---

① 洪子诚：《问题与方法：中国当代文学史研究讲稿》，生活·读书·新知三联书店 2002 年版，第 205 页。
② 叶圣陶：《叶圣陶集》(21)，江苏教育出版社 2004 年版，第 250 页。
③ 钱理群：《1948：天地玄黄》，山东教育出版社 1998 年版，第 275—276 页。

杂志，由香港生活书店总销售，在香港、上海、南京、北平等大中城市发行。该杂志第 1 辑"文艺的新方向"一出版就在香港与国民党统治区的文坛上产生震动，据说"发行数字与日俱增，影响也逐渐扩大"①。究其原因，正如钱理群所分析的那样，这份坚持以马列主义艺术观与毛泽东文艺观点为导向的刊物，"是以一种'新'的话语方式出现在渴望熟悉、接近'新社会、新思想'的知识分子面前的：它不仅显示着胜利者的强势与权威，而且闪现着理想、道德的光辉，对于正处于孤独、绝望之中的知识个体，自有一种吸引力。"②

反观《文艺复兴》的情形，"李杜诗篇万口传，至今已觉不新鲜"，相关作者虽然背景不同，但是原文学研究会会员和 20 世纪 30 年代与"京派"有关的作家占有相当突出的地位。③ 无论是文学研究会"为人生"的文学主张，还是"京派"作家关注人生、强调艺术的独特品格，都难以满足那个特殊时期社会大众的阅读需求。冯亦代 1946 年曾化名"钱纳德"对郑振铎及《文艺复兴》进行批评：

> 郑振铎先生勇敢地要文艺工作者做"人民们的先驱者"，称文艺工作者是"人民之友"或"人民的最亲切的代言人"；我觉得郑先生这说法未免因循着古来士农工商，以士为首的惯例把文艺工作者和人民区别开来了。文艺工作者应该是"人民"中的一员，他为"人民"所孕育、抚养，以至于开花结果，成了"人民

① 周而复：《回忆荃麟同志》，《新文学史料》1980 年第 3 期。
② 钱理群：《1948：天地玄黄》，山东教育出版社 1998 年版，第 29 页。
③ 邵宁宁：《郑振铎的文学理想与〈文艺复兴〉杂志的包容性》，《甘肃社会科学》2008 年第 3 期。

的最亲切的代言人"；却不是和"人民"有主宾之分，贵为"人民"的朋友。提出这一点小意见，也许会被人斥为吹毛求疵，拿数千年"惟有读书高"的中国知识分子心理而言，这个"友"字可万万用不得；否则文艺工作者永远不会跑出象牙塔，只是在塔里哇啦哇啦。五四运动的失败是前车之鉴，今日我们要讲"文章下乡"和"文艺深入民众"，必须收拾起这顶文士的破头巾，不在笔头上耍花腔，而正正经经地如托尔斯泰翁所说的把我们的心和人民融合在一起。这样，作者出自人民，文艺才真正是人民自己的东西，既不会列入统治者的"庙堂"，也不会背叛人民的利益，为法西斯的阴魂作行尸走肉。[①]

此种批评虽是针对作家创作思想，其实也揭示了此后社会阅读主体以及阅读需求的特点。如果一份期刊无法真正适应这种变化趋势，自然也只能走向停刊的结局。

第三节 《中国历史参考图谱》

一

就在筹办《民主》周刊之时，郑振铎也在构思另外一套大型图谱——《中国历史参考图谱》的编辑出版。据师陀回忆，抗战胜利后

---

① 钱纳德：《上海新文艺的复兴》，《文联》第 1 卷第 2 期，1946 年 2 月 5 日。转引自冯亦代：《冯亦代文集》（第 1 卷），中国友谊出版公司 1999 年版，第 66 页。

的某一天，郑振铎请夏丏尊、王统照、范洗人、章锡琛、徐调孚等人到家里吃饭，饭后闲聊：

> 谈的什么呢？他似乎主要讲到他准备办的刊物《民主》："人民在极长八年中吃尽了苦头，必须荡涤污泥浊水，世间的一切渣滓。"另外，他似乎讲到他已经编妥的《城外画集》，准备编的《中国历史参考图谱》。①

郑振铎想编《中国历史参考图谱》，一是基于他对图谱重要性的认识，特别是他认为历史学习非图不明，从自然环境、历史人物、历史事件、历史现象，到历代建筑、艺术、日常用品、衣冠制度等等，都需要图谱作为对照、参考。二是受到现实出版环境的刺激，在《中国历史参考图谱》一书的跋中郑振铎就曾说道：

> 我在念中学的时候，就喜欢念历史。以后，对历史的兴趣一天天的浓厚。我曾经手抄过一部《史通》。对章实斋的《文史通义》也下过一番工夫。虽然没有能力著作一部通史，而对这个有文无图的历史，却是久已不满的。在抗日战争时期，我不曾买过一部日文书。日本投降之后，大批的日文书在书店里出现。我偶然去翻翻，有一次，见到一部石田干之助编的《东洋历史参考图谱》，觉得正是我们读中国史的人所需要的东西，便把它买了来。那里面，收集的材料相当丰富，特别是利用了莫利逊文库（即东洋文

---

① 师陀：《回忆录·怀念"老郑"》，载刘增杰、解志熙编校：《师陀全集续编·补佚篇》，河南大学出版社 2013 年版，第 384 页。

库）的藏书，恣意的翻印了许多欧美来源的关于中国的图片，那些东西是我们久想见到而没有机会见到的。我很兴奋，翻读了一遍、两遍、三遍。我心里浮现一个幻想：为什么我们自己不来编辑那样的一部"参考图谱"呢？中国历史参考图谱由一个非中国人来编，总是隔了一层的。这是应该由我们自己来动手的一个大工作。①

不过郑振铎也意识到这是一项十分巨大的出版工程，光是前期购置资料就需要大量资金，再加上整个印刷环节十分复杂，单靠自己的力量是无论如何也完成不了的。因此他同许多书局联系，但绝大多数书局对他的这个想法没有兴趣。不过，郑振铎以前在上海社会科学讲习所教过的学生，当时正在上海地下党领导机关机要部门工作的方行以及上海出版公司的刘哲明为郑振铎的爱国热忱和献身精神所感动，热情鼓励他开始这项有益于文化界的工程，并且还邀集十多位友人共同出资组成了《中国历史参考图谱》刊行会，支持郑振铎购置相关参考图书。

有了好友的支持，郑振铎开始动手编写，并在诸多报刊上刊登预约广告。《预约办法》详细描述了郑振铎的出版计划，"《中国历史参考图谱》全书凡二十四辑，分二十四期出书，自中华民国三十六年三月上旬起，每半月出版一期（即一辑），至中华民国三十七年二月下旬，全书出齐。"②同时对于此书装帧情况亦有介绍："本书用重磅木造纸珂罗版精印，二开大本（纸幅长十五吋半，阔十吋又四分之三），活页不订；每辑计二十四张，装一纸套。另各附说明书一册。本书印刷工程繁重。所用纸张，亦不易购致，目前能力，仅足敷印五百部。故第一版限印此数。本书每辑预约价为国币三万六千元整，国外定价全年二十四辑为美金七十二元整（邮费外加）。"[1] 不过，《中国历史参考图谱》1950—1951 年间出版时，拥有 3 个不同版本，内容相同，唯分册有异，即甲种普及本 6 册；乙种普及本 3 册；线装本 24 册。

郑振铎知道要保证《中国历史参考图谱》的编纂质量，必须把每一个时代的文献和参考图谱搜罗得相当完备。为了完整呈现中国历史的辉煌，有关仰韶、小屯文化，安阳甲骨，商周铜器，西陲汉简，乐浪漆画，武梁刻石，北魏造像，正仓唐器，敦煌壁画，宋元书影名画，明代刊本瓷器，清朝人物画像墨迹，以及各个时代有关生活文化、工艺美术、建筑衣冠等图籍，郑振铎都尽力搜罗。但是由于一些书籍比较冷僻，仓促之间很难得到，有些时候甚至是"可遇而不可求"。例如他在编辑唐代的几辑时，为了找一部《东瀛珠光》，一部《西域考古图谱》和一部伯希和的《敦煌千佛洞》便费了很大的气力。后来幸亏沈仲章先生借给他一部《东瀛珠光》，南京图书馆借给他半部《敦煌千佛洞》，而《西域考古图谱》也由某书肆得到了一部，才把这几辑应有的资料收集得差不多。类似情形郑振铎不时遇到，有时因为某些资料未能到手只好暂时放下工作等候。不过，在他千方百计的努力下，他想要的书籍最终大部分都能得到。短短七八个月间，郑

---

[1] 转引自薛冰：《金陵书话》，东南大学出版社 2002 年版，第 281—282 页。

振铎的家里就成了一个规模不算小的中国历史的参考图书室。他所搜集的有关考古、历史的文献图谱，特别是日文的和英文的，可算是大江以南最丰富的了。当图籍资料收集得差不多的时候，郑振铎就开始认真挑选图片。为了保证编纂质量，选出最有代表性的图片，郑振铎每次总会多选三四倍的图片，经过两次至三次的审阅后才决定要选用哪些。等到选得差不多后，郑振铎就自己动手将原书拆开，取出需要的图片。图片裁剪好后，又逐幅认真翻阅，仔细比较，审视，并排比次第，写好这一辑的目录，根据目录把图片逐一地拼贴成一张一张的或大或小的页子，再贴上印好的每辑每页的页数及每一图片的号码。为了不出差错，郑振铎往往会不厌其烦地检阅好几遍。在检查中有时发现图片选得有问题，又回头重新换图，或发现前后次序排列不妥，又重新改贴。郑振铎将一张一张贴好图片的页子做好后交给摄影处拍照，再交珂罗版印刷所制版付印。当时珂罗版印刷全都是手工，天气晴雨、温度高低、技术好坏、油墨良劣等等都会影响图面的清晰度。如果发现是印刷问题导致的图像模糊，郑振铎就会让制版工人重新制版印刷，而有时模糊不清是原书图片的问题，郑振铎就会设法寻找比较清晰的图来代替，实在找不到的时候才勉强用原来的那一张。图谱印制完成并不代表此项工程的结束，为图片撰写文字说明是另一件耗时费力的工作，郑振铎对每一种选用的图片都或多或少加以说明，有时还加以考证。由于《中国历史参考图谱》选用的图片时间跨度大，内容多样，撰写起来着实不容易。例如前几辑涉及的甲骨文、青铜器、绘画等，多有郑振铎以前未接触的知识。为了写好说明，郑振铎不得不时常自学，郭沫若的《甲骨文字研究》就曾认真啃过好几遍。有时因为参考书未曾找到只好把说明的写作搁置下来。文字说明工作耗去了郑振铎太多时间，加上日后事务更加繁多，《中国历史参考图谱》的文字说明没有全部完成。

在《中国历史参考图谱》的出版过程中，郑振铎事必躬亲，正如刘哲民在回忆中所说的那样："西谛先生编纂《中国历史参考图谱》这部巨编，当时有人誉为前不见古人、后不见来者的傻工作。的确难以想象，他编纂这部巨编，自始至终是以一个人的精力完成的。在出版方面，他是做了一个出版社的全部工作，从校对、出版、财务、资料、广告、发行都是亲自一手完成，他的聪明智慧和过人的精力是了不起的。"[1]

正是得益于郑振铎精心细致的工作，《中国历史参考图谱》的出版发行在当时文化界产生了很大影响，郭沫若、周谷城、王国秀、王伯祥、丁山、吴晗、翦伯赞、周予同、贺昌群、顾颉刚、向达等著名文史学者都给予极高评价，如郭沫若就评价道："中国人谁都应该研究中国历史，要研究中国历史最好是参考图谱。郑振铎先生以献身的精神编纂这部《中国历史参考图谱》，实在是一项伟大的建设工程。这是应该国家做的工作，而郑先生以一人之力要把它完全，每一个中国人，凡有力量的都应该赞助它这项工作。"[2]而周谷城则赞其为"一部最美丽之中国文化史"："十年以前，我读 Rene Grocett 所著《东方文化论》的中国之部，见其插图之多而且精，极为佩服，自己便计划编著中国文化史，后以图不易

---

[1] 刘哲民：《回忆西谛先生》，载上海鲁迅纪念馆编：《郑振铎纪念集》，上海社会科学院出版社 2008 年版，第 355 页。

[2] 李小文、孙俊：《十二位史学家的〈中国历史参考图谱〉题词手稿》，载国家图书馆善本特藏部编：《文津学志》（第三辑），国家图书馆出版社 2010 年版，第 12 页。

得至今未能开始编著。今见振铎兄的《中国历史参考图谱》，觉得他所录的正是我所要用的，非常高兴！他将所收图谱依时代之先后次序印出，直是一部最美丽之中国文化史，其用岂仅供参考已耶？"① 吴晗则称赞其"开辟了新史学的道路"："研究中国历史，学习中国历史，最大的一个困难是缺乏可以应用的图谱。在大学里教了十几年中国通史和断代史，经常为这个缺陷所苦恼。郑西谛先生积数十年的搜藏，汇集历代有关人民生活的图录及实物拓片，精选复制，从石器时代石器、陶器到铜器，甲骨，周、秦文化遗物，流沙坠简，乐浪漆画，武梁刻石，北魏造像，正仓唐器，敦煌遗书，宋元书影名画，以及工艺美术、建筑衣冠、名人画像墨迹，举凡一切可以代表各时代生活文化特征的，辑为《中国历史参考图谱》，取精用宏，有了这个工具，几乎把历史拉回到现实来，如对古人，如见古代，历史不再是文字的、讲授的，而是目睹的、实验的学问了。这部空前巨著的出版，不止填补了学术界的缺乏，而且，也开辟了新史学的道路，滋育下一代人的历史兴趣，为中国人民史的写作奠下新基。"②

鉴于其巨大的学术价值，国民政府教育部还曾专门拨款 1.09 亿元，购置郑振铎编纂的《中国历史参考图谱》和另一部大型图谱《域外所藏中国古画集》各 10 部，分配给国立中央大学等设有历史系及美术科系之院校使用。③

① 李小文、孙俊：《十二位史学家的〈中国历史参考图谱〉题词手稿》，载国家图书馆善本特藏部编：《文津学志》（第三辑），国家图书馆出版社 2010 年版，第 13 页。

② 李小文、孙俊：《十二位史学家的〈中国历史参考图谱〉题词手稿》，载国家图书馆善本特藏部编：《文津学志》（第三辑），国家图书馆出版社 2010 年版，第 14 页。

③ 张：《教部购配中国历史图谱等书》，《教育通讯》（复刊）1948 年 5 卷 7 期。

二

按照最初的《预约办法》，《中国历史参考图谱》自中华民国三十六年（1947）3 月上旬起，每半月出版一辑，应至中华民国三十七年（1948）2 月下旬全部出齐，但是最终直到 1951 年才正式完成，延时了三年之久。这中间原因很多，如工程规模的浩大，具体编纂工作的复杂，以及新的工作接踵而来，但是更主要的原因还是在《韫辉斋藏唐宋以来名画集》和《域外所藏中国古画集》的出版上。

早在《中国版画史图录》印成时，郑振铎就有了选刊海内外中国名画真迹，让人们了解真正的中国书画艺术的想法，"予既印行《中国版画史图录》二十余册，一扫世人仅知有芥子园、任渭长画册之惑，乃复发愿欲选刊海内外所藏我国名画，抉别真伪，汰赝留良，汇一有系统之结集，以发时人之盲聋，而阐古贤本来面目，唯此是扛鼎之作，予一人之力万万不足以举此。居常与徐森玉、张葱玉二先生论及之，皆具同感，且力赞其成，遂议合力以事斯举。二先生学邃见广，目光直透纸背，伪赝之作无所遁形，斯集信必有成矣。"① 而在编纂《中国历史参考图谱》时，与徐森玉、张葱玉等人的交流让郑振铎越发强烈地想把国内外收藏的我国古画择其真迹之尤精者，印为一部集大成的画集：

在不到一年之中，我得到了近一千六七百种的书——其中

---

① 郑振铎：《〈韫辉斋藏唐宋以来名画集〉序》，《郑振铎全集》(14)，花山文艺出版社 1998 年版，第 25 页。

有日文的书一千种——完全靠了"刊行会"诸位先生们的帮助。在其中，关于古代名画的书籍很搜罗了些，日文的尤多。我见到他们覆印的精美逼真，纤毫毕肖，而且搜罗我们古画的既精且备，不禁慨叹赞赏之不已。偶和友人张葱玉、徐森玉二位先生谈起，他们说，日本人所收的古画，好的固多，不可靠的赝品也不在少数。我说，我们何不慎重的选择一下，汰伪存良，编一部《域外所藏古画集》呢？葱玉先生说，他也有此意。他本想把国内外储藏家及各博物院所藏的我国古画，择其真迹之尤精者，印为一部集大成的画集。——至少要比《南画大成》和《支那名画宝鉴》之类精粹美备些。所谓域外，不仅包括日本，也要包括欧美诸邦。我极力赞成他的计划。但他有许多困难，一时不易着手于此举。而我则性子很急，常有说做就做的癖气。我当时就说，你们两位负责选择，我来搜集材料并编排次序吧。他们都同意了我的主张。而这时"参考图谱刊行会"的资金，除了购备纸张之外，已为我的大量购置参考书籍，耗费殆尽，实在没有力量再做这个大工作了。我忽然想起，葱玉在战时曾经把他的藏画摄照过一份照片，何不利用这一部分照片，先把他所藏的覆印出来呢？这也许比较的轻而易举。过几天，去问当时负责照相的钱鹤龄先生。他说，那一份照片还存在他那里，不知坏了没有。我们随便捡了一张邵弥的《贻鹤图》给戴圣保先生去制版。不久，印样送来了，却是那末精美，差不多深浅浓淡之间，与原作几无甚差别。我高兴极了！觉得一定会成功的，而且，比起日本人的印刷来，也差不了多少。于是，决定进行。把这部书定名为《韫辉斋藏唐宋以来名画集》。①

"韫辉斋"是张珩（葱玉）②的藏书室名。张珩祖父是"适园主人"张钧衡，受家风影响，张珩自幼迷恋收藏，并精于书画鉴赏。"韫辉斋"即张珩在其上海寓所专设珍存名画古籍之所。"韫辉斋"不仅善本书籍收藏丰富，尤以书画收藏蜚声沪上，收藏中最负盛名的是盛唐宫廷画家张萱所作《唐后行从图》轴和唐代著名人物画家周昉的《戏婴图》卷，其他如宋代易元吉的《獐猴图》、元钱选的《梨花鸠鸟图》、元李珩的《墨竹图》卷、元赵雍的《清溪渔隐图》轴、元李遵道的《古木丛篁图》轴、元颜辉的《钟馗出猎图》卷、元赵原的《晴川送客图》轴、元方从义的《武夷放棹图》轴等。据说张珩在民国时期公开讲过，他藏的字画年代最晚到元代，元代以后就不玩了。当时绝大多数收藏家竭力搜求的明清书画，他并不放在眼里。③张珩挥金如土，尤其酷爱豪赌，但赌技不佳，输掉了祖上留下的房产后便变卖书画。就在郑振铎出版《韫辉斋藏唐宋以来名画集》之时，张珩不得不将韫辉斋所藏三四十幅精品书画出售以归还银行欠款，其中包括张萱的《唐后行从图》、刘元的《梦苏小图卷》等，这些书画后来许多都被送往国外。

---

① 郑振铎：《跋〈唐宋以来名画集〉》，《郑振铎文集》，线装书局 2009 年版，第 234 页。

② 张珩（1915—1963），字葱玉，别署希逸，浙江湖州人。1934—1946 年间曾两度被聘为故宫博物院鉴定委员，1950 年任上海市文物管理委员会顾问，同年调任文化部文物事业管理局。在中国书画鉴定方面造诣深厚，实践经验丰富，善于探索书画用笔规律，并与文献资料相结合，进行比较、研究，开创了科学的鉴定方法。参见夏征农、陈至立主编，大辞海编辑委员会编纂：《大辞海》（美术卷），上海辞书出版社 2012 年版，第 525 页。

③ 参见欧初：《鉴赏界巨擘张葱玉》，《我亲见的名人与逸事》，广东人民出版社 2008 年版，第 126 页。

视此数十件"国宝"流失而又无力挽回的郑振铎十分愤慨，决意要早日把这部书印出，"徒留此化身数百，浏览仅资此，予所深有感于秦无人也。"① 经历一番曲折，《韫辉斋藏唐宋以来名画集》终于在 1947 年 11 月印行。

在出版《韫辉斋藏唐宋以来名画集》之后，郑振铎又趁热打铁选编印行《域外所藏中国古画集》，将散见于国外博物馆里的中国古画汇集成册，共收我国古代名画一千余幅。其中西域画 3 辑，汉晋六朝画 1 辑，唐五代画 1 辑，宋画 3 辑，元画 3 辑，明画 3 辑，明遗民画 2 辑，清画 4 辑，续集 4 辑（续集第 1 辑为宋画，第 2 辑为元画，第 3 辑为元明画，第 4 辑为清画）。1948 年 1 月，24 辑《域外所藏中国古画集》编纂完成，由上海出版公司负责印行。

第四节　秘密北上

1948 年 4 月 30 日，中共中央发布纪念五一国际劳动节口号，郑重提出"各民主党派、各人民团体、各社会贤达迅速召开政治协商会议，讨论并实现召集人民代表大会，成立民主联合政府"。中国共产党的号召，当即得到民革、民盟和其他民主党派、各人民团体、海外华侨团体、无党派民主人士的热烈响应。此后，在周恩来的安排下，包括郑振铎在内的 350 多名民主党派、新闻界、出版界、文艺界的知名人士，分批乘船从香港秘密转移到解放区，筹备参加新政治协商会

---

① 郑振铎:《〈韫辉斋藏唐宋以来名画集〉序》,《郑振铎全集》(14),花山文艺出版社 1998 年版, 第 26 页。

议。接到中共中央的邀请，郑振铎心情无比激动，就在乘船赴港的前一夜（1949年2月14日），郑振铎约唐弢到家里，"虽然这还是他原来的家，还是我们一直高谈阔论的地方，而且屋子里并没有第三个人，西谛却郑重其事地把我拉在一旁，带着充满感情的声音告诉我：'明天我就出发了！'"[①] 这不难理解，此时的郑振铎同其他许多优秀知识分子一样，无论是在情感还是在理性上都已服膺中国共产党的领导，对于即将到来的新中国充满热切希望。据郑振铎的助手吴岩和孙家晋回忆，郑振铎曾在闲聊中有意提及"最近重读了何其芳的《画梦录》，丁令威化鹤归来，城郭已非；将来我倒想重写这个故事，化鹤归来，城郭焕然一新……"[②] 而据郑振铎自己所言，当时上海地下党组织考虑到郑振铎经济困难，曾想帮助他还掉书债但被他婉拒了。"党派了人来要我走。我决心动身到香港去。党告诉我说：你不是欠了不少债么？我们替你还罢。这时，正在解放战争之际，一分钱都是很宝贵的，我怎么忍心接受党的这笔钱呢？结果是卖掉了几部书作路费而上船。"[③]

1949年2月15日，郑振铎携女儿郑小箴从上海乘轮船南下，2月19日到达香港。在香港停留之际，郑振铎给巴金、靳以、康嗣群、陈西禾、顾廷龙、刘哲民等好友的信中还念念不忘出版之事。如在给巴金、靳以、康嗣群、陈西禾的信中就说道："临行匆匆，未能告别，歉甚！到此后，心境殊为轻松！……《文艺复兴》事，请靳兄多多帮忙。……嗣群兄想已开始办公。在此和柯灵、伯郊谈及，他们都很起劲，愿意设法在此多投股本，惟稿子须设法多拉些耳。"①而在给顾廷龙的信中特意嘱咐顾《玄览堂三集》的编辑出版事宜："临行匆匆，未及造府告别，歉甚，歉甚！……玄览堂三集事盼兄鼎力主持，如不能续印下去，则仅此四十册亦可成书，乞商之慰堂兄为荷。"②对于上海出版公司，郑振铎专门给刘哲民写信，为其发展献计献策：

> 上海出版公司及参考图谱全由兄鼎力支持，弟心中甚为不安！铭感之忱，非言可表。康嗣群兄肯出任经理，大是好事。他为人忠厚笃实，极肯负责，最近期内，最好由董事会出名，给他一份聘书，此事务恳即办为荷！否则，他无根据可以去办公也。将来行庄业务，发展极难，只有出版事业尚可有前途。兄当已鉴察及之。务盼能以大力主持出版公司的发达！出版公司在外声誉甚好，战后新起诸家，差不多就剩下出版公司硕果仅存的了。以此基础，再行扩大，前途实在是无限量的。除出版刊物二种外，专门以发刊考古美术历史文艺的书为主体；这些书是无人可以竞争的。殊不必和人家抢出时髦书也。兄以为如何？最好在此时期之中，扩大组织，充实经济力量，能招得百条以内的资本为最好，上海有钱的人不少。出版事业实为最稳妥之投资，兄交游甚广，想不难集腋成裘也。纸张以多买为宜。以后恐甚昂贵而不易得。参考图谱所用之一百二十磅木造纸，尚需十三四令，务恳便

---

① 郑振铎：《郑振铎致巴金等》，陈建功编著：《中国现代文学馆馆藏珍品大系·信函卷》（第1辑），文化艺术出版社2009年版，第314页。

② 郑振铎：《郑振铎全集》(16)，花山文艺出版社1998年版，第239页。

中即代为搜购为感！嗣群兄主张成立一编辑委员会，弟亦赞成。除唐弢、健吾、辛笛诸兄外，尚须聘请章靳以诸兄（不必送薪，只是名义上的帮忙）。弟在南方，亦当设法尽力拉稿也。有无数的话要说，实在太匆忙了，未能尽所欲言之万一。总之，积极进行，希望极大，虽未必能和"开明"、"生活"并驾齐驱，但也可以不作第四家想也。①

2月28日，在中共中央香港分局的安排下，郑振铎与柳亚子、马寅初、陈叔通、包达三、叶圣陶、宋云彬、曹禺、王芸生、刘尊棋、徐铸成、赵超构等27人乘坐挪威货轮"华中号"北上。"华中号"货轮由于是货客两用，法定搭载乘客只有12名，所以有一些人员需要化装成船员或押管商货者以躲避海关检查，如宋云彬乔装为"华中号"的总务，马寅初变成"华中号"的账房，而身材高大的郑振铎则与傅彬然一起穿上中式短服，扮成船上的押货员。经过5日颠簸，"华中号"终于在山东解放区顺利靠岸，郑振铎等人由烟台上岸，经潍县、济南、德州、天津，最终于3月18日顺利抵达北平，叶剑英、郭沫若、沈钧儒、胡愈之、马叙伦、许广平等人到车站迎接。郑振铎到达北平后立刻投入到新中国文化事业的筹备与建设工作中，他不仅当选为中华全国文学艺术界联合会委员、中国人民政治协商会议委员，而且还参加了以郭沫若为团长的代表团，赴捷克布拉格出席世界和平大会。当然，在繁忙的工作之余郑振铎始终关心出版事业。例如在1949年7月21日致刘哲民的信中谈及上海出

---

① 郑振铎：《郑振铎全集》(16)，花山文艺出版社1998年版，第257页。

版公司的股款、严宝礼的股权、《文艺复兴》编辑事、《周报》、出版
选题及上海出版公司办公地点等问题，并希望刘哲民能从金融业中
脱身，全力进行出版事业。此后三个月中，郑振铎与刘哲民通信近
十回，畅谈上海出版公司发展事宜，并对上海出版公司的前途充满
希望，"全国统一以后，文化事业一定大为发展。出版业前途，甚可
乐观，惟需有计划耳。"①

---

① 郑振铎：《郑振铎全集》(16)，花山文艺出版社 1998 年版，第 270 页。

第八章

新的征途

1949 年 10 月 1 日，中华人民共和国成立。11 月 16 日，中央人民政府正式任命郑振铎为中央文化部文物局局长，负责文物保护和考古发掘研究工作。1954 年，郑振铎又被任命为文化部副部长兼文物局局长。作为新中国文物保护工作的开拓者，郑振铎在"文、博、图，特别是文物工作中所做出的贡献，实在是功不可没。……他的功绩、他的成果、他的理论，今天还值得继承，值得弘扬，值得借鉴，值得参考。"[①] 尽管文物保护工作成了"主业"，但是郑振铎对编辑出版事业依然热情不减，而且新的岗位和职务为他带来了新的出版资源，

---

① 罗哲文：《缅怀郑振铎对文物工作理论的重大贡献——兼谈有中国特色的文物工作理论建设问题》，《文津流觞》2008 年第 4 期。

郑振铎的出版生涯由此揭开了新的篇章。

第一节 《古本戏曲丛刊》

郑振铎酷爱藏书举世皆知，作为我国近代著名的藏书家，"搜访所至，近自沪滨，远逮巴黎、伦敦、爱丁堡。凡一书出，为余所欲得者……典衣缩食不顾也。"[①] 与那些"置书先经部，次史部，次丛书"的传统藏书者不同，郑振铎在图书收藏方面有自己的特色，"予之集书也，往往独辟蹊径，不与众同。予集小说、戏曲于举世不为之日，予集弹词、鼓词、宝卷、俗曲，亦在世人知之之先。予集词集、散曲集、书目，亦以于词、于曲、于书目有偏嗜故。至于所收他书，或以专门之需求连类及之，或以考证有关而必欲得之；而间亦以馀力收明刊之《四库》存目及未收之书。"[②]

郑振铎青年时代即着意收集古代戏曲文献，"予性嗜读曲，尤好搜讨；涓涓不止，久亦成溪。"日积月累，所获颇丰，20 世纪 30 年代就有人称赞其"于宋元以来歌词戏曲小说，搜求尤力，其所藏为海内私家之冠"[③]。这绝非过誉之论，郑振铎 1937 年曾辑印《西谛所藏善本戏曲目录》（附补遗），该目录分杂剧、传奇、曲选、曲谱、曲话曲目 5 个部类，共收录戏曲作品及相关著述 366 种，其中明清杂剧 49

---

① 郑振铎：《〈劫中得书记〉序》，《郑振铎全集》(6)，花山文艺出版社 1998 年版，第780 页。

② 郑振铎撰，吴晓铃整理：《西谛书跋》，文物出版社 1998 年版，第 78 页。

③ 《国立北平图书馆入藏善本戏曲书》，《图书季刊》1939 年新 1 卷 4 期。

种，明清传奇 259 种，曲选 15 种，曲谱 19 种，曲话 12 种，另有补遗 12 种。这还只是郑振铎戏曲收藏的一部分，千余种通行刊本皆未录入该目录。1932 年 11 月 19—20 日，郑振铎在其北京的住宅内举办了一次"北西厢记展览会"，会上共陈列明清刊本《西厢记》27 种，其中除 6 种借自北平图书馆外，其他皆出自其个人的珍藏，且"多为坊间所不易得之善本"①，一种图书就收藏了 21 个版本，收藏之富由此可见一斑。抗战爆发后，郑振铎的相关收藏虽受到影响，特别是生活困窘时甚至不得不变卖藏书以渡难关，但是在其不懈努力下，到解放之初其收藏依然称得上蔚为大观。据 1963 年文物出版社出版的《西谛书目》所载，郑振铎向国家捐赠的近 10 万种图书中，就包括曲类文献 667 种，其中明刊本 134 种，清刊本 285 种，抄本（稿本）201 种。②

与古人自珍自赏的藏书理念和做法不同，郑振铎深知传播对于藏书事业的重要性，他对于明代藏书家姚士粦的观点深表赞同："秘惜，则箧囊中有不可知之秦劫；传布，则毫楮间有递相传之神理"③。因此，他格外重视孤本秘籍的刊印，通过影印出版使之化身万千，最终达到文献保存之目的。如他曾将自己珍藏的 200 多本清人杂剧辑印成《清人杂剧初集》（1931 年）和《清人杂剧二集》（1934 年），前者收清人杂剧 9 家 40 种，后者收清人杂剧 13 家 40 种。为了保持文献原貌，郑振铎采用影印方式，对于原本中的序跋、题辞及评释文字不加删削，使研究者如睹原本。而且，《清人杂剧初集》还附有编者题跋十来则，考

---

① 容媛：《二十一年国内学术界消息·北西厢记展览会》，《燕京学报》1932 年第 12 期。
② 李俊：《"恃孤本秘笈，为惊人之具"——论郑振铎藏书的学术特色》，《宁夏社会科学》2011 年第 2 期。
③ 郑振铎：《玄览堂丛书序》，北京图书馆善本组编：《影印善本书序跋集录》，中华书局 1995 年版，第 672 页。

索作家生平，评述作品内容；《清人杂剧二集》卷前有编者《题记》，简要介绍本集所选的作家作品。① 不过，由于影印出版费用不赀，再加上这一类书籍往往都属于"阳春白雪"，销路有限，所以郑振铎从事此类出版活动经济压力极大，有些时候甚至不得不举贷而行，这自然难以为继，"我们研究中国戏曲史的人老想把古剧搜集起来，大规模的影印出来，作为研究的资料，却始终不曾有机会能够实现这个心愿。"②

一

新中国成立后，郑振铎担任文化部副部长和北京大学文学研究所（社科院文学所前身）所长，早有出版"曲藏"梦想的他终于看到了希望。据吴晓铃回忆，1952 年他利用业余时间校勘毛晋汲古阁的《六十种曲》的事情被郑振铎知道后，郑振铎特意找他去谈话，建议他一起"搞个足以传世的大部头儿东西"，并且把自己的设想讲给他听，这就是其在《古本戏曲丛刊初集序》中提到的："初集收《西厢记》及元、明二代戏文传奇一百种，二集收明代传奇一百种，三集收明、清之际传奇一百种，此皆拟目已定。四、五集以下则收清人传奇，或更将继之以六、七、八集收元、明、清三代杂剧，并及曲选、曲谱、曲目、曲话等有关著作。若有余力当更搜集若干重要的地方古剧，编成一二集印出。期之三四年，当可有一千种以上的古代戏曲供

① 郭英德：《中国古典戏曲文学文献整理刍议》，《戏曲研究》2005 年第 1 期。
② 郑振铎：《古本戏曲丛刊初集序》，《郑振铎全集》（6），花山文艺出版社 1998 年版，第 759 页。

给我们作为研究之资，或更可作为推陈出新的一助。"①此后，郑振铎
又把编集的方案、刊行的办法和初集的目录稿寄给吴晓铃，并兴致勃
勃地在信里写着："这将是古往今来的一部最大的我国传统戏曲作品
的结集！"②

在郑振铎的精心筹划和大力推动下，《古本戏曲丛刊》编委会于
1952 年下半年成立，编委会由郑振铎挂帅，成员有杜颖陶、傅惜华、
吴晓铃、赵万里等戏曲版本专家。当然，在编委会中郑振铎担负全部
编集之责，其他委员主要是提供藏书及以备咨询。在当时，这个编委
会显得有些"特殊"："人员不限于文学研究所一家（杜颖陶、傅惜华、
赵万里都不是文研所的人）。这个编委会在当时就成了一个'跨单位'
的、似乎又是文化部和文研所双重辖下的一个很特别的组织——这个
组织的成员都另有所属单位，只是在做《古本戏曲丛刊》时在一起合
作。"③除了上述委员外，当时参与《古本戏曲丛刊》编印工作的还有
陈恩惠、郑云回、周妙中、伊见思及丁英桂等人。他们从事具体的图
书搜求、校订及出版工作，是《古本戏曲丛刊》的幕后英雄。

郑振铎性格果断，说干就干，加之他当时的身份与地位，所以《古
本戏曲丛刊》出版效率极高。《古本戏曲丛刊初集》在 1953 年 8 月付
印，半年后正式面世。《初集》收录《西厢记》、《白兔记》、《赵氏孤儿
记》等戏曲 100 种，订成 124 册，12 函分装，印刷 620 部，每部单独
编号。《古本戏曲丛刊初集》出来后，立即引起很多作家和戏曲研究者

---

① 郑振铎：《古本戏曲丛刊初集序》，《郑振铎全集》(6)，花山文艺出版社 1998 年版，
第 759—760 页。

② 吴晓铃：《古本戏曲丛刊五集序》，《吴晓铃集》(5)，河北教育出版社 2006 年版，
第 246 页。

③ 么书仪：《〈古本戏曲丛刊〉的编辑和考订》，《书城》2014 年第 8 期。

的注意。他们向编委会提出了不少意见，并供给了不少资料。在此基础之上，《古本戏曲丛刊二集》也紧随其后，于1955年7月出版，该集收戏曲100种，120册，12函分装，印成540部。《二集》除了收录流行于民间的比较早期的剧本，像《彩楼记》、《刘秀云台记》、《范睢绨袍记》、《高文举珍珠记》、《王昭君出塞和戎记》等十数种之外，着重收录晚明时期的作品。《古本戏曲丛刊二集》出版后也颇受人关注，郑振铎对于《古本戏曲丛刊》的未来充满希望，在1956年出版的《劫中得书记》中写道："自信若假以岁月，余之'曲藏'诚不患其不复能充实丰盛也。"

就在郑振铎进行《古本戏曲丛刊三集》的影印准备工作时，社会上对这项工程出现了质疑的声音。如有参与者认为《古本戏曲丛刊三集》选择的杂剧集中在少数几个剧作家，有出"专集"之嫌。也有人质疑是否应该采用影印方式进行出版，认为这种方式是在浪费物力财力。为此，郑振铎专门予以解释和说明："我们以为，这部丛刊本来是内部参考资料性质的图书。凡是参考资料，应该是要尽量地搜集更多的可能得到的一切资料，和供给一般读者们作为精读之用的选本或读本，基本上是不相同的。又这些参考资料，原来也可以用铅印、油印或抄写的方法流传的。但铅印费力太多、太大，绝对不适宜于只印行几百部的书籍，且排校费时费力，不知在何年何月才有出版的可能。油印和传抄，则浪费更大，错误更多，且极不方便。试想传抄或影抄或油印一部一百页左右的传奇，要浪费多少时间财力和人力呢？这种用照相石印的印刷方法，乃是用以替代抄胥之劳和油印本子的费多而不精的办法，且足以解除铅印工厂的紧张情况的比较最可能想到的最经济而且最省时省力的方法，似乎是应该坚持下去的。"① 由于纸张供应紧张，《古本戏曲丛刊三集》的出版推延再三，幸赖商务印书馆的努力，于 1957 年 2 月正式出版。该集收录《五福记》、《窃符记》、《金锁记》等戏曲 100 种，120 册，14 函分装，印刷 450 部。

按照郑振铎最初的规划，《古本戏曲丛刊》第四集主要收录清人传奇，但是在前三集的编辑过程中，大家发现元杂剧版本也很复杂，值得做一集。恰巧 1958 年社会主义阵营的"世界和平理事会"将关汉卿列为该年度的"世界文化名人"之一。为了配合纪念活动，编委会决定《古本戏曲丛刊四集》改印元代杂剧。于是，《古本戏曲丛刊四集》出版时，主要包括《元刊杂剧三十种》、《古杂剧》、《脉望馆钞校本古今杂剧》、《古名家杂剧》、《杂剧选》、《阳春奏》、《元明杂剧》、《古今名家合选》8 种，共计 120 册，印刷 400 部。

1958 年夏天，一场"拔白旗，插红旗"运动在全国迅速展开，一些反对浮夸以及一些所谓具有资产阶级学术观点的人都被作为"资产阶级白旗"加以批判和斗争，郑振铎亦未能幸免，针对他的批判铺天盖地而来，其中就包括《古本戏曲丛刊》的印行。所以我们今天再看郑振铎写就的《古本戏曲丛刊四集序》，似乎更像一篇兼带自我批评的申辩稿：

像这样范围狭窄得只是供应专家们研究参考的书籍的印行，在此时有没有这个必要呢？普及是当前的最主要的任务。但普及

---

① 郑振铎：《古本戏曲丛刊三集序》，《郑振铎全集》(6)，花山文艺出版社 1998 年版，第 765 页。

工作的本身就在不断地提高。"在普及基础上的提高","在提高指导下的普及"是原则性的指示。看不到广大的人民群众的文化科学事业的迅速向"提高"发展,就如同忽视广大的人民群众的文化科学的普及运动浩浩荡荡的进军的绝大的气势一样。广大的人民群众一旦掌握了文化科学之后,便会立即向"提高"发展的。运动不可能在原地踏步不前,而是永远地前进,再前进的。所以,在"普及"的同时,提高并不能加以忽视。他们是车的二轮,鸟的双翼。有矛盾,但会迅速地统一,而且必须统一的。我们不能说,印行少量的这类戏曲集子便是"提高"工作之一。但不可否认,乃是为"提高"的研究事业准备的条件之一。元代和明初的杂剧,在中国戏曲史上是有其光辉灿烂的篇页的。关汉卿、王实甫等大剧作家的姓名是永垂不朽的。他们生长于人民群众里,为人民群众的斗争服务。他们辉煌地反映了当时的社会现象和人民生活。广大的人民群众的在封建统治的官僚地主阶级压迫和剥削下的痛苦与呼号,在许多作家的作品里都能或多或少地表现出来。①

这篇序言的落款时间是 1958 年 10 月 16 日,而第二天(1958 年 10 月 17 日),郑振铎率领中国文化代表团前往阿富汗和阿拉伯联合共和国进行友好访问,代表团乘坐的图—104 飞机途经苏联楚瓦什苏维埃自治共和国的卡纳什地区时失事,郑振铎及全体出访人员不幸遇难。《古本戏曲丛刊四集序》成了郑振铎的遗作。

---

① 郑振铎:《古本戏曲丛刊四集序》,《郑振铎全集》(6),花山文艺出版社 1998 年版,第 766—767 页。

二

自元代以来，戏曲总集辑印活动接连不断，郑振铎曾对历史上戏曲总集、选集的辑印活动做过学术史的回顾：

《永乐大典》里收有杂剧九十九本，戏文三十三本。《元刊古今杂剧三十种》很早的就在元代流行着。明代李开先自夸所藏为"词山曲海"。山东于氏、常熟赵清常、山阴祁氏淡生堂、山阴沈复粲鸣野山房都曾搜集了大量的剧本而加以整理。赵清常合订的元明杂剧就在三百种以上。《杂剧十段锦》刊行于明嘉靖三十七年（1558）。龙峰徐氏刊印过《古名家杂剧选》。臧懋循刊印过《元人百种曲》。黄正位刊印过《阳春奏》。顾曲斋、息机子、童野云也印行了不少元人杂剧。孟称舜的《柳枝》、《酹江》二集，所收凡五十六种。沈泰编《盛明杂剧》初、二集，所收凡六十种。邹式金的《杂剧新编》，所收凡三十四种。金陵唐氏富春堂所刊传奇，据说有百种，今所见的已过三十种。文林阁、世德堂、继志斋、容与堂、广庆堂、吴兴凌氏、闵氏等所刊传奇，为数亦夥。毛晋汲古阁所刊《六十种曲》流行最广。惟到了清代，则结集刊印之举，寂然无闻。三百年来，仅黄文旸辈曾在扬州把古剧做过一番整理的功夫而已（有《曲海总目提要》）。清末民初，贵池刘世珩始复炽刊印古剧之风，暖红室所刻传奇凡二十余种。吴瞿安先生曾将所藏曲子编为《奢摩他室曲丛》初集六种、二集廿九种，交商务印书馆出版，我亦把所藏清代短剧编为《清人杂剧》初、二集八十种印出，又影印了明人传奇六种。此外，汇印古剧四五种为一集的亦不在少数。但其规模总没有臧懋循、毛晋二家之大。①

相较以往的戏曲文献总集和选集，郑振铎主持编纂的《古本戏曲丛刊》有其显著特点：

首先是规模空前。新中国成立之前文人学者对于戏曲总集的辑印规模都不大，诸如《古名家杂剧》、《元曲选》和《六十种曲》等流传甚广、影响很大的戏曲作品总集，收录作品最多也不过百种。而郑振铎主持编纂的《古本戏曲丛刊》，最初设想影印1000种以上作为学者研究之资，后来虽因郑振铎遇难致使设想未完全实现，但是仅他亲自拟定编辑的初、二、三、四集就收录古本戏曲677种（部），其中宋、元戏文和明、清传奇294种，元、明杂剧383种（部）。按照这样的进度，《古本戏曲丛刊》出齐之后其数量将远远超过当初1000余种的预期。当然，规模巨大并不意味着随意收录，杂乱无章。郑振铎在编纂《古本戏曲丛刊》时一直坚持"求全求备"的理念：（一）兼顾各个历史朝代。古代文献时间越久越难保存，所以郑振铎对元代戏曲文献保存尤为注意。如《古本戏曲丛刊四集》收集了元、明二代的杂剧共370多本，其中以元人杂剧为最多，凡传世的元杂剧，几乎网罗殆尽。凡我们所见和所知的明代刊印或传抄的元人杂剧，除了少数之外，都收在这个集子里了。再如《古本戏曲丛刊二集》多收集晚明时期的戏曲古本，"晚明剧作多半是孤本流传……虽未必珠玑尽收，网罗无遗，而晚明七十多年间的剧作，

---

① 郑振铎：《古本戏曲丛刊初集序》，《郑振铎全集》(6)，花山文艺出版社1998年版，第758—759页。

于此可见其代表。"① (二) 种类间保持平衡。以弋阳腔剧本来说，明代戏曲声腔以昆腔为"正声"，有些非昆腔的剧本常被曲家排斥，讥为杂调，例如《远山堂曲品》中的《三元记》、《珍珠记》、《十义记》、《和戎记》、《古城记》、《香山记》和《胭脂记》等弋阳腔剧本，较为罕见，《古本戏曲丛刊》对于此类剧本尽量收录，这对今人研究弋阳腔剧本大有裨益。

其次是特色鲜明②。例如《古本戏曲丛刊》注重收录同一作品的不同版本。文学总集中一般不重复收录同一作品，但戏曲作品情况特殊，由于涉及曲文内容的重大相异，重复收录有助于戏曲研究。《古本戏曲丛刊初集》中在收录南戏《琵琶记》、《荆钗记》、《白兔记》和《拜月亭记》时，就于旧抄旧刻本各选二种，以资比勘。以《荆钗记》为例，明人早已指出《荆钗记》的不同版本写王十朋、钱玉莲夫妇离散后再度重逢的情节不同，一是"舟中相会"，一是"玄妙观相逢"。《古本戏曲丛刊初集》所收的《新刻原本王状元荆钗记》是嘉靖刻本，文中正有"舟中相会"情节。另收的屠赤水评本《古本荆钗记》为明万历后期所刻，其最后关目是"玄妙观相逢"。由此可大致确定"舟中相会"正是《荆钗记》早出的情节，"玄妙观相逢"则为后出的改笔。再如大量收录梨园传抄本。古代戏曲作品流传于世，除雕刻出版外，还有一部分以抄本形式保存下来。以"苏州派"代表人物李玉为例，以往戏曲研究者大多认为其作品只有《一捧雪》、《人兽关》、《永团圆》、《占花魁》和《眉山秀》五个全本传世，另有《风云会》、《太平钱》、《清

---

① 郑振铎：《古本戏曲丛刊二集序》，《郑振铎全集》(6)，花山文艺出版社 1998 年版，第 762 页。

② 此论点主要参考邓绍基《〈古本戏曲丛刊〉的文献价值》一文。

忠谱》、《万里缘》、《麒麟阁》五种散出，其实这五种也都有全本传世，只不过因为都是抄本，故而较为罕见。《古本戏曲丛刊》在收录李玉作品时，除以上几种外，还将《牛头山》、《万里圆》、《两须眉》和《五高风》等抄本收录其中。

三

郑振铎逝世后，何其芳（1912—1977）继任文学研究所所长，他建言把《古本戏曲丛刊》的编印工作继续下去，并且列为文学研究所的重点规划项目。由于郑振铎和杜颖陶已经故世，所以《古本戏曲丛刊》编辑委员会又进行了调整，在傅惜华、赵万里、吴晓铃之外，又增聘了阿英、赵景深和周贻白三位委员。1961 年，《古本戏曲丛刊》编委会计划把原定在四集出版的清初传奇纳入五集的时候，文学艺术界因为几个新编历史剧的出现而展开了从理论到实践的激烈论争，时任国务院古籍整理出版规划小组组长的齐燕铭建议把计划放在九集出版的清代内廷编演的历史大戏提前印行，为论争和创作提供文献和素材。于是《古本戏曲丛刊》编委会改易初衷，重定选目，于 1962 年 1 月将包括从敷衍商、周易代的《封神天榜》到宋代水泊英雄聚义的《忠义璇图》等在内的十种历史传说剧本交由中华书局印行，1964 年 1 月最终出版，共计 124 册。后来"文化大革命"兴起，这个紧跟政治形势的出版行为孰料成为《古本戏曲丛刊》编委会的罪证："上面挂到邓小平同志的'罪行一百例'里的把我国历史编成戏剧可以连演一年，庶便灌输人民以历史常识的设想，下面联到吴晗的《海瑞罢官》、孟超的《李慧娘》、田汉的《谢瑶环》以及《九江口》、《强项令》、

《澶渊之盟》等'死人统治当代舞台'的'反党罪行'"①，《古本戏曲丛刊》自然无法再继续出版。

1982 年，在国务院古籍整理出版规划小组和社科院文学研究所大力支持下，《古本戏曲丛刊》开始继续出版。按照新组建的编委会的规划，计划编辑《古本戏曲丛刊》正集十四集。除已刊初集至四集和九集以外，五集收清代顺治、康熙和雍正三朝的传奇；六集收集乾隆一朝的传奇；七集收嘉庆和道光两朝的传奇；八集收咸丰，同治、光绪、宣统四朝和辛亥革命初期的传奇；十集收清代内廷大戏和各种类型的庆典承应剧本；十一集和十二集收明，清以来杂剧；十三集和十四集收各集阙失，为之补遗；如卷帙仍难容纳，则再增十五集以足之。此外，编就正集之后，另编外集以辅之：外集初编收明、清的戏曲选本，二编收曲目、曲律、曲韵、曲品、曲话以及有关史料和评论。编委会又计划另编《古本散曲丛刊》三集，收元、明、清及辛亥革命以来的散曲总集和别集，与戏曲十七集汇为二十集。② 但是，在 1986 年出完《古本戏曲丛刊五集》后，该计划便又因各种原因搁浅了。2012 年，中央文史研究馆馆员程毅中撰文《关于完成〈古本戏曲丛刊〉的建议》，呼吁继续完成郑振铎、吴晓铃等先生的未竟事业，全国古籍整理出版规划领导小组组织专家进行论证，将《古本戏曲丛刊》（六至八集）列入《2011—2020 年国家古籍整理出版规划》，由中国社会科学院文学所编纂，国家图书馆出版社组织出版。③ 现《古本戏曲丛刊六集》已出版。

① 吴晓铃：《古本戏曲丛刊五集序》，《吴晓铃集》(5)，河北教育出版社 2006 年版，第 247 页。

② 吴晓铃：《古本戏曲丛刊五集序》，《吴晓铃集》(5)，河北教育出版社 2006 年版，第 248—249 页。

③ 齐浣心：《郑振铎心系〈古本戏曲丛刊〉》，《中华读书报》2015 年 4 月 8 日。

第二节　《中国古代版画丛刊》

与《古本戏曲丛刊》一样，对中国古代版画艺术做一个系统总结也是郑振铎的夙愿。关于《中国古代版画丛刊》的出版缘由，郑振铎在《中国古代版画丛刊总序》中提到：

> 我曾经绝绝断断地编印过《中国版画史图录》五辑（第六辑已印刷及半，未出版），共二十册，"版画史"却始终未着一字，虽然曾搜集了不少材料。前几年，又曾为人民美术出版社编辑一部《中国古代木刻画选》，到了今年才完成，其前面才有一篇《中国木刻史略》。它们只可作为初步的介绍而已。上海古典文学出版社和我商量，要出版些这一类的图籍。我感觉到《版画史图录》和《木刻画选》都只是零缣片页，只可作为"窥豹一斑"，欲求其全，却非重印若干部全书不可。一因便着手编辑这部《中国古代版画丛刊初编》。《初编》所收，凡三十六种，时代是，自宋代到清代嘉庆。也还只是选择一部分重要之作而已。继此有作，将还会有《二编》、《三编》乃至七八编而未已。（重要的有益、有用的插图书，值得复印流传的，总有五百种以上。）如有可能，每年将出版一编到两编。①

当然，除此之外还有其他的原因。据刘哲民回忆，郑振铎对于

---

① 郑振铎：《中国古代木刻画史略》，上海书店出版社 2011 年版，第 242 页。

当时国内出版界的表现颇感失望，认为既没有出大部书的计划，连丛书也不大见，零零碎碎出书对读者用处不大。所以应该采用过去的办法，多出大部头的书。① 因此就有了《中国古代版画丛刊》的出版计划。

按照郑振铎的最初设想，《中国古代版画丛刊初编》拟收古籍 36种，其中有宋版《三礼图》、《天竺灵签》；历史人物如《历代古人像赞》、《凌烟阁功臣图》、《圣迹图》、《无双谱》；山水有《白岳凝烟》；工农业生产技术有《天工开物》、《授衣广训》；植物有《救荒本草》；军事有《武经总要》；音乐有《太音大全集》；生活日用有《便民图纂》、《饮膳正要》；有关神话的有《牛郎织女》、《列仙传》；上图下文的有《日记故事》；上文下图的有《元明戏曲叶子》；文学艺术有《忠义水浒传全书目录图》、《酣酣斋酒牌》以及萧云从绘的《离骚图》。② 在正式影印之前，出版方上海古典文学出版社参照郑振铎的建议，特意先编印了样本，使读者能够了解整个丛刊的内容，方便预订。样本收录了郑振铎撰写的《中国古代版画丛刊总序》、《编印中国古代版画丛刊说明》、《中国古代版画丛刊初编目录》等，另有选印的 20 页版画样章，整体印刷精美，宣传效果极佳。

在当时的政治氛围下，郑振铎在《中国古代版画丛刊初编》出版中努力做到"又红又专"，例如他用《忠义水浒传插图》本代替原定的《忠义水浒传全书目录图》本。两书虽均为明万历刊本，但《忠义水浒传插图》在质量上远逊《忠义水浒传全书目录图》。《忠义水浒传

---

① 刘哲民：《回忆西谛先生》，载上海鲁迅纪念馆编：《郑振铎纪念集》，上海社会科学院出版社 2008 年版，第 366 页。

② 刘哲民：《回忆西谛先生》，载上海鲁迅纪念馆编：《郑振铎纪念集》，上海社会科学院出版社 2008 年版，第 367 页。

全书目录图》本为初印本，书品极佳，全书画面洁净，无一墨影，画刻俱极精工，线条之纤细流畅无与伦比。不过该本中有两页画面存在违碍之处，不宜公开刊印，虽然可在印刷技术上进行处理，但是郑振铎考虑到当时的政治气氛，最终还是忍痛以《忠义水浒传插图》代替《忠义水浒传全书目录图》。

出版工作一切都在按部就班进行，但是当时社会氛围的变化却让郑振铎感到寒意。1958 年 5 月 23 日晚，时任全国古籍整理出版规划小组组长的齐燕铭来郑振铎家，透露了康生或陈伯达批评《中国古代版画丛刊初编》的信息。① 第二天郑振铎立即给上海古典文学出版社写信，提出"关于《天竺灵签》一书，尤要作为严格控制的'内部参考资料'，如未发出者，请勿发"。又说："关于《古本版画丛刊》事，顷有中央同志提意见，必须立即加以补正，为要！""一，凡未曾付印者，应立即停止付印。二，凡已付印者，应尽量少印。三，全部已印者，均作为'内部参考资料'，不广泛发行。"② 其中"必须立即加以补正，为要"等字特意加了着重号，可以想见郑振铎当时的心情。

不出所料，就在有关人员对《中国古代版画丛刊》提出批评后不久，上海、北京两地的重要报纸几乎同时刊发文章，对于郑振铎编选《中国古代版画丛刊》提出批评。1958 年 6 月 2 日，上海《文汇报》刊登署名王天心的文章《选择影印古书的目的要明确——对〈天竺灵签〉、〈历代古人像赞〉的意见》，在分析批判之余着重提到编选者要明确方向：

---

① 陈福康：《郑振铎传》，北京十月文艺出版社 1994 年版，第 638 页。
② 陈福康：《郑振铎年谱》（下），三晋出版社 2008 年版，第 1021 页。

由郑振铎同志编选的"中国古代版画丛刊"最近出版了两辑（古典文学出版社出版）："天竺灵签"和"历代古人像赞"。读了这两辑版画之后，我认为把它们印行出来的目的性是不明确的，编选者没有根据今天的需要来选印，因而是"厚古薄今"倾向的一种表现。

在这两辑版画中，文字占了大部份篇幅，这些文字里充满了封建气氛，多的是糟粕，即使是对一般史学研究工作者，也很少参考作用。图画方面，也不是如编选者所说的"每个图像都显得神采栩栩"，不能看作是今天的"画人们的绝好的学习的蓝本"。这两本版画都不是目前需要重印的古籍。

"天竺灵签"上图下文，图画的上面并有批语，这类签书对我们来说，不是太陌生的。试引一例："天竺灵签"第四十五签的图像上画着两个人物和马、鹿等动物形象，图上面写的是"公事吉，行人至，失物在，谋事成"等语，图下面除例有五言"诗"一首外，并解曰："此卦宜见贵求用，渐有荐引之喜，功名富贵，必遂其意，庶人占之，大获财宝，前程有顺理之庆也。"不消说得，这是一个大吉大利的好卦兆。但是这对今天的社会主义时代的我国人民来说，有什么用处呢？相反的，它是在现实生活中起着毒害人们的思想意识的作用的。再以"历代古人像赞"来说，每幅图像后面均有赞语，同样的宣传了荒诞迷信和正统的历史观念，例如说孔子是"扶植天地，师范皇王，六经宗祖，万世纲常"，白居易"始生七月，便能展书"等等。而所录各人的史实，又大都不出于正史之外。就历史资料的研究角度看，我们也很难理解对一般史学研究工作者有多大用处。

……

我们并不一般地反对研究古代的东西，但是必须为活人、今人服务，不是去为死人、古人服务。我们认为编选者、出版者必须根据今天的需要，分别轻重、缓急选择影印古籍。像上述两书，糟粕多于精华，就没有出版的必要。为此，我们诚恳建议编选者和出版者，在端正了"厚今薄古"的方向后，审慎地去选择影印古书，写好分析、批判性的序文、跋语，以冀做到有计划有目的地出版——适合今天人民的需要，当前文化建设的需要。①

6月7日，《光明日报》专设《评郑振铎编的两种古代版画》栏目，发表两篇批评文章。其中署名王琦的作者在《不应为"古"而影印古书》中指出：

介绍古代艺术遗产，不是把古代的东西不加批判地全盘搬出来，应该有所选择，就其优秀部分加以介绍；至于糟粕部分，则可省略。如为了提供作为研究工作的需要，也应该在序文里有所分析和批判，使读者对于古代作品的优劣部分，有清楚的认识。如该刊第二种《天竺灵签》全系宣传封建迷信的东西，艺术性也很差，即使作为研究参考用，也不必全部刊印。又如该刊第六种《历代古人像赞》，一共有三册，但所刻人物形象，变化不多，而千篇一律者倒确乎不少。如果取其有代表性者若干幅，编印成一册，一一指出其特点和技巧就够了，不必全印。这样既可省纸

---

① 王天心：《选择影印古书的目的要明确——对〈天竺灵签〉、〈历代古人像赞〉的意见》，《文汇报》1958 年 6 月 2 日。

张，又可减低售价便于流布。

更重要的还是编者在介绍一些作品的时候，希望除了在谈此书的刊制、出版、收藏经历以外，也更多地谈一些关于该书在内容和艺术上的成就与特点，它好在什么地方，坏在什么地方，我们应该从其中吸取一些什么营养，对今天的版画创作有何值得借鉴之处……我想如果这样，介绍古代艺术遗产工作，也才会取得"古为今用"的现实意义，而不是为"古"而介绍古的东西了。①

署名张若的文章《"古"就是好吗?》则批评郑振铎过分厚古，甚至"嗜古成癖"：

两篇"跋"，谈到思想内容的几乎没有，涉及艺术部分也不过是为了正证或反证古之所以值得学习和出版的原故。通篇是谈收藏，谈"古"，使人有这种感觉：古就是好。

从版画继承遗产上说，人像不是主流，不是如郑先生所说的"绝好的学习的蓝本"。更没有必要，一印就是上、中、下三大册。古为今用，不是无所取舍的。

即使说，版画尚可充作艺术研究上的参考，但是占了一半篇幅以上的文字的影印，就没有道理了。"像赞"的小传，"灵签"上的诗文，乃是封建主义的宣传品，旗帜也是鲜明的，我们能原封不动，不加批判地加以推广吗? 总之，印成书，就必然有所毁誉，有所厚薄，在读者中间有所影响的。②

① 王琦：《不应为"古"而影印古书》，《光明日报》1958年6月7日。
② 张若：《"古"就是好吗?》，《光明日报》1958年6月7日。

对于这些批评，郑振铎自然感到委屈与不解，但是作为一位追求政治思想进步，努力与党中央保持一致的知识分子，郑振铎还是放弃了申辩与反驳，同时也放弃了继续出版《中国古代版画丛刊》的念头，这项规模宏大的出版计划就这样中止了。

第三节　郑振铎与"三刊一社"

新中国成立后，全国文博事业进入新阶段。为了加强业务学习及学术交流，在郑振铎的倡议和支持下，《文物参考资料》、《中国考古学报》、《考古通讯》——今天中国最具权威的文物、考古专业三大学术刊物《文物》、《考古学报》、《考古》的前身——三份刊物相继创刊。除此之外，文物出版社的诞生也与郑振铎密不可分。

1950年1月31日，在郑振铎的倡议下，《文物参考资料》由文化部文物局资料室创办，这是新中国第一本文物专刊，小32开，最初在文物局内部发行。主要刊登文物工作的重要政策法令，介绍各地文物调查和发现的动态，各博物馆、纪念馆、图书馆的经验总结和工作报道，以及国外文物、博物馆、图书馆情况等。1952年起改由《文物参考资料》编辑委员会主编，成为一份公开发行的不定期刊物，1953年改为定期出版的月刊，1954年改为大32开，内容方面加大了考古发掘简报和文物调查勘察报告的比重，同时扩充图版的篇幅，并开始采用彩色图版插页。1956年起《文物参考资料》改为16开。1959年起，刊名改为《文物》。经过9年的发展，《文物参考资料》已成为一个颇具特色的学术和资料性刊物。①

1951 年，《中国考古学报》创刊，郑振铎担任该刊编委会主任。《中国考古学报》是以 1949 年前中央研究院历史语言研究所《考古学报》为典范，不仅延续其刊期（1951 年出版时就直接标第 5 册），而且在期刊内容、风格等方面也近乎一致。当时读者就指出："……它们基本是没有本质上的区别。以陈梦家先生著的'殷代铜器'与李济著的'记小屯出土之青铜器'比较一下，这两篇文章在本质上没有什么区别，就在形式上也没有什么大的区别……"②1953 年改名为《考古学报》，刊期为半年，1955 年出版了 6—10 册，1956 后又改为季刊，到1962 年恢复半年刊。

1954 年 4 月间，郑振铎建议考古研究所办一个半通俗性、半学术性的考古学期刊，考古研究所、文化部社会事业管理局、北京大学考古专业也多赞成。1955 年 1 月，《考古通讯》正式出版，最初三年是双月刊，郑振铎是编委会召集人。编委会上提出该刊物的主要任务为：普及田野考古知识，提高田野考古方法，介绍苏联先进经验，联系全国考古工作者并交流各地的工作经验。文稿以不超过 5000 字为原则，内容有：考古学一般论著，考古调查和发掘的简报、简讯，苏联先进经验的介绍，国内外考古消息，书报评介，读者来信和讨论。从 1959 年 1 月起更名为《考古》，改为 16 开本。③

郑振铎是以上期刊的倡导者和指导者，各刊的编辑风格不可避免

---

① 《文物》编辑部：《历史的回顾——写在第三百期的前面》，《文物》1981 年第 5 期。
② 徐锡台：《对解放后数期考古学报的几点意见》，《考古通讯》1955 年第 4 期。
③ 见《文物》1959 年第 1 期版权页，转引自黄建秋：《百年中国考古》，江苏人民出版社 2013 年版，第 173 页。

地受到他的影响。以《文物参考资料》为例，该刊除了经常刊载中央和地方颁发的文物法令以及重点介绍苏联图书馆、博物馆、文物工作的理论与先进经验两大特点之外①，其体现出来的郑氏色彩表现在：

一是专刊形式运用灵活得当。如 1950 年第 8 期"图书分类法问题研究资料"专刊，该期前言部分由郑振铎撰写，着重强调新图书分类法产生的紧迫性和必要性。此后，"论文参考资料"、"新编图书分类法参考资料"、"苏联图书馆分类法参考资料"、"图书分类法座谈会参考资料"、"资本主义国家图书分类法参考资料"、"附录：一九四八年以前国内图书分类法参考资料"以及"图书馆工作经验"等栏目，基本囊括了古今中外图书馆分类法的知识，内容十分全面丰富，不啻为一份中外图书馆分类法学术史简编。期刊还陆续出版了华东、西南、东北、西北等以大区为范围的专刊，全面反映各地区的工作情况和新的发现，交流了经验，推动了全国文物工作的开展。

二是普及与提高并重。新中国成立后，社会主义建设事业紧锣密鼓地展开，各项基本建设也使得考古发掘及文物保护工作面临新挑战。由于我国原有文物考古队伍人数太少，无法满足客观形势发展的需要，文物局联合考古研究所、北京大学联合举办 4 期考古工作人员训练班。为此，《文物参考资料》一方面系统地介绍文物考古工作的基本知识，如刊登夏鼐的《田野考古序论》、安志敏的《陶器》、唐兰的《铜器》、王仲殊的《空心砖汉墓》、梁思成的《古建序论》、陈万里的《邢越二窑及定窑》、赵万里的《中国印本书籍发展简史》等；另一方面，针对社会上和文物队伍中有不少人对保护文物的重要意义

---

① 贾骏：《介绍"文物参考资料"》，《文物参考资料》1953 年第 7 期。

还缺乏认识的情况，又相继发表了郑振铎的《在基本建设工程中保护地下文物的意义与作用》、范文澜的《保护历史文物的意义》和翦伯赞的《考古发现与历史研究》等文章，对宣传党和政府保护文物的政策方针，巩固刚刚走向文物战线工作的新同志的专业思想起了良好的作用。在普及知识之外，《文物参考资料》也注重刊发学术论文，如1951年4月"敦煌文物展览"在北京展出，《文物参考资料》先后出版两册专门介绍展览内容，发表郑振铎《敦煌文物展览的意义》并刊登了夏鼐、向达、梁思成、陈梦家、傅振伦、常书鸿、阎文儒、徐悲鸿、吴作人、周一良、阴法鲁、宿白等人的研究文章，受到社会各方面的欢迎。

三是比较的思想与方法。郑振铎无论是在学术研究，还是文物工作中都体现出了比较思想和方法，如1949年在起草保护文物的相关法规时，郑振铎就把他事先收集准备好的民国时期国民政府颁布的文物法规和一些国外的文物法规材料交给相关人员作参考。[①] 而在全面向苏联学习的大背景下，《文物参考资料》除了刊登苏联图书馆学、考古学学者的文章外，也会刊发一些资本主义国家学者的学术论文。例如前面提及的"图书分类法问题研究资料"专刊，专门设置"资本主义国家图书分类法参考资料"栏目，其中收录美国图书馆学家克特的《展开式分类法大纲》和英国图书馆学家白朗的《主题分类法大纲》等文章。

或许正因如此，《文物参考资料》出版之后不仅获得业内读者的认可，也获得一般读者的青睐。当时文物系统有些单位就直接将《文

---

① 谢辰生：《纪念郑振铎先生诞辰一百周年——〈郑振铎文博文集〉代前言》，《中国历史博物馆馆刊》1998年第2期。

物参考资料》当作业务学习的资料，如南京博物院 1952 年 10 月时专门成立了《文物参考资料》学习小组，全院性地学习 1952 年出版的三本《文物参考资料》。[①] 而张元济 1952 年春曾致郑振铎书，询问《文物参考资料》现在出至哪一期，他准备全部购读。或许是郑振铎太忙忘了回复，等到 8 月 21 日张元济再次致书询问，后来收到郑振铎赠阅的《中国印本书籍展览目录》及本年第一、二期《文物参考资料》。[②]

　　鉴于当时全国尚无一家专门出版文物考古书刊的出版社，1956 年已是文化部副部长的郑振铎和文物局局长王冶秋提出成立文物出版社的设想。1956 年文物出版社筹备处在文物局资料室《文物参考资料》月刊编辑部的基础上成立，1957 年元月，文物出版社正式成立。初创阶段的文物出版社发展条件十分艰苦，首先是工作人员奇缺，仅有的十多名编辑中多数不熟悉文物图书编辑业务；其次是印刷条件比较简陋。不过在郑振铎等人的关心与支持下，文物出版社的出版工作逐渐走上正轨，为继承、弘扬祖国悠久辉煌灿烂的历史文化，为展示新中国文物考古事业的成就出版了一系列的精品图书，丰富了中国和世界文化宝库，得到了国家的表彰和海内外广大读者的喜爱。郑振铎对于文物出版社的支持是多方面的，最重要的是为了保证文物出版物的印刷质量，在他任文化部副部长期间，极力促成鹿文波开文制版所和戴圣保申记印刷所——新中国成立之初极少数能够承担珂罗版印刷业务的机构——的职员与设备从上海迁到北京，进而成为文物出版社的重要组成部分。诚如谢辰生先生所言，当时两家机构的"彩色铜版和珂罗版印刷设备全部由国家作价收购运京，所有的技工约十余人一

① 宋伯胤：《学习〈文物参考资料〉的体会与意见》，《文物参考资料》1953 年 7 月。
② 《张元济全集》（第 2 卷），商务印书馆 2007 年版，第 519—520 页。

律携眷北来，并且事先都为他们安排了宿舍。特别是对鹿文波许以高
于一般干部若干倍的高薪。其他技工的工资也比当时一般干部和工人
高得多。在当时的历史条件下，如果不是西谛先生恐怕是很难办到
的"①。在此过程中，郑振铎曾多次致信上海出版公司经理刘哲民，请
其同上述两家印刷机构的负责人洽商相关事宜。② 如 1952 年 11 月 20
日给刘哲民的信中就说：

> 珂罗版的印刷，在北京极为需要。明年要大规模的印些珂
> 罗版的书籍。希望能和胡颂高及戴圣保商量，他们能否搬到北京
> 来？我们可以使他们加入（故宫）博物院的印刷部门工作。工人
> 多些也不妨。只要有技术的，我们都可以要。（政治上可靠！）我
> 们正在考虑：（一）他们的待遇问题，（二）如何收购他们的印刷
> 机？（三）搬家的费用，如何付法？可先行征求他们的意见。还
> 有一家，在哈同路民厚里的，已经关了门，不知工人尚可找得到
> 否？为政府工作，是很有远大的前途，并且是很有意义的。一切
> 物质的条件，我们都可以想办法满足他们的要求，只要不过分。
> 我们决定请鹿文波先生来京工作，专门为故宫博物院制版——
> 古画及瓷器、铜器等——七个工人都可以同来。所有的制版工具
> 等，我们都可以购买。不过，在价格方面，还要经过仔细的估价

---

① 谢辰生：《纪念郑振铎先生诞辰一百周年——〈郑振铎文博文集〉代前言》，《中国
历史博物馆馆刊》1998 年第 2 期。

② 仅对《郑振铎全集》进行初步统计，1952 年年底到 1953 年间郑振铎为该事给刘哲
民写信就不下 9 封，时间分别为 1952 年 11 月 20 日、1952 年 12 月 1 日、1952 年 12 月 12 日、
1953 年 2 月 3 日、1953 年 3 月 2 日、1953 年 3 月 10 日、1953 年 4 月 3 日、1953 年 4 月 23
日、1953 年 8 月 26 日。

与协商。①

鹿文波、戴圣保等人的高超技艺保证了文物出版社出版图书的印刷质量，例如《故宫博物院藏陶瓷选集》、《故宫博物院藏花鸟画选》等书在国内外都得到了好评。"文化大革命"期间，文物出版社被并入人民美术出版社，后来周恩来总理看见了文物出版社出版的这几本高质量图录，决定恢复文物出版社，并且亲自批示要进口新的印刷设备充实文物印刷厂，这也印证了郑振铎当初所作决定的正确。②

除此之外，郑振铎还积极参与文物出版社的实际出版活动。如文物出版社成立之后，在郑振铎的号召下，出版社邀请有关专家、学者组成"敦煌"和"陶瓷"两个编委会，郑振铎亲自主持会议，讨论出书规划。③

郑振铎对文物出版社的发展应有过全盘规划。在文物出版社成立之前，这种出版规划和设想就已存在于郑振铎的头脑中，只不过当时他考虑的对象是上海出版公司：

出版问题，中心拟放在历史、考古、美术及文艺方面，其他杂书亦可出版，股本大，则范围自可放宽也。④（1949 年 7 月 21 日）
关于出版计划，弟稍有胸稿，着重在美术、考古及历史、辞

---

① 郑振铎：《郑振铎全集》（16），花山文艺出版社 1998 年版，第 396 页。
② 谢辰生：《纪念郑振铎先生诞辰一百周年——〈郑振铎文博文集〉代前言》，《中国历史博物馆馆刊》1998 年第 2 期。
③ 朱继功：《"而立"之年的文物出版社》，《瞭望周刊》1987 年第 9 期。
④ 郑振铎：《郑振铎全集》（16），花山文艺出版社 1998 年版，第 264 页。

典、字典方面，且可与新华、三联不发生冲突也。^①（1949年10月21日）

如以出版美术书为主，则前途大有希望。一部分用珂罗版印，一部分用单色及彩色铜版印。不一定限于中国的美术，即世界的美术品亦可介绍也。当和几位研究美术的人共同商量决定。如不用太讲究的版本，则出普及版的"铜版"印的美术书亦可。成本不至太高，也容易销售得出去。如计划出版三十部到五十部书，每部书不超过一百页，则成本不大，而每月均可有三五部书出来，也很热闹。……还有，文艺书拉稿不易，不如多出翻译的作品，唯亦当以"有系统"的丛书为主。……还有，通俗的历史书或历史故事之类，也可以出版，唯也必须有组织、有计划的拉稿。像晨光那样的图书小丛书，容易编，容易印，也容易销，惟我们不便与之重复。形式不妨相同，而内容则可另找"题材"。^②（1951年10月5日）

可惜，郑振铎在文物出版社成立的第二年即不幸遇难，如果不是如此，他应该会为文物出版社提供更多好的选题，在文物出版社的出版事业中贡献更多的力量。

---

① 郑振铎：《郑振铎全集》（16），花山文艺出版社1998年版，第269页。
② 郑振铎：《郑振铎全集》（16），花山文艺出版社1998年版，第324页。

| 322 |

结 语①

　　有人说:"单就郑振铎的编辑生涯来说,整个新文学运动时期,除了鲁迅等几人,绝少有他这样坎坷丰富的编辑经历,更遑论其博大精深的编辑思想。"②郑振铎在编辑事业上无疑是相当成功的。究其原因,爱读书与爱藏书是至关重要的一点。郑振铎藏书之多海内闻名,1958年不幸遇难后,家人将其图书捐献给国家,共计17000种,近10万册,其中古籍达7500种。"仅是其中关于我国版画木刻史料的部分,就已经是国内仅有的一份丰富收藏,

---

　　① 本节内容发表于《出版科学》2014年第5期,此处略有增添。

　　② 陈振文:《近十年郑振铎研究综述》,《赤峰学院学报(汉文哲学社会科学版)》2009年第5期。

没有第二个人能及得上的。"①正是依靠这些丰富的藏书，郑振铎才写出了诸如《插图本中国文学史》、《文学大纲》那样大部头的著作，编辑出了《中国版画史》、《玄览堂丛书》那样大部头的书籍，诚如茅盾在悼念郑振铎的诗中所说："买书贪得常倾箧，下笔浑如不系舟。"②有了前者，才会有后者。除此之外，笔者以为郑振铎之所以能够在编辑出版事业上取得如此巨大的成就，还有如下一些因素。

一、勤奋与天赋

郑振铎年轻时曾写过一首小诗，表达他对于苦闷的看法：

> 谁是人世间最苦闷者？
>
> 是终日辛勤工作的？是终日坐在书桌上不停的写或读的人？
>
> 不，那不是他们。最苦闷的却是那些安逸而无事可为的人。③

这不是惺惺作态，郑振铎的勤奋有目共睹。当年在商务印书馆编译所时，某一年夏天去莫干山休假，他就与郑贞文等相约每天不写

---

① 叶灵凤：《西谛的藏书》，《读书随笔》，生活·读书·新知三联书店 2008 年版，第 200 页。

② 茅盾：《悼郑振铎副部长》，载上海鲁迅纪念馆编：《郑振铎纪念集》，上海社会科学院出版社 2008 年版，第 75 页。

③ 据说，当时巴人（王任叔）在《小说月报》上看到郑振铎的这首小诗后触动很大，立下决心：用工作和劳动来击退苦闷、颓伤，并使自己没有一刻的空闲，来赢得心境的安泰。巴人后来一直保持爱劳恶逸的习惯，这可算是"闻一言而受用一生"的极好例子。

上相当字数不休息。而后来离开商务到北平执教后，据季羡林回忆，"他老是挟着一个大皮包，里边装满了稿件，鼓鼓囊囊的。学生们在背后说笑话，说郑先生走路就像一只大骆驼。可他一坐上校车，就打开皮包拿出稿子写起文章来。"[①] 即使是新中国成立后担任了国家文化部门的领导，依然勤奋如故。仅举一例，1957 年 9 月 2 日他的日记中所记："……小箴来。将《中国古代版画选》整理好。午夜十二时，空了来，即交给他。……十二时半，睡。"[②] 而第二天（9 月 3 日）他 4 点半即起床沐浴，6 时赶到飞机场。也正是因为勤奋，今天我们才能见到那厚厚 20 册的《郑振铎全集》。

另外，郑振铎在编辑出版上的天赋是毋庸置疑的。例如 1921 年时，年仅 24 岁（虚岁）的郑振铎就曾对商务印书馆编译所改革提交过一份意见书，其中有"应设图书审查会（十一人或九人）"，"应设中小学教科书编辑会议"之建议。[③] 那时，商务出书一直都是由个人拍板决定，而设置"图书审查会"审查、评议拟出图书或稿件，这样有助于提高出版决策的科学性。尤其值得一提的是他清晰地注明审查会人数为"十一人或九人"，可见他已经想好用民主的方式来解决评议中的争端。而设立中小学教科书编辑会议正可以集思广益，避免单兵作战的弊端，例如当年商务印书馆的《最新教科书》能够一纸风行其实也正得益于此种方式，据蒋维乔回忆，"当时之参加编辑者张元济、高凤谦、蒋维乔、庄俞等，略似圆桌会议，由

---

① 季羡林：《西谛先生》，载上海鲁迅纪念馆编：《郑振铎纪念集》，上海社会科学院出版社 2008 年版，第 268 页。

② 郑振铎著，陈福康编：《郑振铎日记全编》，山西古籍出版社 2006 年版，第 547 页。

③ 胡适著，曹伯言整理：《胡适日记全编》(三)，安徽教育出版社 2001 年版，第 393 页。

任何人提出一原则，共认有讨论之价值者，彼此详悉辩论，恒有为一原则讨论至半日或终日方决定者。"① 又如创办《儿童世界》，没有同类杂志可资借鉴，但是郑振铎凭借自己的理解将之打造成为当时最有影响的儿童期刊之一，其定位、栏目设置、语言风格都为后来者所模仿；编辑《文学季刊》，他主编时首印一万册仍然供不应求，但是等他不再主编时经营状况即渐趋恶化……这些也许只能用天赋来解释。

二、良好的性格

古希腊哲学家赫拉克利特曾说过"一个人的性格就是他的命运"，今天人们也常说"性格决定成败"，郑振铎编辑事业的成功与其性格有着天然的联系：

1. 性格随和。郑振铎为人随和，既不装腔作势，也不以势压人。季羡林回忆自己在清华大学读书时，曾前去偷听冰心和郑振铎的课，冰心先生板着面孔将他赶了出来，而郑振铎却和他交上了朋友。② 不仅如此，郑振铎有小孩般的天真和单纯，这是众多好友的共识。俞平伯感叹"最难得的是他的天真。所谓'阅世渐深，天真愈减'，虽不必是一个公式，至少，一个人大概不免这样。振铎亦花甲年华了，却老是这样的天真。他心里的青春和他面貌上

---

① 蒋维乔：《编辑小学教科书之回忆》，载《商务印书馆九十年》，商务印书馆 1987 年版，第 57 页。

② 季羡林：《悼组缃》，载《吴组缃先生纪念集》，北京大学出版社 1995 年版，第 11 页。

的青春一般的可爱"①。季羡林也说郑振铎"有时就像一个大孩子，不失其赤子之心"②。据说有一次郑振铎与冯友兰等人去理发店理发，理发师正给冯友兰刮脸，郑振铎见到冯友兰长须飘胸，就站在旁边起哄，连声对理发师高呼："把他的络腮胡子刮掉。"理发师不知所措，一失手，真把胡子刮掉一块。这时候，郑振铎大笑，旁边的人也都跟着哄笑。这种随和、单纯的性格使得郑振铎容易让人亲近，如余冠英就回忆1931年在清华结识郑振铎后，"他的爽朗的性格对青年人有一种吸引力，我和那时在清华读书的李嘉言、吴组缃、林庚都很快地和他有了交往。"③在后来的回忆文章中，凡是当年上过郑振铎课的学生几乎众口一词地感怀其和蔼可亲的风度。

2. 爱友若命。郑振铎热爱朋友是大家所公认的，俞平伯就说郑振铎"很好客，爱买书，爱喝酒，颇有'座上客常满，杯中酒不空'之风。他的爱交朋友和好搜求异书，凡是和他熟一点的朋友大概没有不知道的"④。而顾颉刚1921年在商务印书馆时就惊讶于郑振铎的好客，"振铎好客，未见其比。在上海租屋四十余元，自用不过两间，余悉借予人；买棕垫七付，备客来。"⑤郑振铎曾经为了证实

---

① 俞平伯：《悼念郑振铎同志》，载上海鲁迅纪念馆编：《郑振铎纪念集》，上海社会科学院出版社2008年版，第57页。

② 季羡林：《西谛先生》，载上海鲁迅纪念馆编：《郑振铎纪念集》，上海社会科学院出版社2008年版，第267页。

③ 余冠英：《悼念郑振铎先生》，载上海鲁迅纪念馆编：《郑振铎纪念集》，上海社会科学院出版社2008年版，第81页。

④ 俞平伯：《忆振铎兄》，载上海鲁迅纪念馆编：《郑振铎纪念集》，上海社会科学院出版社2008年版，第81页。

⑤ 顾颉刚：《顾颉刚日记》（第1卷），中华书局2011年版，第154页。

他在上海蛰居时期学会了一套烹饪术，就亲自下厨请一桌朋友吃饭，让一桌人欣赏他的厨艺，而他自己却躺在藤椅上用毛巾盖了肚子，原来他一直有病未愈，只是为了使朋友们高兴，就忘记了个人的病痛。①

这种爱友若命的性格使得郑振铎成了"宋江式的人物"，1934年他同章靳以主编《文学季刊》时约请作者聚餐，据季羡林回忆："……群英济济，三山五岳的英雄好汉群聚一堂，约百余人，北平文艺界知名之士差不多全到了。"有趣的是该刊创刊号上登出了一个108位特约撰稿人的名单，当时就有读者将之比喻成《水浒》中的一百零八将。而1946年他与李健吾主编《文艺复兴》时，其作者队伍更可谓群星璀璨：巴金、钱钟书、李广田、师陀、杨绛、辛笛、吴祖光、曹禺、沙汀、艾芜、臧克家、汪曾祺、丁玲、沈从文、朱自清、王统照、叶圣陶、郭绍虞、沈雁冰、郭沫若……全国名作家纷纷前来培植这块文艺园地，这自然与郑振铎"爱友若命"的性格大有关系。

3. 敢想敢干。敢想敢干是郑振铎性格中的另一大特点，以文学研究会的成立为例，叶圣陶就曾说："文学研究会的成立，可以说主要是振铎兄的功绩。我参加文学研究会，为发起人之一，完全是受他的鼓励；好几位其他成员也跟我相同。有时候我甚至这样想，如果没有振铎兄这样一位核心人物，这一批只会动笔而不善于处事的青年中年人未必能结合成这个文学团体。"②在编辑出版方面，郑振铎也颇有想

---

① 上海鲁迅纪念馆编：《郑振铎纪念集》，上海社会科学院出版社2008年版，第6页。

② 叶圣陶：《〈郑振铎文集〉序》，载上海鲁迅纪念馆编：《郑振铎纪念集》，上海社会科学院出版社2008年版，第343—344页。

法，王伯祥曾感叹周边文人朋友们"发言人太多而做事人少见"，而郑振铎则是少数例外，"他于文学会前途多所擘划，尤于出版物言之津津。弄得好，将来版税收入，确可做一桩较大的事业呢。"①茅盾则称赞郑振铎"大刀阔斧干起来再说的作风，这在三十年前萎靡不振的环境中确有开风气的作用。有一些刊物和丛书，他都是这种揽到手办起来的"。②

4.处事圆通。初出茅庐的郑振铎在短短数年间，其社会交往从周作人、鲁迅等文坛巨匠到蒋百里、朱希祖等社会名流，再到之后北平、上海乃至全国有名的新文学作家们，如果只凭随和的性格而无圆熟的处世技巧是很难想象的。例如郑振铎对人总是以鼓励为主，批评少，赞扬多，尤其是他认为是优点时总是不惜以热烈的言辞来称赞，对青年人只要有一长可取便加以鼓励，"好极了！好得不得了！"也成了他不离嘴的口头禅。再如文学研究会与创造社论战时期，面对挑衅，忍无可忍的茅盾选择了"一时不耐，故亦反骂"，而同样处于风口浪尖上的郑振铎却是选择和解："我们更希望国内从事文艺的同志，都能向上努力，不可因细微而互相倾轧。我们固不望大家都走上一条路，但至少总愿意在各路上同向文艺的园林走去的人，不要中途打起架来，为亲者所痛而为仇者所快"，并表示不再刊登双方的谩骂文章，最终将事端平息下去，这充分反映了其为人内敛、处事圆通的一面。

---

① 陈福康：《郑振铎年谱》（上），三晋出版社 2008 年版，第 107 页。
② 茅盾：《悼郑振铎副部长》，载上海鲁迅纪念馆编：《郑振铎纪念集》，上海社会科学院出版社 2008 年版，第 41 页。

三、广泛的人际关系网络

中国传统社会作为一种"熟人社会"（费孝通语），人际亲疏在某种意义上可以影响甚至决定个人在职业领域中的成就。郑振铎在编辑事业中的成功，除了自身的才华，良好的性格与勤奋外，也有赖于以亲缘、地缘、学缘、业缘为纽带结成的人际关系网络。

1.亲缘。众所周知郑振铎是商务印书馆元老高梦旦的女婿，高梦旦性格挚厚，性方行圆，善于处理人际关系，是商务印书馆不可少之润滑剂，历任商务领导者对其都敬重有加，作为高梦旦女婿的郑振铎，在商务内部自然也有某种优势。例如商务印书馆在出书上素以稳健著称,1919年拒绝承印孙中山的《孙文学说》即是典型例子，但是在一·二八事变之后，"左联"作家的作品通过郑振铎在商务印书馆出版，事后郑振铎也未受到商务印书馆高层的任何批评与指责，这除了当时出版环境的变迁外，也不排除有高梦旦的影响在内。

2.地缘。地缘就是因地理位置上的联系而形成的人际关系，即通常所说的同乡关系。当时的商务印书馆编译所以江浙人和福建人居多，福建籍人士除高梦旦外，还有郑贞文、陈承泽、黄士复、李宣龚、吴曾祺、江畲经、何公敢、唐钺等。郑振铎虽然生于浙江温州，但他籍贯福建长乐，并且基本上保持了福建人的生活习惯，包括语言与饮食。同乡情隆，这些福建同乡之间互相照顾与提携自在情理之中。

3.学缘。广义的学缘包含两层含义：一是较为正式的学术关联，如同学、师友等；一是非正式的，主要基于某种兴趣或志同道合而形

成的关系，如学会会员、社团社员等。茅盾曾说郑振铎是"一位搞
文学而活动能力又很大的人"，此话着实不虚，即以 1921 年《小说月
报》改革为例，虽然茅盾是当时《小说月报》的主编，但是改革后的
第 1 期十之六七的稿件都是由郑振铎在北京拉来的（包括自撰）。而
郑振铎如此高超的拉稿能力主要也是得益于第二种学缘关系，也就是
学会、社团的帮助（见表 6）。

表 6 1921 年前郑振铎参加社团一览

社团名称	地点	时间	基本情况
永嘉新学会	温州	1919	共 41 人，其中北京各校毕业生有 7 人，肄业生（包括郑振铎）有 11 人
社会实进会	北京	1920	耿济之与郑振铎是该会编辑部正副部长，编辑部共有会员 42 人
S.R 学会	北京	1920	北大有郑天挺、郭梦良、徐其湘；高师有张哲农、龚礼贤、刘庆平；女高师有黄庐隐、王世瑛、高奇如、何彤；清华有王世圻；师大附中有高仕圻；铁路学校有郑振铎；汇文中学有林昶，共 14 人
人道社	北京	1920	郑振铎为人道社负责人
曙光社	北京	1920	郑振铎为第三批社员
批评社	北京	1920	郑振铎与北大学生罗敦伟、徐其湘、周长宪、张邦铭、缪金源等人组织，筹备创刊《批评》半月刊（附《民国日报》发行）
文学研究会	北京	1921	周作人、朱希祖、蒋百里、郑振铎、耿济之、瞿世英、郭绍虞、孙伏园、沈雁冰、叶圣陶、许地山、王统照为发起人，1921 年 3 月 3 日已有 48 名会员
青年自立会	北京	1921	发起人为易家钺、周长宪、杨璠、郭梦良、徐其湘、胡淑光、罗敦伟、成舍我、谢楚桢、郑振铎、杨遂夫、罗宗翰、陈大悲、陈顾远
北京社会主义青年团	北京	1921	北京社会主义青年团组织领导改选，成立由 11 人组成的执行委员会，其中李大钊、郑振铎为出版委员

4.业缘。所谓业缘，是指人们在社会中从事职业而形成的关系。
郑振铎从事编辑工作近 40 年，尤其是在当时全国最大的出版机构商

务印书馆工作近十年，从而在出版界好友众多，这为郑振铎的编辑事业提供了良好的环境，如他 1926 年编成民歌集《白雪遗音选》，许多书店以其内容狎亵，不愿冒险出版，最后还是章锡琛主持的开明书店用"鉴赏社"的名义替他印出。

四、独特而成熟的编辑思想

编辑思想是编辑工作在编辑头脑中的意识反映，是关于编辑工作各方面和环节的一系列见解观点，是编辑工作的本质反映。郑振铎对于编辑工作有着深刻的认识，如他在 1931 年出版的《编辑者》发刊词中对于编辑地位和作用的阐述：

> 他们相信，人类社会之需要智慧也正和他们之需要食粮一样的迫切；特别在今日文化落伍，知识未开的中国，拿笔杆的人们的责任，似乎比一切都更重要。一切科学知识，都未彻底的移殖进来，伟大的思想家文学家还有待于将来的出现；而百分之九十以上的不识字的民众，正嗷嗷待哺的有待于最原始的启蒙运动的进展。这都使拿笔杆的人们不能不旦夕的感到"不足"，与发生要担负了这些启蒙运动与移殖事业的雄心的。为了人类，为了中国，他们都是不能放弃了这些明显的摆放在他们面前的责任的。
>
> "编辑者们"只是拿笔杆的人们里的很微小的一部分人，但为力虽微，我们却也并不愿放弃了那些重要的责任，更不敢忽视

了自己所担负的职务与力量。①

虽是 80 多年前的文字，至今读来依然荡气回肠，引人深思。郑振铎的编辑思想博大精深，笔者仅选择其中数点略谈之。

服务社会，坚持站在人民立场。青年时代郑振铎就意识到，要改变中国，前提是社会大众的觉醒，而要使社会大众"有知识，明事理，有觉悟，有奋斗的精神"，需要做的"就是：社会服务；就是：下层的大多数的新文化运动；也就是：灌输新思想给一般社会"。②服务社会的思想贯穿于郑振铎编辑生涯的始终，无论是主编《小说月报》时既倡导文学的"真使命"，又大力提倡"血的文学和泪的文学"，还是五卅惨案后愤慨于帝国主义的残暴与中国国民的冷漠奋起编辑《公理日报》，抗战胜利后主编《民主》杂志坚持"以中国国民的立场来发言"，这种编辑思想在郑振铎的编辑生涯中一以贯之。

重视宣传，借用名家力量。在郑振铎的编辑生涯中，重视宣传既是一种编辑思想，也是一大编辑特点。早在 1920 年编辑《新社会》时，郑振铎就同耿济之去拜访新文化运动旗手陈独秀，向陈请教办报刊和社会革新问题，并以陈独秀的意见为基础撰成《我们今后的社会改造》发表在《新社会》上。而此后，无论是其主编的《文学季刊》、《世界文库》将大批文史名家列入作者名单，还是编辑《中国历史参考图谱》时请郭沫若、周谷城、王国秀、

---

① 郑振铎：《〈编辑者〉发刊词》，《郑振铎全集》(3)，花山文艺出版社 1998 年版，第 94—95 页。

② 郑振铎：《学生的根本上的运动》，《新社会》1920 年第 12 期。

王伯祥、丁山、吴晗、翦伯赞、周予同、贺昌群、顾颉刚、向达等12位文史名家为之题词，借用名家以做推广的意图都十分明显。当然，当时书业界借名人做宣传实属平常，但是如何避免商业俗气又不致曲高和寡，郑振铎往往能拿捏得当，这或许正是他的独特之处。

抓大放小，着力奠基性工作。综观郑振铎的编辑成就，无论是刻印《北平笺谱》、《十竹斋笺谱》，还是编辑出版《世界文库》、《中国版画史图录》、《中国历史参考图谱》、《古本戏曲丛刊》、《中国古代版画丛刊》，都可谓气势磅礴、工程浩大。郑振铎之所以喜欢做大型出版项目，并非沽名钓誉，抑或贪多求大，而是由其个人经历与学术见识决定的。正如好友周予同在《汤祷篇·序》中所言："他只要对这一门学问感到兴趣，便开始阅读原著，大量收集资料，从目录版本的路径钻进去、推开去。"①郑振铎推崇完整资料在研究中的重要性，即使是1958年遭受批判时他依然不改此种观点，"把有用的古书送到专家手里……发现文化学术资源是有功的。"②而学术研究的思路与方法无形中也影响着他的编辑工作，他常常对某一领域资料进行竭泽而渔式的搜集与整理。也因为如此，郑振铎编辑的许多书籍，在今天依然是某些领域的基础性研究资料，成为许多人的必读之书。

---

① 周予同：《汤祷篇·序》，载《郑振铎全集》(3)，花山文艺出版社1998年版，第573页。

② 谢辰生：《纪念郑振铎先生诞辰一百周年——〈郑振铎文博文集〉代前言》，《中国历史博物馆馆刊》1998年第2期。

五、卓越的编辑技巧

郑振铎在编辑实践中"考虑到读者一方面的环境和习惯",讲究编辑方法与编辑技巧。如提倡简朴的、口语化的语言,抛弃当时流行的"令人读过三遍之后还弄不清作者究竟想说什么"的"有些过分夸张的学术文体",注重通俗易懂;在书刊样式上追求图文并茂,强调封面、插图的重要性,不但有著名的《插图本中国文学史》这样图文结合的作品,而且在编辑《小说月报》、《文艺复兴》等期刊时在目录页上都搭配精致的插图;在内容编排上注重系统性、有序性,丛书编辑方面讲究"出版的次第,应该略有系统,先出门径的根本的书,后出名家的专著",而在期刊编辑上经常使用"专号"形式以便主题内容系统呈现。据不完全统计,从1920年4月11日为庆祝五一劳动节出版《新社会》"劳动专号"开始,郑振铎共编辑出版了30种专号和4种特大号;[①] 在图书宣传方面,注意利用报纸等大众传媒扩大社会影响力,另外通过发售样本、限量版、签名本等形式刺激读者购买欲望,等等。

除了上述方法外,笔者以为有意识地将目录学方法移植到编辑事业中去是郑振铎编辑技巧中最具特色者。此种做法或许与郑振铎的自身经历有关。郑振铎在文学研究上是半路出家,因为爱好文学才舍弃铁路职员的"铁饭碗"转而进入编辑界,日后他成为中国俗文学及版画研究的专家完全依靠自己摸索钻研。在此过程中他对目录学的作用感触颇深,"'版本''目录'的研究,虽不就是'学问'的本身,却是

---

① 巢乃鹏:《郑振铎编辑思想研究》,《中国出版》2000年第3期。

弄'学问'的门径。未有升堂入室而不由门循径者，也未有研究某种学问而不明了产于某种学问的书籍之'目录''版本'的。而于初学者，这种'版本''目录'，尤为导路之南针，照迷的明灯。有了一部良好的关于某种学问的书籍目录，可以省掉许多人的暗中摸索之苦。我们都是经过了'摸索'的境界，吃尽了苦的。"① 由于有暗中摸索之苦的切身体会，所以郑振铎特别重视各种专题目录的编制，以指导读者自学、研究，如《关于诗经研究的重要书籍介绍》分"关于《诗经》的注释及见解的书"、"关于《诗经》的音韵名物的研究及异文的校勘的书"、"关于《诗经》书籍的辑佚的书"以及"附录"等四部分，每一部分又分若干小类，每书条目著录书名、著者或传者、笺者、版本。每一部分末附有短语，介绍这部分著述的渊源流别和重要的版本，每书条目下也有简短的说明，介绍这书的性质和特点，这就为研究《诗经》的人做了必要的资料准备工作。这一类的专题目录还有《中国文学研究的重要书籍介绍》、《中国的诗歌总集》、《几部词集》、《关于中国戏曲研究的书籍》、《中国的戏曲集》、《中国戏曲的选本》、《四库全书中的北宋人别集》等。除此之外，郑振铎还编写了众多的专题文献述评，重要者包括《三十年来中国文学新资料发现记》、《中国戏曲史资料的新损失与新发现》、《钞本百种传奇的发现》、《明清二代的平话集》、《记一九三三年间的古籍发现》、《读曲杂录》、《中国小说提要》等。② 这些目录与文献述评，不啻一般读者在自学与研究路上引路的明灯。

---

① 郑振铎：《中国小说史料序》，《郑振铎全集》(6)，花山文艺出版社 1998 年版，第730 页。
② 张厚生：《郑振铎在目录学上的成就与贡献》，《武汉大学学报（社会科学版)》1983 年第 2 期。

郑振铎编辑出版大事年表 ^①

1898 年

12 月 19 日，郑振铎出生于浙江省永嘉县。

1916 年　18 岁

集《古今文综》中论文之作，成《论文集要》二册，是为郑振铎纂集工作之始。

1918 年　20 岁

入北京铁路管理学校；因常去北京青年会看书，结识瞿秋白、耿济之等人，结下一生友谊。

1919 年　21 岁

6 月，在温州与陈仲陶等人发起组织救国讲演周刊社，创办《救国讲演

---

① 本年表主要参考陈福康《郑振铎年谱》、福州市地方志编纂委员会《郑振铎志》等著作。

周刊》，约出六七期，因抨击瓯海道尹黄庆澜而被查封。

11月1日，与瞿秋白、耿济之、瞿世英等人创办《新社会》旬刊，郑振铎撰写《发刊词》；11月9日，同耿济之携《新社会》创刊号拜访陈独秀。

1920年　22岁

1月1日，《新社会》旬刊第7期发表郑振铎撰写的《一九一九年的中国出版界》。

5月，《新社会》旬刊出满19期后被北洋政府京师警察厅以"主张反对政府"罪名查禁。

7月2日，作《我对于编译丛书底几个意见》。

8月5日，与瞿秋白、耿济之、瞿世英等人创办《人道》月刊，该刊仅出一期即被迫停办；8月7日，永嘉新学会召开第二次年会，郑振铎被正式选举为编辑委员。

10月20日，与罗敦伟、徐六几、周长宪、张邦铭、缪金源等人创办《批评》半月刊，附在《民国日报》发行。

12月，参与编辑《北京铁路管理学校高等科乙班毕业纪念册》；12月25日，从北京铁路管理学校毕业，到沪甬杭铁路管理局当实习生。

1921年　23岁

1月4日，文学研究会在北平中央公园来今雨轩召开成立大会，郑振铎被选为书记干事；1月10日，《小说月报》第12卷第1期出版，该刊从此期起由沈雁冰负责主编，郑振铎在北京积极为改革后的《小说月报》组稿。

3月21日，文学研究会在石达子庙欧美同学会大礼堂召开临时大会，会上郑振铎报告已与上海商务印书馆谈妥出版"文学研究会丛书"事宜，并签订了相关契约。

5月10日，由郑振铎主编的文学研究会机关刊物《文学旬刊》创刊，作为上海《时事新报》的副刊发行；5月11日，郑振铎进入上海商务印书馆编译所工作，主要负责"文学研究会丛书"及小学教科书的编纂工作；5月27日，在《民国日报·觉悟》发表《文学研究会丛书目录》。

7月17日，接替李石岑担任《时事新报》副刊《学灯》主编；7月24日，在《时事新报·学灯》上开辟"儿童文学"专栏，为我国最早的儿童文学副刊。

8月1日，在《时事新报·学灯》发表《今后的学灯》；8月10日，以"文学研究会上海同人"名义发表《答宋春舫信》，讨论"文学研究会丛书"的编选事宜。

1922年　24岁

1月7日，郑振铎主编的《儿童世界》周刊创刊，这是我国第一本儿童文学专刊；1月31日，郑振铎在《时事新报·学灯》上发表《西谛启事》，宣布由柯一岑接任《学灯》主编一职。

3月10日，《小说月报》第13卷第3期登载记者答姚天寅信，其中提到沈雁冰与郑振铎正在商量编辑"文学小丛书"计划。

7月8日，召开文学研究会南方会员年会，讨论了丛书及小丛书问题以及《文学旬刊》编辑问题。

12月21日，因接替沈雁冰主编《小说月报》，在《文学旬刊》上发表"启事"，声明不再负《文学旬刊》和《儿童世界》编辑之责。

1923年　25岁

1月10日，接编《小说月报》后的第一期（第14卷第1期）正式出版；1月，主编《童话》第三集出版，共收《猴儿的故事》、《鸟兽赛球》、《白须小儿》、《长鼻矮子》四种；与周予同、顾颉刚、胡愈之、沈雁冰、王伯祥、叶圣陶、谢六逸、陈达夫、常乃惪等人发起成立朴社。

7月30日，郑振铎在《文学旬刊》第81期上发表《本刊改革宣言》，宣布本期起改名为《文学》，刊期改为周刊。

9月5日，为叶圣陶童话集《稻草人》作序；9月6日，为耿济之翻译作品《人之一生》作序。

1924年　26岁

1月，主编"文学研究会通俗戏剧丛书"，由商务印书馆陆续出版。

4月10日，主编《小说月报》第15卷第4期"拜伦专号"出版；4月18日，上海各团体在商务印书馆东方图书馆会议厅举行欢迎泰戈尔大会，郑振铎、张元济等1200余人参加。

6月，以上海文学研究会名义印行第一套文学家明信片，印有泰戈尔、拜伦、夏芝、法朗士、霍普特曼、陀思妥耶夫斯基，吸引许多文学青年购买，如施蛰存与戴望舒等。①

8月，主编《星海》，作为《文学周刊》百期纪念刊由商务印书馆出版，撰写《发刊缘起》。

9月18日，上海朴社同人发出《通启》，宣布解散朴社，后来顾颉刚等人在北平重建朴社。

11月，主编的《小说月报丛刊》开始由商务印书馆出版，该丛刊主要是将《小说月报》上的优秀作品印成单行本。

本年，介绍徐调孚参加《小说月报》编辑工作。

1925年　27岁

3月，以上海文学研究会名义印行第二套文学家明信片，印有莎士比亚、雨果、托尔斯泰、安徒生、般生、爱莫孙。

5月10日，《文学》周刊（第172期）改为《文学周报》独立出版；5

---

① 沈建中编撰：《施蛰存先生编年事录》，上海古籍出版社2013年版，第79页。

月 11 日，郑振铎主编的《时事新报·鉴赏周刊》创刊；5 月 30 日五卅惨案发生后，郑振铎写成《街血散去后》一文，对帝国主义残暴罪行予以声讨，对国人的迂缓与麻木进行抨击。

6 月 3 日，《公理日报》第 1 期面世，该报由"上海学术团体对外联合会"名义主办，郑振铎、叶圣陶、胡愈之、王伯祥等文学研究会会员负责具体编辑和发行工作；6 月 24 日，《公理日报》出完 22 期后被迫停刊。

12 月，郑振铎主编的"文学周报社丛书"开始由"妇女问题研究会"出版，出版的第一本为郑振铎作序的《子恺漫画》。

1926 年　28 岁

1 月 1 日，《济难月刊》创刊，郑振铎是 58 位发起人之一。

9 月 5 日，参与筹办的《一般》杂志创刊，该刊为立达学园刊物，夏丏尊主编。

本年，编选的《中国短篇小说集》开始由商务出版，该书获得鲁迅好评，称其"埽荡烟埃，斥伪返本，积年湮郁，一旦霍然"（《唐宋传奇集·序》）。

1927 年　29 岁

2 月 16 日，郑振铎参与筹建的上海著作人公会正式成立，郑振铎被选为执行委员。

5 月 19 日，因白色恐怖加剧，郑振铎准备出国避难，委托叶圣陶代为主编《小说月报》，胡愈之、徐调孚代为主编"文学研究会丛书"。

1928 年　30 岁

9 月 3 日，郑振铎回国后重新担任《小说月报》主编，叶圣陶回商务编译所国文部。

10 月底 11 月初，郑振铎参与发起筹备中国著作者协会。

12 月 30 日，在《文学周报》第 350 期发表启事，声明该刊从第 8 卷第 1 期起脱离开明书店，改由远东图书公司出版印行。

1929 年　31 岁

1 月 10 日，《小说月报》第 20 卷第 1 期出版，开始刊登巴金的第一部小说《灭亡》，并新辟"随笔"栏目，郑振铎撰写《"随笔"栏发刊词》。

4 月 24 日，作《评上海各日报的编辑法》，批评上海市面各新闻报纸编辑的不良现象。

本年，中华教育文化基金董事会编译委员会主编的"大学丛书"开始在商务印书馆出版，郑振铎后来加入"大学丛书"委员会。

1930 年　32 岁

5 月 31 日，为所藏明万历初年毗陵蒋孝三径草堂本《新编南九宫词》题词，并付北京大学出版组印行。

本年，据夏衍回忆，"左联"作家作品通过郑振铎等开始在商务印书馆陆续出版。

1931 年　33 岁

2 月 14 日，商务印书馆编译所工会开预备会，推举郑振铎与周予同担任宣传委员兼办刊物。

5 月，郑振铎编辑的《清人杂剧初集》影印出版。

6 月 15 日，与周予同二人主编的"上海市出版业工会商务编译所办事处"内部刊物《编辑者》月刊创刊，该刊出版 5 期后停刊。

7 月 15 日，发表《编译方针与编译计划》。

9 月 7 日，应郭绍虞之邀任燕京大学中文系教授，从此离开工作了 10

年的商务印书馆。

12 月 15 日，清华大学《文学月刊》第 2 卷第 1 期出版，郑振铎从本期起任该刊顾问。

1932 年　34 岁

7 月，北平燕京大学国文学会主办的《文学年报》创刊，郑振铎任该刊顾问。

11 月，郑振铎编译的《英国的神仙故事》一书由上海新中国书局出版，作为小学高年级"国语补充读物"之一。

12 月，郑振铎编著的《插图本中国文学史》由北京朴社正式出版。

1933 年　35 岁

3 月 30 日，从北平到上海，与沈雁冰商议，提议创办大型文学刊物，即后来的《文学》月刊。

7 月 1 日，《文学》月刊创刊于上海，由生活书店发行。

9 月 4 日，到上海与鲁迅面商编选《北平笺谱》诸事。

1934 年　36 岁

1 月 1 日，由郑振铎与靳以主编的大型文学刊物《文学季刊》由北平立达书店出版。

2 月 9 日，鲁迅提议与郑振铎合作翻刻《十竹斋笺谱》。

7 月，郑振铎、傅东华主编的《我与文学》由上海生活书店出版，该书为《文学》月刊创刊一周年纪念特辑。

9 月 20 日，由郑振铎参与发起、陈望道主编的《太白》半月刊在上海创刊，生活书店出版。

11 月 25 日，郑振铎请周作人选编《中国新文学大系·散文一集》。

1935年 37岁

1月21日，在上海与鲁迅会面，提出编辑《世界文库》设想并得到鲁迅的支持。

5月20日，郑振铎主编的《世界文库》第一册由上海生活书店出版。

7月，郑振铎、傅东华编辑的《文学百题》作为"《文学》二周纪念特辑"由上海生活书店出版。

8月7日，暨南大学新任校长何炳松正式任命郑振铎为该校文学院院长兼中国语文学系主任。

9月，担任"中国文学珍本丛书"编委，该丛书第一辑50种，由上海杂志公司总发行。

10月，良友图书印刷公司出版由郑振铎编选的《中国新文学大系·文学论争集》。

1936年 38岁

2月，《暨南学报》创刊，郑振铎为国立暨南大学编译出版委员会14名委员之一。

7月1日，在《文学》月刊第7卷第1期上发表《世界文库第二年革新计划》，决定对《世界文库》的编辑体例进行革新。

9月，与鲁迅、茅盾等人合编的瞿秋白遗文集《海上述林》（上卷），以"诸夏怀霜社"名义出版。

11月6日，出席暨南大学文学院文史季刊编辑委员会第二次会议，被推举为该刊编委会主席。

1937年 39岁

4月24日，郑振铎主持的《国立暨南大学图书馆馆报》创刊。

7月20日，郑振铎与张志让、张仲实等人创办《中华公论》月刊，由生活书店发行；7月25日，上海编辑人协会成立，郑振铎等31人为理事。

8月24日，上海市文化界救亡协会主办的《救亡日报》创刊，郑振铎、沈雁冰等30人为编委会成员。

9月1日，《中华公论》、《国民周刊》、《世界知识》、《妇女生活》等杂志组成《战时联合旬刊》，郑振铎与金仲华等主编。

年底，郑振铎与胡愈之、王任叔、许广平等20人秘密组织"复社"，筹备出版《西行漫记》、《鲁迅全集》等书。

1938年　40岁

5月4日，中华全国文艺界抗敌协会在汉口创办会报《抗战文艺》，郑振铎为"会报编委会"33位成员之一；5月8日，为柯灵主编的《文汇报·世纪风》开辟《书评专刊》（周刊）。

6—8月，《鲁迅全集》20卷陆续出版，整个过程中"以郑振铎、王任叔两先生用力为多"（许广平）。

1939年　41岁

1月11日，冯梦云编的《鲁迅风》在上海创刊，郑振铎是该刊支持者之一。

5月29日，为"大时代文艺丛书"写总序，该丛书由郑振铎、王任叔、孔另境主编，上海世界书局出版。

11月，与徐调孚共同主编《文学集林》，由开明书店出版。

下半年，与赵家璧商量编辑出版《中国版画史》，并开始编选《中国版画史图录》。

1940年　42岁

11月，与何炳松、金兆梓、章锡琛、王伯祥、徐调孚、杜佐周、周予同、周昌寿等人共同编辑的《学林》月刊创刊，由开明书店出版。

本年郑振铎主要替"文献保存同志会"进行珍贵古籍的搜购工作，并定期撰写工作报告。

1941年　43岁

5月1日，藏书《顾氏画谱》在良友复兴图书印刷公司影印出版。

6月9日，致唐弢信，提及《十竹斋笺谱》第四卷已印出，至此《十竹斋笺谱》全部刻成，前后耗时7年时间；6月，所编《玄览堂丛书》由上海精华印刷公司（商务印书馆在沪印刷厂的化名）开始影印出版。

10月，郑振铎参与编辑的《鲁迅三十年集》在上海鲁迅全集出版社出版，共30册，29种。

12月17日，去张乾若家商定改名换姓之事，从此化名"陈世训"伪装成文具店职员，开始长达4年的"蛰居"生活。

1942年　44岁

本年郑振铎蛰居上海，极少参加外界活动。郭绍虞因拒绝伪北大的邀请而失业，郑振铎介绍其到上海开明书店担任辞书编纂工作。

1943年　45岁

本年主要活动为赴书肆阅书、整理书目及访友。

1944年　46岁

本年主要活动为赴书肆访书、购书。

1945年　47岁

2月5日，以"纫秋居士"为名，为自撰清代总集书目题跋。

10 月 13 日，郑振铎主编的《民主》周刊正式创刊。

1946 年　48 岁

1 月 10 日，郑振铎与李健吾联合主编的《文艺复兴》月刊在上海创刊，由上海出版公司发行，郑振铎撰写《发刊词》。

2 月 18 日，在金城银行餐厅主持全国文协上海分会的宴会，一为欢送老舍、曹禺赴美讲学，二为欢迎从各地来沪的文协会员。

3 月 8 日，开明书店经理室工作会议决定，延聘郑振铎等七人为编审委员会委员。

4 月 17 日，郑振铎主编的《联合日报晚刊·文学周刊》创刊。

10 月 31 日，因遭国民党当局查禁，《民主》周刊被迫停刊。

本年，郑振铎准备编撰《中国历史参考图谱》，得到中共地下党员方行和上海出版公司刘哲民等人的支持，由他们召集友人，筹集资金，最终组成"中国历史参考图谱刊行会"。

1947 年　49 岁

2 月 22 日，郑振铎所编《中国历史参考图谱样本》印好。

4 月，许地山遗著《危巢坠简》由商务印书馆出版，郑振铎题签。

5 月，所编《玄览堂丛书续集》由国立中央图书馆影印。

10 月 15 日，编著《西域画》（上辑），由上海出版公司出版。

秋季，郑振铎写成《拟编中国百科全书计划书》，以待将来有机会编成这样一部作品。

本年，郑振铎编的《中国雕塑史图录》之一《中国古明陶俑图录》在上海出版公司印成纸样。

1948 年　50 岁

1 月，编辑《域外所藏中国古画集》由上海出版公司出版。

9 月 10 日，主编的《文艺复兴》"中国文学研究号"（上）出版。

12 月 20 日，主编的《文艺复兴》"中国文学研究号"（中）出版。

本年，郑振铎所编《玄览堂丛书三集》由国立中央图书馆影印；主持翻译《美国文学丛书》。

1949 年　51 岁

1 月，《青年界》新 6 卷第 5 期刊登《〈达夫全集〉出版预告》，编辑委员会由郭沫若、郑振铎、刘大杰、赵景深、李小峰、郁飞组成，该书后因故未能出版。

2 月 28 日，在中共香港分局的安排下，郑振铎与柳亚子、马寅初、陈叔通、包达三、叶圣陶、宋云彬、曹禺等 27 人乘坐挪威货轮"华中号"离港北上。

3 月 24 日，在北京饭店参加中华全国文学艺术工作者代表大会筹备委员会第一次会议，郑振铎被选为 42 名大会筹备委员之一；3 月，"晨光世界文学丛书"（原名"美国文学丛书"）开始由上海晨光出版公司出版（据赵家璧回忆，费正清向郑振铎提议编译该丛书，经文协上海分会讨论通过，郑振铎为中方的负责人）。

7 月 19 日，中华全国文学艺术界联合会成立，郑振铎成为全国文联 87 名委员之一。

8 月 5 日，主编的《文艺复兴》"中国文学研究号"（下）出版。

9 月 21 日，郑振铎以全国文联代表身份出席中国人民政治协商会议，并被推选为政协全国委员会委员和文教组组长。

10 月 1 日，中华人民共和国成立，郑振铎出席开国大典。

1950 年　52 岁

4 月 18 日，在政协全国委员会出席文教组首次会议，郑振铎任组长。

9 月 15 日，郑振铎作为华东区特邀代表出席第一届全国出版会议。

1951 年　53 岁

1 月 6 日，致信刘哲民，谈编辑《中国历史参考图谱》诸事。

5 月，散文集《蛰居散记》由上海出版公司出版，列入"文艺复兴丛书"。

7 月 28 日，中国史学会在京成立，郑振铎与郭沫若、吴玉章、范文澜、翦伯赞等 133 人出席。

1952 年　54 岁

5 月 21 日，致信刘哲民，提议再印《艺术图录》续集。

6 月 27 日，致信刘哲民，谈《伟大的艺术传统》的编写计划。

11 月 4 日，由郑振铎与吴晗等人倡议的中国书店在北京成立，该书店主要从事古旧书的购售；11 月 20 日，致信刘哲民，力劝其将上海出版公司维持下去。

1953 年　55 岁

2 月 3 日，致信刘哲民，谈及开文、申记等珂罗版印刷所迁京诸事，并提出要影印《楚辞集注》。

2 月 22 日，北京大学文学研究所成立，郑振铎任所长。

9 月 23 日，全国文学艺术工作者第二次代表大会开幕，大会期间郑振铎被选为中国文学艺术界联合会全国委员会主席团成员。

1954 年　56 岁

1 月，郑振铎所著的《基本建设与古文物保护工作》由北京中华全国科学技术普及协会出版。

2 月，所著的《中国俗文学史》由北京作家出版社再版，《古本戏曲丛刊初集》出版。

7 月 17 日，出席中国作家协会主席团第 7 次扩大会议，讨论《译文》杂志的相关事宜。

11 月 21 日，由郑振铎任团长、周而复为副团长的中国文化代表团一行 67 人启程出访印度和缅甸。

12 月，本年，中苏有关部门酝酿合作编辑出版《中国历史大图谱》，中方由郑振铎总负责。

1955 年　57 岁

6 月 10 日，率领中国文化代表团应邀去印度尼西亚访问演出。

7 月，《古本戏曲丛刊二集》出版。

1956 年　58 岁

6 月，《取火者的逮捕》由上海新文艺出版社重版。

10 月，《劫中得书记》由上海古典文学出版社出版，《伟大的艺术传统图录》经修订后由中国古典艺术出版社再版。

1957 年　59 岁

2 月，《古本戏曲丛刊三集》出版。

4 月，历史小说集《桂公塘》由上海文艺出版社再版。

6 月，历史论集《汤祷篇》由上海古典文学出版社出版。

12 月，《中国文学研究》由北京作家出版社出版，《插图本中国文学史》在该社重版。

1958 年　60 岁

2 月，《中国古代版画丛刊初编》样本在上海古典文学社出版。

5 月 28 日，在文学研究所开会，拟出刊《文学评论》及"文学小丛书"。

10 月 17 日，郑振铎率领中国文化代表团乘苏联客机图—104 号取道苏联前往阿富汗和阿拉伯酋长国作友好访问；10 月 18 日，飞机在苏联楚瓦什苏维埃社会主义自治共和国不幸失事，郑振铎等 16 位中国同志全部遇难；10 月 31 日，首都各界代表 1400 多人在首都剧场隆重举行郑振铎等 16 位同志的追悼大会。

12 月，《古本戏曲丛刊四集》出版。

参考文献

郑振铎:《郑振铎全集》,花山文艺出版社 1998 年版。

郑振铎著,陈福康整理:《郑振铎日记全编》,山西古籍出版社 2006 年版。

郑振铎:《中国古代木刻画史略》,上海书店出版社 2006 年版。

[美] 埃德加·斯诺著,新民节译:《斯诺文集》,新华出版社 1984 年版。

安徽省地方志编纂委员会编:《安徽省志·人物志》,方志出版社 1999 年版。

巴金:《巴金选集》,四川人民出版社 1996 年版。

鲍宗豪主编:《人文与社会》(文化哲学·宗教·历史),上海社会科学院出版社 2004 年版。

北京师范大学校史编写组编:《北京师范大学校史》,北京师范大学出版社 1982 年版。

陈初辑:《京师译学馆校友录》,台北文海出版社 1978 年版。

陈福康:《郑振铎传》,北京十月文艺出版社 1994 年版。

陈福康:《郑振铎年谱》,三晋出版社 2008 年版。

陈福康：《郑振铎论》，商务印书馆 2010 年版。

陈建功编著：《中国现代文学馆馆藏珍品大系·信函卷》（第 1 辑），文化艺术出版社 2009 年版。

陈明章：《私立燕京大学》，南京出版有限公司 1982 年版。

陈平原：《触摸历史与进入五四》，北京大学出版社 2005 年版。

陈思和：《海藻集》，广西师范大学出版社 2007 年版。

尹均生主编：《20 世纪永恒的红星》，华中师范大学出版社 1998 年版。

邓绍基：《邓绍基论文集》，社会科学文献出版社 2014 年版。

邓之诚：《骨董琐记全编》，北京出版社 1996 年版。

董丽敏：《想象现代性——革新时期的〈小说月报〉研究》，广西师范大学出版社 2006 年版。

房鑫亮：《忠信笃敬——何炳松传》，浙江人民出版社 2006 年版。

傅雷：《傅雷全集》，辽宁教育出版社 2002 年版。

戈宝权：《中外文学因缘：戈宝权比较文学论文集》，华东师范大学出版社 2013 年版。

《革命出版工作 50 年》，生活·读书·新知出版社 1982 年版。

顾颉刚：《顾颉刚日记》，中华书局 2011 年版。

顾颉刚：《顾颉刚自传》，北京大学出版社 2012 年版。

国家图书馆善本特藏部编：《文津学志》（第 3 辑），国家图书馆出版社 2010 年版。

郭沫若：《郭沫若全集》（文学编），人民文学出版社 1992 年版。

郭湛波：《近五十年中国思想史》，山东人民出版社 1997 年版。

洪子诚：《问题与方法：中国当代文学史研究讲稿》，生活·读书·新知三联书店 2002 年版。

胡适著，曹伯言整理：《胡适日记全编》，安徽教育出版社 2001 年版。

胡愈之：《胡愈之文集》，生活·读书·新知三联书店 1996 年版。

黄建秋：《百年中国考古》，江苏人民出版社 2013 年版。

黄可：《上海美术史札记》，上海人民美术出版社 2000 版。

[美] 黄仁宇：《黄河青山》，生活·读书·新知三联书店 2001 年版。

黄裳：《榆下说书》，安徽教育出版社 2006 年版。

黄源：《黄源文集》，上海文艺出版社 2005 年版。

贾植芳主编：《文学研究会资料》，河南人民出版社 1985 年版。

蒋复璁：《蒋复璁口述回忆录》，台北"中央研究院"近代史研究所 1990 年版。

金冲及：《转折年代——中国的 1947 年》，生活·读书·新知三联书店 2002 年版。

柯灵：《往事随想》，四川人民出版社 2000 年版。

蓝海：《中国抗战文艺史》，现代出版社 1947 年版。

李长之：《李长之文集》，河北教育出版社 2006 年版。

李楷：《国民党 43 名头等战犯通缉令》，华文出版社 2011 年版。

李怡、易彬编：《穆旦研究资料》，知识产权出版社 2013 年版。

李玉安、黄正雨编著：《中国藏书家通典》，中国国际文化出版社 2005 年版。

梁漱溟：《忆往谈旧录：梁漱溟回忆录》，中国文史出版社 2012 年版。

林祥主编：《世纪老人的话：施蛰存卷》，辽宁教育出版社 2003 年版。

刘运峰：《鲁迅著作考辨》，天津人民出版社 2009 版。

刘增杰、解志燕编校：《师陀全集续编·补佚篇》，河南大学出版社 2013 年版。

鲁迅：《鲁迅全集》，人民文学出版社 2005 年版。

茅盾：《茅盾全集》，人民文学出版社 1997 年版。

茅盾著，刘麟编：《茅盾书信集》，百花文艺出版社 1987 年版。

民进中央会史工作委员会编：《民进会史资料选辑》（第 1 辑），2000 年。

倪墨炎：《现代文坛内外》，汉语大词典出版社 1998 年版。

欧初：《我亲见的名人与逸事》，广东人民出版社 2008 年版。

潘吉星：《中国造纸史》，上海人民出版社 2009 年版。

［俄］普列汉诺夫：《普列汉诺夫美学论文集》，人民文学出版社 1983 年版。

瞿秋白：《瞿秋白文集》（文学编），人民文学出版社 1985 年版。

全国政协文史资料委员会编：《文史资料存稿选编》（第 23 辑·文化），中国文史出版社 2002 年版。

饶鸿兢等编：《创造社资料》，福建人民出版社 1985 年版。

上海鲁迅纪念馆编：《郑振铎纪念集》，上海社会科学院出版社 2008 年版。

上海鲁迅纪念馆编：《黄源文集》，上海文艺出版社 2005 年版。

上海市历史学会编：《上海史学名家印象记》，上海人民出版社 2012 年版。

商务印书馆编：《商务印书馆九十年》，商务印书馆 1987 年版。

商务印书馆编：《商务印书馆九十五年》，商务印书馆 1992 年版。

沈从文：《沈从文全集》，北岳文艺出版社 2002 年版。

沈津：《书韵悠悠一脉香——沈津书目文献论》，广西师范大学出版社 2006 年。

宋庆森：《书海珠尘——漫话老版本书刊》，新华出版社 2001 年版。

宋原放主编：《中国出版史料》（现代部分），山东教育出版社 2001 年版。

苏精：《近代藏书三十家》（增订本），中华书局 2009 年版。

［美］孙康宜、［美］宇文所安主编，刘倩等译：《剑桥中国文学史》，生活·读书·新知三联书店 2013 年版。

孙郁、黄乔生主编：《致周作人》，河南大学出版社 2004 年版。

王云五：《商务印书馆与新教育年谱》，江西教育出版社 2008 年版。

汪曾祺：《旧人旧事》，江苏文艺出版社 2010 年版。

《我与三联：生活·读书·新知三联书店成立六十周年纪念集》，生活·读书·新知三联书店 2008 年版。

吴晓铃：《吴晓铃集》，河北教育出版社 2006 年版。

《吴组缃先生纪念集》编辑小组编：《吴组缃先生纪念集》，北京大学出版社 1995 年版。

项文惠：《嘉业堂主：刘承干传》，浙江人民出版社 2005 年版。

熊佛西：《青春的悲哀》，商务印书馆 1924 年版。

徐柏容：《伊甸园中的禁果》，中国书籍出版社 1995 年版。

徐懋庸：《徐懋庸回忆录》，人民文学出版社 1982 年版。

徐雁：《中国旧书业百年》，科学出版社 2005 年版。

许觉民、张大明主编：《中国现代文论》，安徽教育出版社 2010 年版。

薛冰：《金陵书话》，东南大学出版社 2002 年版。

严绍璗：《汉籍在日本的流布研究》，江苏古籍出版社 1992 年版。

杨义：《中国现代文学图志》，生活·读书·新知三联书店 2009 年版。

杨义：《中国新文学图志》，人民文学出版社 1998 年版。

叶灵凤：《读书随笔》，生活·读书·新知三联书店 2008 年版。

叶圣陶：《叶圣陶集》，江苏教育出版社 2004 年版。

叶至善：《为了纪念》，湖南教育出版社 2007 年版。

曾虚白：《中国新闻史》，台北三民书局 1984 年版。

查志华：《无华小文》，上海三联书店 1991 年版。

张大明主编：《中国文学通史·现代文学》，江苏文艺出版社 2013 年版。

张静庐：《中国的新闻纸》，光华书局 1929 年版。

章开沅主编：《辛亥革命辞典》，武汉出版社 2011 年版。

张树年主编：《张元济年谱》，商务印书馆 1991 年版。

张元济：《张元济全集》，商务印书馆 2008 年版。

张泽贤：《民国出版标记大观》，上海远东出版社 2008 年版。

赵家璧：《编辑忆旧》，中华书局 2008 年版。

赵家璧：《文坛故旧录：编辑忆旧续集》，中华书局 2008 年版。

赵景深：《文坛忆旧》，北新书局 1948 年版。

周立民编：《文学季刊》，上海社会科学院出版社 2004 年版。

朱乔森编：《朱自清全集》，江苏教育出版社 1998 年版。

朱寿桐：《中国现代社团文学史》，人民文学出版社 2004 年版。

郑尔康：《石榴又红了——我的父亲郑振铎》，中国人民大学出版社 1998 年版。

郑尔康：《星陨高秋——郑振铎传》，京华出版社 2002 年版。

郑尔康：《郑振铎》，北京交通大学出版社 2008 年版。

中国大百科全书出版社《简明不列颠百科全书》编辑部译编：《简明不列颠百科全书》，中国大百科全书出版社 1986 年版。

中国第二历史档案馆编：《北洋政府公报》（1912—1928）。

中国第二历史档案馆编：《中华民国史档案资料汇编》（第三辑·教育），凤凰出版社 1991 年版。

中国第二历史档案馆编：《中华民国史档案资料汇编》（第三辑·文化），凤凰出版社 1991 年版。

中国社会科学院近代史研究所、中华民国史研究室编：《胡适来往书信选》，社会科学文献出版社 2013 年版。

中国史沫特莱·斯特朗·斯诺研究会编：《〈西行漫记〉和我》，国际文化出版公司 1991 年版。

宗白华：《宗白华全集》，安徽教育出版社 1994 年版。

《左联回忆录》编辑组编著：《左联回忆录》，知识产权出版社 2010 年版。

左玉河：《张东荪年谱》，群言出版社 2014 年版。

卞之琳：《星水微茫忆〈水星〉》，《读书》1983 年第 10 期。

蔡元培：《高梦旦追悼会致词》，《出版史料》1991 年第 4 期。

巢乃鹏：《郑振铎编辑思想研究》，《中国出版》2000 年第 3 期。

陈福康：《一次被搞错与被遗忘的文坛论争》，《鲁迅研究动态》1985 年第 3 期。

陈福康：《郑振铎等人致旧中央图书馆的秘密报告》，《出版史料》2001 年第 1 期。

陈福康：《两部巨著中的一点美中不足》，《编辑学刊》2002 年第 3 期。

陈鸿祥：《令人惊讶的"头版头条"》，《博览群书》2006 年第 11 期。

陈仪深：《国共斗争下的自由主义，1941—1949》，《"中研院"近代史研究集刊》1983 年第 23 期。

董丽敏：《〈小说月报〉1923：被遮蔽的另一种现代性建构——重识沈雁冰被郑振铎取代事件》，《当代作家评论》2002 年第 6 期。

范用：《在孤岛上海出版的三部名著》，《出版史料》2003 年第 4 期。

冯绍霆：《有关复社的两件史料》，《历史档案》1983 年第 4 期。

傅宁：《中国近代儿童报刊的历史考察》，《新闻与传播研究》2006 年第 1 期。

耿洁之：《耿济之的青少年时代》，《新文学史料》1982 年第 3 期。

顾力仁、阮静玲：《国家图书馆古籍搜购与郑振铎》，《国家图书馆馆刊》2010 年第 2 期。

郭英德：《中国古典戏曲文学文献整理刍议》，《戏曲研究》2005 年第 1 期。

胡愈之：《胡愈之谈〈西行漫记〉中译本翻译出版情况》，《读书》1979 年第 1 期。

季剑青：《1935 年郑振铎离开燕京大学史实考述》，《文艺争鸣》2015 年第 1 期。

李俊：《"恃孤本秘笈，为惊人之具"——论郑振铎藏书的学术特色》，《宁夏社会科学》2011 年第 2 期。

李娜、邢建榕：《复社：孤岛时期的秘密出版机构》，《都会遗踪》2011 年第 2 期。

梁志芳：《翻译·文化·复兴——记上海"孤岛"时期的一个特殊翻译

机构"复社"》,《上海翻译》2010 年第 1 期。

林如松:《"五四"新文化运动中的郑振铎》,《新文学史料》2000 年第 2 期。

刘洪权:《顾颉刚与朴社》,《出版史料》2002 年第 2 期。

卢锦堂:《抗战时期香港方面暨冯平山图书馆参与国立中央图书馆抢救我国东南沦陷区善本古籍初探》,《国家图书馆馆刊》(台北)2003 年第 2 期。

罗哲文:《缅怀郑振铎对文物工作理论的重大贡献——兼谈有中国特色的文物工作理论建设问题》,《文津流觞》2008 年第 4 期。

茅盾:《影印本〈小说月报〉序》,《文献》1981 年第 1 期。

幺书仪:《〈古本戏曲丛刊〉的编辑和考订》,《书城》2014 年第 8 期。

[美]尼姆·威尔斯:《现代中国文学运动》,《新文学史料》1978 年第 1 期。

彭璐:《许敦谷〈儿童世界〉封面、插图设计(1922—1923)》,《南京艺术学院学报》2012 年第 2 期。

齐浣心:《郑振铎心系〈古本戏曲丛刊〉》,《中华读书报》2015 年 4 月 8 日。

钱小柏:《郑振铎与〈世界文库〉》,《出版史料》1992 年第 2 期。

商金林:《上海文学研究会创办的书店——上海朴社始末》,《中国现代文学研究丛刊》2004 年第 4 期。

邵宁宁:《艰难时世的"文艺复兴"梦想》,《新文学史料》2005 年第 2 期。

邵宁宁:《郑振铎的文学理想与〈文艺复兴〉杂志的包容性》,《甘肃社会科学》2008 年第 3 期。

沈津:《郑振铎致蒋复璁信札》(中),《文献》2001 年第 4 期。

沈鹏年:《关于鲁迅佚文:〈北平笺谱〉预约广告》,《光明日报》1961 年 9 月 26 日。

石潇纯:《读者的阅读期待与 30 年代的文学出版》,《中国青年政治学院学报》2005 年第 3 期。

王得后:《鲁迅书信的笺纸》,《鲁迅研究月刊》2002 年第 6 期。

王奇生:《新文化是如何"运动"起来的——以〈新青年〉为视点》,《近代史研究》2007 年第 1 期。

王若:《嘉业堂未毁之谜》,《文汇读书周报》2003 年 12 月 8 日。

王西彦:《我所认识的黎烈文》,《新文学史料》1981 年第 4 期。

王西彦:《船儿摇出大江》,《新文学史料》1984 年第 2 期。

吴静:《〈学灯〉与新文化运动》,博士学位论文,复旦大学新闻学院,
2009 年。

《谢六逸编辑三字诀》,《出版史料》2002 年第 3 期。

谢辰生:《纪念郑振铎先生诞辰一百周年——〈郑振铎文博文集〉代前
言》,《中国历史博物馆馆刊》1998 年第 2 期。

臧克家:《长夜漫漫终有明》,《新文学史料》1981 年第 2 期。

章宏伟:《胡正言生平及其"饾版"、"拱花"技术》,《美术研究》2013
年第 3 期。

张厚生:《郑振铎在目录学上的成就与贡献》,《武汉大学学报(社会科
学版)》1983 年第 2 期。

张梅:《郑振铎主编〈儿童世界〉期间的绘者考辨》,《编辑之友》2012
年第 5 期。

张黎敏:《〈时事新报·学灯〉:文化传播与文学生长》,博士学位论文,
华东师范大学人文学院,2009 年。

郑茂达:《鲁迅与郑振铎深厚友谊的见证》,《人物》1997 年第 5 期。

后　记

　　同那些或因罗曼蒂克或因傲骨嶙峋而为人所津津乐道的民国文人相比，郑振铎这位在民国文坛有着巨大活动能量的学者无疑"低调"得多。其实放眼民国文坛，人生能有郑振铎丰富和精彩者又有几人：他是五四运动的亲身参与者，同瞿秋白一道领导过学生运动；他是新文学的坚定拥护者，不仅协助茅盾改革《小说月报》，而且直接主持过这一大型纯文学刊物；他是反对专制的斗士，因为声讨国民党的暴行而不得不流亡海外；他在文学领域成绩斐然，是20世纪30年代燕京大学、清华大学的文学教授；他是上海"孤岛"时期的坚守者，冒着生命危险秘密抢救祖国珍贵文献；他是知名爱国民主人士，毅然接受中国共产党的邀请突破重重阻挠北上参加全国政治协商会议；他是新中国成立后第一任文物局局长，是新中国文博事业当之无愧的奠基者……

　　三年前，与吴永贵老师的一番聊天让我对郑振铎产生了浓厚兴趣，并担负起《中国出版家·郑振铎》的撰写任务。此后半年中，我尽可能详尽地搜罗和研读有关郑振铎的各种资料，特别是其编辑的各种报刊书籍，出版家郑振铎的形象在我头脑中日趋清晰，但开始写作时依然有如履薄冰之感，一时难以下笔。这种忐忑与不安，一方面源于自己的学识与知识功底，虽然我一直从事中国近现代出版史的教学和科研工作，且之前对郑振铎的出版活动也有所关注，但要全面考察其出版人生，梳理其出版成就的确是一个不小的挑战；另一方面则源于之前出版的郑振铎传记，如金梅和朱文华两位先生合著的《郑振铎评传》（1992 年）、陈福康先生的《郑振铎传》（1994 年）以及陆荣椿先生的《郑振铎传》（1998 年）都是高水平传记，材料翔实，立论公允。一段时间里感觉可写的都已写完，可说的都已说完，如同孙猴子跳不出五指山一般。关键时刻还是吴永贵老师指点迷津：既是出版家传记，自然要突出"出版"这个中心，认真考察其编辑作品之特色，仔细分析出版背后之思想，勾勒出版与时代之关联，此外尤其是注意郑氏在民国文坛及出版界的活动能量，深挖其在一系列重大出版事件背后的作用及贡献，如此不仅可与之前传记相区别，同时又能与题相符，别具新意。听闻此言，疑惑顿消，后续的写作也就十分顺畅了。

此书断断续续写了三年，能够顺利完成要得益于给予我亲切关怀与无私帮助的各位师友们，在此表示衷心的感谢：感谢吴永贵老师，如果没有当初邀请与鼓励，我也不会有此机缘撰写本书，而在写作过程中常常向其请益，吴老师总是不厌其烦，细思之后给予许多中肯意见。感谢温州大学周志峰兄，之前在武大念书时我与周兄仅有数面之缘，但是当求其帮忙在温州代为搜集资料时，周兄爽快答应并积极为之奔走。感谢温州博物馆原馆长金柏东先生，本书中许多珍贵的插图都是由他无偿提供，没有他的慷慨相助本书定会逊色不少。感谢人民出版社贺畅老师、卓然老师以及各位审稿专家，没有他们的帮助和辛劳也不会有这本书。最后，郑重地感谢我的家人。

二〇一六年九月于山东烟台

统　　筹：贺　畅

责任编辑：罗少强

封面设计：肖　辉　孙文君

版式设计：汪　莹

图书在版编目（CIP）数据

中国出版家.郑振铎／向敏著.—北京：人民出版社，2017.2

（中国出版家丛书／柳斌杰主编）

ISBN 978－7－01－016645－2

Ⅰ.①中…　Ⅱ.①向…　Ⅲ.①郑振铎（1898~1958）－生平事迹　Ⅳ.① K825.6

中国版本图书馆 CIP 数据核字（2016）第 210406 号

中国出版家·郑振铎

ZHONGGUO CHUBANJIA ZHENG ZHENDUO

向　敏　著

人民出版社 出版发行

（100706　北京市东城区隆福寺街 99 号）

北京盛通印刷股份有限公司印刷　新华书店经销

2017 年 2 月第 1 版　2017 年 2 月北京第 1 次印刷

开本：710 毫米 ×1000 毫米 1/16　印张：24

字数：260 千字

ISBN 978－7－01－016645－2　定价：67.00 元

邮购地址 100706　北京市东城区隆福寺街 99 号

人民东方图书销售中心　电话：（010）65250042　65289539